Doris Hermanns

Sand im patriarchalen Getriebe

Doris Hermanns

Sand im patriarchalen Getriebe

Zur Geschichte der Frauen-Buch-Bewegung

AvivA

Literaturangabe für das Zitat von Hilke Schlaeger auf S. 7:
Hilke Schlaeger: Von der Peripherie ins Zentrum oder:
Was Erfolg ist, definieren wir selber, S. 104

Wir bedanken uns bei der Mariann Steegmann Foundation
für die Unterstützung dieser Publikation.

Alle Übersetzungen aus dem Englischen und Niederländischen,
wenn nicht anders angegeben: Doris Hermanns
Korrektorat: Simone Hausdorf
Layout und Satz: Kerstin Weber
Umschlaggestaltung unter Verwendung einer Illustration
von Mary Long, © istock.com/Mary Long
Druck: Printfinder, SIA, Riga
Printed in Europe

FSC www.fsc.org MIX Papier | Fördert gute Waldnutzung FSC® C008322

1. Auflage

AvivA Britta Jürgs GmbH
Emdener Str. 33, 10551 Berlin
info@aviva-verlag.de, www.aviva-verlag.de
ISBN: 978-3-949302-28-2

In memoriam Anke Schäfer und Susanne Amrain

»Bücher tragen Informationen, Gedanken, Meinungen:
von der Autorin zur Leserin, von einer Leserin zur anderen,
von ›drinnen‹ nach ›draußen‹.
Ein feministisches Buch ist ein Beitrag zu einer Debatte unter Frauen,
befördert sie, im Idealfall setzt es eine Debatte in Gang.«

Hilke Schlaeger

Inhalt

Einleitung – ein sehr persönliches Vorwort 11

Eine schreckliche Zeit 15

Von den Tomaten zu den Büchern 17

Ein heroischer Akt: Frauenverlage 21

Aus der Nicht-Existenz heraus: Lesbenverlage 75

»Frauenbuchläden waren Heimat« 104

Druck und Vertrieb in Frauenhand 141

Auch die anderen wollen ein Stück vom Kuchen 146

Aufregend international – Feministische Buchmessen 154

Aus dem einen entsteht das andere:
Frauenbuchwochen und mehr 178

»Virginia – eine wunderbare Zeitschrift« 186

Zwischenspiel: Ein kleiner Exkurs zu einer Ikone
der Frauenbuchladen- und Verlagsszene: Anke Schäfer 194

»Niemand sprach über Frauen. Der Kanon war männlich.« 196

Von Roswitha bis Christine: Preise für Frauenliteratur 212

Zurück in die Unsichtbarkeit? 218

»Es ist Zeit, sich zu sammeln« 221

Projekteliste 234

Literaturverzeichnis 249

Benutzte Archive und Bibliotheken 259

Personenverzeichnis 260

Bildnachweis 268

Dank 269

Zur Autorin 271

Einleitung – ein sehr persönliches Vorwort

Zwei kurze Situationen mit zwei jungen Frauen kurz vor Fertigstellung dieses Buches: Die eine fragte mich, woran ich gerade arbeite. Als sie hörte, dass ich dieses Buch schreibe, freute sie sich, denn da habe sie noch große Wissenslücken. Eine andere schickte mir einen Text, in dem sie geschrieben hatte, dass es schon in den 1990er Jahren kaum noch Frauenbuchläden und Frauenverlage gegeben habe – was nicht der Fall war. Es ist also an der Zeit, Wissenslücken zu füllen und Mythen zurechtzurücken.

Wie für mich alles angefangen hat: Kurz nach Anfang meines Studiums 1980 war ich zum ersten Mal in einem Frauenbuchladen. Ilse Brehmer, Dozentin in einem Pädagogik-Seminar, hatte uns ein Stück aus *Die Töchter Egalias* von Gert Brantenberg vorgelesen, einem Roman mit einer wunderbar witzigen Umkehrung der Geschlechterrollen, den ich gerne weiterlesen wollte. Besser gesagt: Ich wollte ihn nicht nur lesen, sondern haben, und ging in den Frauenbuchladen in Bielefeld. Es sollte nicht das letzte Mal bleiben. Gelesen habe ich immer schon viel, und Bücher von Frauen ohnehin, auch ohne, dass ich in der Schule auf sie aufmerksam gemacht worden wäre. Es war die Hochzeit der Frauenbewegung, und ich war durch die Lektüre der feministischen Zeitschrift *Courage* bereits seit mehreren Jahren gut darüber informiert, was sich auf dem Büchermarkt tat. So war ich beispielsweise auch auf den lesbischen Roman *Rubinroter Dschungel* von Rita Mae Brown aufmerksam geworden, den ich mir gleich in England besorgte, noch bevor die deutsche Übersetzung erschien.

Gut zwei Jahre später – nach der ersten Bielefelder Frauenwoche 1983 – suchte das damalige Kollektiv des Frauenbuchladens nach Aushilfen für eine Woche, da sie alle gleichzeitig unterwegs sein würden. Ich war gleich dabei und blieb nicht nur für diese Tage. Einige Jahre lang sprang ich sporadisch ein, wenn es nötig war, und machte später zusammen mit Doris Claus, mit der ich befreundet war, regelmäßig Büchertische in der Unihalle sowie bei Veranstaltungen. Mit den Buchladenfrauen und einigen anderen organisierten wir 1985 eine Frauenbuchwoche, die im FraZe, dem Bielefelder Frauenkulturzentrum, stattfand.

Als im Juni 1984 die erste feministische Buchmesse in London stattfand, war klar, dass ich dort hinfahren würde. Ich war völlig begeistert von der Menge an feministischen Büchern, von all den Autorinnen. Später besuchte ich auch noch die feministischen Buchmessen 1992 in Amsterdam und 1994 in Melbourne.

Ich lernte Frauenbuchläden in verschiedenen Ländern kennen: *Sisterwrite* und *Silver Moon* in London, *Libertas* in York, *Xantippe* in Amsterdam, später auch *Savannah Bay* in Utrecht und *De Feeks* in Nijmegen. Aber auch auf Reisen waren Frauenbuchläden oft der erste Ort, den ich in einer neuen Stadt aufsuchte, waren sie doch immer wichtige Informationsquellen für alles, was Frauen betraf. So erfuhr ich bei *Xantippe* von *Akelei*, einem Frauenübernachtungshaus im Zentrum von Amsterdam, wo ich danach häufig übernachtete, bis ich nach Utrecht zog. In Australien besuchte ich *Shrew Women's Bookshop* in Melbourne, *Murphy Sisters* und *The Feminist Bookshop* in Sydney.

Ab 1990 lebte ich in den Niederlanden, wo ich sechs Jahre lang in einem Antiquariat in Utrecht arbeitete, bis ich ein Antiquariat in Amsterdam übernahm: *Vrouwenindruk,* spezialisiert auf Bücher von und über Frauen, dessen Kundin ich bereits seit Jahren war. Vier Jahre später fragte mich Anke Schäfer, ob ich nicht die Redaktion der *Virginia Frauenbuchkritik* übernehmen wolle. Erst zögerte ich, nicht weil es mich nicht interessiert hätte, sondern weil ich dachte, im falschen Land zu leben. Nach einigem Nachdenken sagte ich dann aber doch zu, fragte auch noch eine Freundin, Susanne Webel, die sich seither vor allem um unseren Internet-Auftritt kümmert. Und auf der Frankfurter Buchmesse, wo ich seit den 1990er Jahren regelmäßig bin, hatte ich ein erstes Gespräch mit Britta Jürgs, der Verlegerin des damals neu gegründeten AvivA Verlags, die Anke Schäfer inzwischen ebenfalls gefragt hatte. So übernahmen wir die Redaktion zu dritt – bis heute. Britta Jürgs sollte später auch die Verlegerin werden, bei der ich meine Bücher unterbringen konnte – so auch dieses.

Ab 2012 wurde ich Teil der Redaktion des Online-Magazins AVIVA-Berlin, für das ich zahlreiche Rezensionen schrieb. Zudem fing ich 2008 an, Porträts für die Datenbank FemBio zu schreiben, inzwischen sind es über 80.

Kontakte zu feministischen Verlegerinnen ergaben sich zum einen auf der Frankfurter Buchmesse und zum anderen bei den Bücher-Frauen, einem Netzwerk von Frauen, die in der Buchbranche arbeiten.

Als ich 2015 mein Antiquariat aufgeben musste, zog ich nach Berlin, wo mein Arbeitsschwerpunkt weiterhin die Sichtbarkeit von Frauen blieb. Und ich schrieb mehr und mehr Bücher und Buchbeiträge, veröffentlichte online, gab Bücher heraus und übersetzte.

Und so ist es naheliegend, dass dieses Buch zwar im Wesentlichen von den Frauenbuchhandlungen und Frauen- und Lesbenverlagen in Deutschland handelt, aber dass es darin immer auch kleine Ausflüge ins Ausland gibt. Die »Frauen-Buch-Bewegung« (der englische Begriff »women's book movement« ist durchaus weit verbreitet, nur im Deutschen nicht) war schon immer international. Während es in anderen Ländern inzwischen Bücher über einzelne Frauenbuchläden bzw. Verlage gibt, steht dies in Deutschland noch aus. In meinem Buch gebe ich hier einen Überblick, der auf die wichtigsten eingeht, auch wenn es über die einzelnen jeweils noch viel mehr zu sagen gäbe. Ich würde mir auch bei uns noch mehr Bücher zu einzelnen Verlagen oder Buchläden wünschen oder – wie es sich für München beispielsweise anbieten würde – über die Frauen-Buch-Bewegung in München, wo vieles ihren Anfang nahm.

Es gab im Laufe der Jahre unzählige feministische Zeitschriften – ein Thema für ein eigenes Buch, ich werde hier nur auf einige Beispiele eingehen. Auch die Frauen- und Lesbenarchive wären ein eigenes Buch wert. Da sie sich inzwischen zum Digitalen Deutschen Frauenarchiv zusammengeschlossen haben, sind sie bis dahin online jedoch einfach zu finden.

Dieses Buch bietet einen Überblick auf ein Stück Frauen- und Lesbengeschichte, die ich aktiv miterlebt und mitgestaltet habe. Eine Geschichte, die jede Frau, die sie miterlebt hat, sicher anders erzählen würde, bei der jede andere Schwerpunkte setzen würde. Doch ich werde darin auch einige andere Frauen zu Wort kommen lassen.

Es geht in diesem Buch auch um die Projekte rund um Verlage und Buchhandlungen: um Frauendruckereien, Frauenliteraturpreise, Feministische Buchwochen und Internationale Feministische Buchmessen – kurz gesagt, um alles, was aus der autonomen Frauenbewegung heraus im Zusammenhang mit dem »women's books movement« entstanden ist. Zu den genannten Jahreszahlen möchte ich anmerken, dass sich für Gründungen und Treffen immer wieder unterschiedliche Angaben finden lassen – auch von Beteiligten.

Dies alles ist vor einem durchaus persönlichen Hintergrund geschrieben. Wichtig dabei ist es mir, aufzuzeigen, dass die Frauenbewegung schon immer international war – so auch der Teil, der sich um Bücher kümmerte. Lange bevor der Begriff »intersektional« aufkam, beschäftigte sie sich bereits mit den Unterschieden zwischen Frauen und kümmerte sich um deren Geschichte. Das war damals neu, hat aber Auswirkungen bis heute.

Eine schreckliche Zeit

In ihrer Jubiläumsrede, die Verena Stefan 1990 zum fünfzehnjährigen Bestehen des Münchener Frauenbuchladens hielt, blickte sie auf die Zeit zurück, in der es weder Frauenbuchläden noch Frauenverlage gab: »Ich kann mich gut daran erinnern, wie es war, als es das alles nicht gab, und es war eine schreckliche Zeit. 1967, als ich Abitur machte, war Monique Wittig zweiunddreißig Jahre alt und hatte bereits 1964 für ihr erstes Buch *Opoponax* den Prix Médicis bekommen, im gleichen Jahr, in dem Christa Reinig mit dem Bremer Literaturpreis ausgezeichnet wurde. Bis heute kann aber die eine die andere nicht lesen, weil Christa Reinigs Bücher nicht übersetzt worden sind. Niemand hat uns damals gesagt, daß diese Autorinnen überhaupt existieren. Auch von einer Virginia Woolf hatten wir nie gehört und nicht von einer Marieluise Fleisser [sic!]. Ich kann mich nicht erinnern, während meiner Schulzeit je von einer farbigen Autorin gehört zu haben. Der Unterricht war klassisch. (...) Erst 1972 begann ich wieder zu lesen. Und gemeinsam mit anderen Frauen stellte ich fest, wie ausgehungert wir lebten. Wir wollten vorkommen als Subjekte, nicht als die Beschriebenen aus männlicher Sicht. Wir wollten wissen, daß Virginia Woolf schon 1928 überlegt hatte, was es für die moderne Literatur bedeutete, wenn in einem Buch zu lesen wäre: *Chloe liebte Olivia.* Oder daß in einem Roman von Doris Lessing die Protagonistin darüber nachdachte, ob eine menstruierende Frau in einem Buch vorkommen dürfe oder nicht.«[1]

Diese Situation habe ich teilweise ähnlich noch später erlebt, auch wenn ich 1980 erst Abitur gemacht habe. Der gravierende Unterschied war aber, dass es zu dieser Zeit bereits Frauenbuchläden und Frauen-

1 Verena Stefan: Zur Stunde des Aufbruchs. In: *Virginia Frauenbuchkritik,* Heft 10 vom März 1991, S. 16.

verlage gab, so dass ich die Möglichkeit hatte, all die bis dahin erschienenen Bücher zu lesen.

Jede einzelne kann sich an dieser Stelle fragen, was sie im Schulunterricht über die Literatur und Geschichte von Frauen in jedem Fach gelernt hat.

Von den Tomaten zu den Büchern

»Die Unterdrückung und Rechtlosigkeit der Frauen ging in langer Tradition quer durch alle gesellschaftlichen Schichten. Doch das wurde damals nicht wahrgenommen. Schon rein rechtlich hatten die Frauen nicht den gleichen Status wie heute.«[1]

Als Beginn der neuen Frauenbewegung[2] gilt der berühmt gewordene Tomatenwurf von Sigrid Rüger nach Helke Sanders Rede über den Aspekt der Geschlechterfrage bei der 23. Delegiertenversammlung des SDS in Frankfurt am Main 1968. Sie durfte damals als einzige Frau sprechen – und die Männer wollten den Beitrag ignorieren und ohne jegliche Diskussion zum nächsten Tagesordnungspunkt übergehen.[3] Wie Helke Sander rückblickend schreibt: »Was ankam, war die direkte Ansprache der Frauen. In allen Städten, aus denen SDS-Vertreter nach Frankfurt gekommen waren, gründeten sich Frauengruppen.«[4]

Es blieb jedoch nicht bei diesem universitären Rahmen, in dem die Frauen des SDS den Widerspruch zwischen politischen Ansprüchen und frauendiskriminierendem Verhalten ihrer Genossen erkannten. Helke Sander hatte im gleichen Jahr schon den *Aktionsrat zur Befreiung der Frauen* in West-Berlin gegründet, in Frankfurt am Main gab es bereits den *Weiberrat*.

Wichtigstes Thema damals war neben Kinderbetreuung die ersatzlose Streichung des Paragraphen 218. Andere Themen, die damals bereits aufkamen, waren alltägliche Gewalt gegen Frauen, Vergewaltigung und die Festlegung von Frauen auf den häuslichen Bereich (von der Zuständigkeit für Hausarbeit bis zur Verfügbarkeit für die Sexualität von Männern), Empfängnisverhütung, Gynäkologie, Psychiatrisierung

1 Helke Sander, In: Ute Kätzel: *Die 68erinnen*, S. 168.
2 Als Erste Frauenbewegung gilt die Frauenwahlrechtsbewegung von etwa Mitte des 19. Jahrhunderts bis zur Gleichschaltung während des Nationalsozialismus.
3 Helke Sander. In: Ute Kätzel: *Die 68erinnen*, S. 161.
4 Ebd., S. 169.

von Frauen und die Diskriminierung von Lesben. Anders als heute häufig behauptet wird, erklärt Helke Sander, dass sich Frauen keinesfalls als Opfer sahen: »Niemand hat sich als Opfer gefühlt bei der Analyse von Unterdrückung. Es war eine intellektuelle Anstrengung, die endlich Erklärungen lieferte für bestimmte Erfahrungen, und darum förderte sie die Aktivität und die Befriedigung. Darum gab es das Wort ›Opfer‹ bei uns nicht, das heutzutage den Frauen oft nachträglich aus Unkenntnis der damaligen Situation untergeschoben wird.«[5]

Ganz im Gegenteil: Frauen nahmen ihr Leben selbst in die Hand und wurden aktiv: Es brach eine ganze Welle von Gründungen an, von Kinderläden über Frauenhäuser und Notruf- und Selbsthilfegruppen bis hin zu Frauengesundheitszentren, die auch vor dem Kulturbereich nicht Halt machte. Es entstanden Frauenzeitschriften, -verlage, -buchläden, -archive, Frauenkabaretts, -bands, -theater und -filmgruppen, Frauencafés und -kneipen sowie Frauenferienhäuser. Frauen wollten keinen Mangel ausgleichen, sie sahen sich nicht als defizitär in Bezug auf Männer, sondern wollten eigene Räume schaffen sowie eine eigene Kultur und Politik.

»Die neuen Orte der anbrechenden zweiten Frauenbewegung hießen – wie auch anders – meist Frauenbuchläden, Frauenzentren, Frauenkneipen, Frauenbälle, Frauenverlage, Frauenzeitschriften ... Lesben erschienen in diesen Bezeichnungen nicht, obwohl vor allem sie diese Orte initiierten, betrieben, belebten, feierten.«[6]

Die ersten Bücher, die für die aufkommende Frauenbewegung wichtig waren, erschienen noch in den Konzernverlagen: *Das andere Geschlecht* von Simone de Beauvoir (Rowohlt 1951), *Der Weiblichkeitswahn oder Die Selbstbestimmung der Frau* von Betty Friedan (Rowohlt 1966), *Der weibliche Eunuch* von Germaine Greer (S. Fischer 1971),

5 Ebd., S. 166.
6 Traude Bührmann: *wahlverwandt & unermüdlich*, S. 110.

Sexus und Herrschaft von Kate Millett (Desch 1971), *Frauenbefreiung und sexuelle Revolution* von Shulamith Firestone (S. Fischer 1975) und *Gegen unseren Willen. Vergewaltigung und Männerherrschaft* von Susan Brownmiller (S. Fischer 1978). Das änderte sich jedoch schnell, da diese Verlage nur Bücher übersetzen ließen, die in anderen Ländern (vor allem in den USA, wo die Frauenbewegung bereits früher angefangen hatte) bereits Erfolge waren.

Basis für die neu entstehenden Projekte war vor allem deren Autonomie. Wie Anke Schäfer schreibt: »Wir verstanden darunter: frei zu sein von Männerherrschaft, Männerdiktat, unabhängig von männlichen Normen und Werten, dem Wohlwollen, den Vorschriften, Machtstrukturen der Männer und deren Denkungsart. Wir wollten nichts mit ihnen und nichts für sie tun, sondern unsere Leben selbständig führen.«[7]

Der neuen Frauenbewegung ging es schon bald darum, wichtige Informationen, wie zum Beispiel über Frauenkörper und -gesundheit, zugänglich zu machen. Es brach eine ganze Flut von Veröffentlichungen los: Ab 1973 erschien die ***Frauenzeitung – Frauen gemeinsam sind stark,*** die abwechselnd von Frauengruppen aus verschiedenen Städten gemacht wurde. Sie erschien bis 1976 insgesamt achtmal und wurde abgelöst von zahllosen lokalen Frauenzeitungen – zu viele, um sie hier alle aufzuzählen. Es war jedoch selbstverständlich, dass diese in den Frauenbuchläden erhältlich waren.

Im darauffolgenden Jahr, also 1974, erschien auch die erste Ausgabe der bis heute existierenden feministischen Filmzeitschrift ***Frauen und Film*** (herausgegeben von Helke Sander). Für die Ausgaben 4 bis 15 stammten die Cover von der erst später bekannt gewordenen Malerin Sarah Schumann. Anfangs wurde die Zeitschrift im Selbstverlag veröffentlicht, ab Heft 7 (1976) bis 1983 beim Rotbuchverlag, danach

7 Anke Schäfer: *Autonomie – aber wie?,* S. 152.

bis Heft 68 beim Stroemfeld Verlag bis zu dessen Insolvenz 2018 und seit 2021 im AvivA Verlag.

Ende 1974 – also für 1975 – kam der erste ***Frauenkalender*** heraus, der von Ursula Scheu, Alice Schwarzer, Hilke Schlaeger, Sabine Zurmühl und Renate Bookhagen herausgegeben wurde und bis 2000 existierte.

Die erste deutsche Lesbenzeitung seit Beginn der Neuen Frauenbewegung, ***UKZ – Unsere kleine Zeitung,*** wurde von der 1974 gegründeten Gruppe L74 herausgegeben und erstmals im Februar 1975 in Berlin veröffentlicht. Wenig später folgte die nächste Lesbenzeitung in Berlin, die ***Lesbenpresse,*** die vom Lesbischen Aktionszentrum (LAZ) herausgegeben wurde.

Für großes Aufsehen sollte 1975 als erstes deutschsprachiges Buch *Der kleine Unterschied und seine großen Folgen* von Alice Schwarzer sorgen.

»Die neue Frauenbewegung wuchs mit ihren Projekten und Publikationen. Bewegung und Projekte stärkten sich – zumindest einige Jahre lang – gegenseitig.«[8]

8 Sibylle Plogstedt: Frauenbetriebe, S. 17.

Ein heroischer Akt: Frauenverlage

Das Leben von Frauen war in Bewegung geraten. Überall waren Gruppen entstanden, und das, was diskutiert wurde, sollte festgehalten und anderen Frauen zugänglich gemacht werden. »Damals war die neue Frauenbewegung am Anfang, zu den Themen, die uns bewegt und beschäftigt haben, gab es kaum Veröffentlichungen. Man hatte sozusagen freie Bahn. Und hat sich auch nicht groß Gedanken darüber gemacht, ob man das kann, also ob man die nötigen Qualifikationen mitbringt. Es ging darum, die Ideen in Form zu bringen, in Buchform, damit man sie verbreiten konnte.«[1]

Frauen wollten ihre eigenen Bücher machen, sie schreiben, übersetzen, verlegen, verkaufen, eigene Arbeitsplätze schaffen. Erst einmal sollten Texte zugänglich gemacht werden, die es bereits gab, auch als Raubdrucke, wie sie in den 1970er und 1980er Jahren durchaus verbreitet waren.

Ilona Bubeck[2] hält im Rückblick auf diese Zeit fest: »Feministische Bücher zu verlegen und auf den Buchmarkt zu bringen, war in den 70er Jahren mehr als ein Wagnis, es war ein heroischer Akt gegen die marktbeherrschenden Meinungsmacher und Verleger. Umso komplizierter war es auch für die Frauenverlage, sich in dem Buchgeschäft zu behaupten, überhaupt wahrgenommen zu werden und die Bücher nicht nur in die wenigen entstehenden Frauenbuchläden zu bringen bzw. ihre Leserinnen zu erreichen.«[3]

1 Antje Kunstmann: Gezielter Zufall, S. 131 f.
2 Ilona Bubeck war eine der Gründerinnen des Nürnberger Frauenbuchladens und hat später beim Orlanda Frauenbuchverlag gearbeitet. 1995 gründete sie zusammen mit Jim Baker den Querverlag.
3 Ilona Bubeck: Lesbisch-literarischer Spiegel, S. 226.

Endlich spricht eine hierüber: Themen

Frauen fingen an, über die Themen zu sprechen, die bis dahin als nicht wichtig galten, nicht ernst genommen wurden bzw. Tabuthemen waren: Gewalt gegen Frauen und Mädchen, Vergewaltigung, Lesben, Körper, Gesundheit, Abtreibung, Arbeit und Entlohnung, aber auch z.B. Hausfrauenarbeit (Lohn für Hausarbeit, aber auch Hausfrauisierung der Arbeit).

Viele Frauen entdeckten zum ersten Mal, dass sie mit ihren Erfahrungen nicht alleine waren, dass vieles, was sie erlebt hatten, nicht ihr persönliches und privates Einzelschicksal war, sondern gesellschaftlich bedingt. Und eben auch nur gesellschaftlich verändert werden könnte, also politisch. Kurz gesagt ging es um die Abschaffung des Patriarchats. Es war eine Zeit des Aufbruchs, wie Ilona Bubeck als Mitgründerin des Nürnberger Frauenbuchladens es erlebte, »(...) lebte ich damals wie viele in der euphorischen Vision, die Welt heute hier und jetzt zu verändern. Wir wollten vor allem im Dienste der Frauenbewegung stehen und politische Arbeit leisten im Sinne einer emanzipatorischen Gegenkultur.«[4]

Es ging zunächst einmal darum, Frauen eine Stimme zu geben, eine Öffentlichkeit für Autorinnen zu schaffen, vor allem auch für Lesben, und Ideen und Texte zu verbreiten.[5]

Internationale Verlage

USA: Die beiden weltweit ersten feministischen Verlage der Neuen Frauenbewegung wurden 1969 in Oakland, USA, gegründet. Dies war zum einen ***The Women's Press Collective,*** ein lesbisch-feministischer Verlag.[6] Als das Projekt 1977 in finanzielle Schwierigkeiten geriet, gaben sie nicht auf, sondern taten sich mit der in Baltimore ansässigen

4 Ilona Bubeck: Lesbisch-literarischer Spiegel, S. 205.
5 Mehr zu Autorinnen ab S. 196, zu Lesbenliteratur ab S. 75.
6 S. hierzu S. 75.

Diana Press (1972–1979) zusammen, deren Gründerinnen Coletta Reid und Casey Czarnik waren, die aber von einem Kollektiv geführt wurde. Hier erschienen beispielsweise 1976 die frühen Essays von Rita Mae Brown unter dem Titel *A Plain Brown Rapper*.

Der andere Verlag, der 1969 von der Dichterin Alta (Gerrey) gegründet wurde, war die ***Shameless Hussy Press*** (1969–1989). Dort wurde Lyrik von Frauen und Männern veröffentlicht, bekannte Namen sind neben Alta Susan Griffin, Pat Parker und Ntozake Shange.

Die ***Feminist Press***[7], die fälschlicherweise häufig als erster Frauenverlag genannt wird, wurde 1970 von Florence Howe in New York gegründet. Howes Traum war es vor allem, Biografien von Frauen zu verlegen. Bekannt geworden ist der Verlag jedoch vor allem für seine Neuauflagen von Werken von Autorinnen wie Zora Neale Hurston, Charlotte Perkins Gilman, Rebecca Harding Davis, Agnes Smedley und Kate Chopin. Es erschienen auch Sachbücher wie beispielsweise *Witches, Midwives, & Nurses: a History of Women Healers* von Barbara Ehrenreich und Deirdre English. Die Übersetzung *Hexen, Hebammen und Krankenschwestern* gehörte 1975 zu den ersten Büchern, die die neugegründete Frauenoffensive veröffentlichte, von der später noch die Rede sein wird. Inzwischen sind dort Werke von hunderten Frauen weltweit erschienen. Außerdem gibt es zahlreiche weitere Reihen in dem bis heute existierenden Verlag.[8] Heute geht es ihnen ganz allgemein darum, eine Welt zu schaffen, in der sich »everyone« in einem Buch wiedererkennen kann. Sie vergeben inzwischen den Louise Meriwether[9] First Book Prize, der für ein Debüt von Frauen und nicht-binä-

7 Feminist Press at the City University of New York, https://www.feministpress.org/

8 Florence Howe: Lost and Found – and What Happened Next: Some Reflections on the Search for Women Writers Begun by The Feminist Press in 1970.

9 Louise Meriwether (1923–2023), Schwarze US-amerikanische Schriftstellerin. Ihre Klassikerin *Daddy Was a Number Runner* erschien erst 2023 auf Deutsch in der Übersetzung von Andrea O'Brien unter dem Titel *Eine Tochter Haarlems* in der Reihe *Entdeckungen* bei Rowohlt.

ren AutorInnen of Color vergeben wird. Außerdem gibt es die Amethyst Editions, einen queeren Imprint, der von der Autorin Michelle Tea gegründet wurde. Inzwischen geht es im Verlagsprogramm um Gender, nicht mehr um Frauen.

In den USA gibt und gab es zahlreiche weitere Frauenverlage. Sie alle detailliert aufzuführen, würde den Rahmen dieses Buches sprengen. Die wichtigsten sind jedoch mit Jahr (falls bekannt) und Ort in der Übersicht am Ende des Buches zu finden.

Den ersten feministischen Verlag in Europa gab es bereits ab 1970 in **Italien:** die von Carla Lonzi, von der auch einige Bücher ins Deutsche übersetzt wurden, gegründete ***Rivolta Femminile***[10], der aus der gleichnamigen separatistischen Bewegung entstand, die dort ihre Texte veröffentlichte. Dort erschienen zwei Reihen: die *Libretti verdi di Rivolta,* Texte die aus Selbsterkenntnis resultierten, und *Prototipi,* Vergleiche zur männlichen Kultur. 1970 gaben sie ihr *Manifesto di Rivolta Femminile* – das Manifest der Frauenrevolte – heraus.

Frankreich: Zwei Jahre später, also 1972, wurde in Paris der zweite feministische Verlag in Europa, die ***Editions des femmes,*** hauptsächlich von Frauen des Kollektivs »Psychoanalyse und Politik« unter der Leitung von Antoinette Fouque und anderen MLF-Aktivistinnen gegründet. Neben gedruckten Büchern erscheinen dort auch Hörbücher. Bekannte Autorinnen, deren Werke sie veröffentlichen, sind beispielsweise Hélène Cixous, Assia Djebar, Rachilde und Nicole Ward Jouve.

In **Großbritannien** gilt ***Femina Books*** als der erste feministische Verlag, der 1965 von der britischen Drehbuchautorin und Regisseurin Muriel Box gegründet wurde[11]. Dort erschien beispielsweise das von ihr

10 Ich danke Britta Jürgs für den Hinweis auf die Rivolta Femminile.
11 Gwendolyn A. Foster: *Women Film Directors,* S. 52.

selber herausgegebene Buch *The Trial of Marie Stopes* (1967) sowie 1968 *Radclyffe Hall: A Case of Obscenity?* von Vera Brittain über den Prozess gegen Radclyffe Halls Buch *Quell der Einsamkeit*[12].

In London wurde 1973 die ***Virago Press*** von der australischen Verlegerin Carmen Callil (1938–2022) gegründet. Nach dem Grund für diese Gründung befragt, sagte sie: »Um die Welt zu verändern.«[13] Neben neuen Werken von Autorinnen erschienen dort unter dem Titel »Modern Classics«[14] – leicht erkennbar an ihren grünen Umschlägen – vergriffene Titel von Schriftstellerinnen, die bis dahin eher ignoriert wurden, bis heute sind es 718 Bände. Hierzu zählen beispielsweise Antonia White, Daphne du Maurier und Nancy Spain, aber auch auffällig viele Werke aus Australien, was bei einer australischen Verlegerin vielleicht wenig erstaunlich ist. Zum 40. Verlagsjubiläum gab es eine »Designers Collection«. Neben Literatur wurden auch – vor allem historische – Sachbücher (neu) veröffentlicht. Bis heute geblieben ist der angebissene Apfel als Erkennungszeichen auf dem Rücken.

Während es schon immer einige wenige Titel von Männern im Verlag gab, ist dies inzwischen ausdrücklich erwünscht. So ist auf der Website zu lesen, sehen sie sich einem »inklusiven Feminismus« verpflichtet und veröffentlichen auch Bücher von »writers of underrepresented genders«[15].

Während Virago Press anfangs ein unabhängiger Verlag war, ist der Verlag nach mehreren Stationen innerhalb von Großkonzernen seit 1996 ein Imprint der Little, Brown Group, die wiederum seit 2006 zur Hachette Company UK gehört.

12 Zu Radclyffe Hall: *Quell der Einsamkeit*, s. S. 77 und 91.
13 Zitiert in: Lennie Goodings: *A Bite of the Apple*, S. ix.
14 Eine vollständige Liste der als Virago Modern Classics erschienenen Titel findet sich auf der Website: https://www.virago.co.uk/imprint/lbbg/virago/page/virago-modern-classic-collection/
15 https://www.virago.co.uk/imprint/lbbg/virago/page/about-virago/

Die Kanadierin Lennie Goodings, die fast von Anfang an im Verlag war, ist auch heute noch dort als Verlegerin und Lektorin tätig. Sie schrieb eine wunderbare Übersicht über die Geschichte des Verlags unter dem Titel *A Bite of the Apple: A Life with Books, Writers and Virago*[16], in der alles Wissenswerte über Virago nachgelesen werden kann.

Außer Virago gab es in Großbritannien auch noch die ***Women's Press*** (1977–2002), bekannt für ihre Zebrastreifen auf dem Rücken und ihr Bügeleisen, das für Frauenarbeit stand. Der Verlag wurde von der australischen Autorin Stephanie Dowrick zusammen mit dem Verleger Naim Attallah gegründet, der nicht nur diesen, sondern offiziell mehrere Verlage besaß. Kurz nach der Gründung kam Sibyl Grundberg dazu. Im Februar 1978 erschienen die ersten fünf Bücher, darunter *Lolly Willowes* von Sylvia Townsend Warner[17]. Anders als bei Virago lag ihr Schwerpunkt aber bei aktuellen Werken, nicht bei Klassikerinnen. Als letztes Buch erschien im Jahr 2002 *The Female Man*[18] von Joanna Russ. Neben zahlreichen Romanen von unter anderen damals noch weniger bekannten Schwarzen Autorinnen wie Tsitsi Dangarembga, Toni Cade Bambera, Alice Walker und Patricia Grace gab es Bücher zu Politik, Psychoanalyse, Kunstgeschichte, Ökologie und Rassismus. Für die Auswahl arbeiteten sie mit einer informellen Gruppe feministischer Akademikerinnen zusammen. Internationale Zusammenarbeiten gab es beispielsweise mit der Frauenoffensive in Deutschland und Sara in den Niederlanden.

16 Erschienen 2020, Oxford University Press.

17 Eine deutsche Übersetzung von Ann Anders erschien 2020 im Dörlemann Verlag unter dem Titel *Lolly Willowes oder Der liebevolle Jägersmann* mit einem Nachwort von Manuela Reichart.

18 Eine deutsche Übersetzung von Hiltrup Bontrup, Werner Fuchs, Charlotte Krafft und Hannes Riffel erschien 2024 im Memoranda Verlag unter dem Titel *Erwachende Welten: Werke 2*.

Neben diesen beiden größeren britischen Verlagen gab es den ***Sheba*** Verlag (ca. 1980 bis 1993), der vor allem Schwarze und asiatische Autorinnen publizierte und wo 1984 die britische Ausgabe von *Zami*[19] von Audre Lorde erschien.

Die ***Onlywomen Press*** (1974–2010), ein Lesbenverlag, veröffentlichte neben Werken von Lilian Mohin und Sheila Shulman, beide Gründerinnen des Verlags, auch Romane, Lyrik und Sachbücher, unter anderem von Anna Livia, Mary Dorcy, Judy Grahn und Suniti Namjoshi. Erwähnenswert ist auch die dort zwischen 1986 und 1988 erschienene Zeitschrift *Gossip: A Journal of Lesbian Feminist Ethics*.

Ein ähnliches auf Klassikerinnen bezogenes Programm wie bei den Virago Modern Classics findet sich bei ***Persephone Books.*** Der Verlag wurde 1999 von der Autorin Nicola Beauman gegründet, die mit ihrer 1983 bei Virago erschienenen Studie *A Very Great Profession: The Woman's Novel, 1914–39* die Grundlage dazu gelegt hatte. Anfangs als Versandbuchhandel, dann mit einer Buchhandlung in London, sind Verlag und Buchhandlung inzwischen in Bath situiert. Größtenteils veröffentlicht der Verlag Werke von Autorinnen des späten 19. und 20. Jahrhunderts; es gibt einige wenige Ausnahmen von Männern. Ihr Verlagsprogramm reicht von Romanen und Kurzgeschichten bis zu Non-Fiction: Tagebücher, Memoiren und Kochbücher. Auffällig ist die sorgfältige Gestaltung der Bücher: Die meisten haben graue bzw. silberne Einbände und Vor- und Nachsatz in zeitgenössischer Gestaltung sowie jeweils dazu passende Lesezeichen.

Der jüngste unabhängige feministische Verlag in Großbritannien ist die ***Linen Press*** in Edinburgh, die 2005 von Lynn Michell gegründet wurde. Ihr erstes Buch waren die Memoiren einer 94-Jährigen, Marjorie Wilson, die von unzähligen Verlagen abgelehnt wurden. Inzwischen

19 *Zami. Eine Mythobiografie* von Audre Lorde erschien erstmalig in deutscher Übersetzung von Karen Nölle-Fischer 1986 im Orlanda Frauenverlag.

haben sie zahlreiche internationale Autorinnen im Programm, u. a. aus Indien, Südasien, China und Nigeria. Ihr Motto: Fine writing for women, by women.

Irland: Im Nachbarland Irland gab es seit 1978 die von Róisín Conroy und Mary Doran gegründete feministische ***Attic Press***[20], die neben Belletristik und Sachbüchern auch einen Frauenkalender veröffentlichte. Seit 1997 wurde sie als Imprint von der Cork University Press übernommen. Auf deren Website ist darunter nur noch ein 2010 erschienenes Buch zu finden: *Sisters* von June Levine.[21]

Niederlande: In den Niederlanden wurde 1974 der radikalfeministische Verlag ***De Bonte Was*** (Die bunte Wäsche) von einem Frauenkollektiv gegründet. Die meisten ihrer Bücher wurden unter dem Autorinnennamen De Bonte Was herausgegeben, da ihre Texte in der Zusammenarbeit von mehreren Frauen entstanden. Alle Arbeit wurde kollektiv und ehrenamtlich gemacht, denn keine durfte am Feminismus Geld verdienen. Auch durfte nur mit Frauen zusammengearbeitet werden. Der Verlag, der auch »das Gewissen der zweiten Frauenbewegung« genannt wurde, stellte seine Arbeit 1992 ein.[22]

Drei Jahre später, also 1977, wurde die ***Feministische uitgeverij Sara*** (Feministischer Verlag Sara) von einem Frauenkollektiv gegründet, der zehn Jahre als unabhängiger Verlag existierte, bevor er ein Imprint vom Verlag Van Gennep wurde. Bei Sara waren auch in Deutschland bekannte Frauen zu finden: die Autorin Anja Meulenbelt, deren »persönliche Erzählung« – so der Untertitel – *Die Scham ist vorbei* in zahlreiche Sprachen übersetzt wurde und 1978 in deutscher

20 https://libguides.ucc.ie/atticpress
21 https://www.corkuniversitypress.com/9781855942110/sisters/
22 Zu De Bonte Was, S. Leontine Bijleveld und Marjan Sax: Activisme & Politiek. In: Mirjam Hemker und Linda Huijsmans (red.): *Lesbo-encylopedie,* S. 40 und 46.

Übersetzung von Birgit Knorr im Verlag Frauenoffensive erschien, die Grafikdesignerin An Dekker, die nicht nur *Die Scham ist vorbei* ins Englische übersetzte, später auch ihren eigenen Frauenverlag gründete und unter anderem Cover für den Orlanda Frauenverlag entwarf[23] und die Übersetzerin Ria van Hengel, die später unter anderem Romane der Nobelpreisträgerinnen Elfriede Jelinek und Herta Müller übersetzte.[24]

Wichtig war nicht nur, dass die Frauen aus der Frauenbewegung kamen und Kontakt mit anderen Frauenprojekten hatten, sondern auch entsprechende berufliche Erfahrung. So hatte eine der Gründerinnen eine Verlagsausbildung, während andere bereits Erfahrungen mit Verlagen hatten, die nicht die Bücher veröffentlichen wollten, die ihnen wichtig waren. Sie wollten aus der Frauenbewegung heraus Bücher für Frauen machen, aber nicht für eine bestimmte Strömung und nicht nur Bücher für die Bewegung. Von Anfang an war klar, dass es ein professioneller Verlag werden sollte. Klar grenzten sie sich von De Bonte Was ab, die nur von einem Buch zum nächsten planten. Die Bücher von Sara sollten überall zu kaufen sein, nicht nur in den Frauenbuchläden (über diese Verkäufe kam nur 15 % ihres Umsatzes[25]), sondern auch in allen anderen – und sie waren voller Überzeugung, dass sie es schaffen würden.

Das erste Buch, das im Verlag erschien, war die Übersetzung von Alice Schwarzers *Der kleine Unterschied und seine großen Folgen*[26]. Im ersten Jahr gab es außerdem ein Buch über Wohnwagenfrauen sowie eine Übersetzung des Buches von Maria A. Macciocchi, das in Deutschland 1976 unter dem Titel *Jungfrauen, Mütter und ein Füh-*

23 An Dekker (1931–2012) war auch Bildhauerin. Sie hatte in den 1970/80er Jahren in London gelebt und dort bereits für den britischen feministischen Verlag Sheba gearbeitet. Mit anderen Frauen gründete sie dort den Hackney Flashers Photography Workshop sowie den Women's Graphic Workshop, ein Kollektiv von Grafikdesignerinnen.

24 Zur uitgeverij Sara s. Elly de Waard: *Sara. Vier vrouwen over tien jaar feministisch uitgeven.*

25 Elly de Waard: *Sara,* S. 14.

26 Übersetzt von Phil van der Linden.

rer. Frauen im Faschismus[27] erschienen ist. Bei Sara kamen sowohl Kinderbücher[28] als auch praktische Bücher heraus, hierzu zählten zum Beispiel Anja Meulenbelts *Für uns selbst*[29] und eine historische Reihe mit Romanen. In dieser Reihe erschien beispielsweise *Tochter der Erde* von Agnes Smedley, ein unerwarteter Bestseller, aber auch Romane von Christa Winsloe (deren Erstausgabe von *Das Mädchen Manuela. Der Roman zum Film Mädchen in Uniform* bereits 1933 in Amsterdam veröffentlicht wurde[30]), Amalie Skram, Glikl Hamel und Linda Brent. Es gab Lyrik wie auch theoretische Bücher von Adrienne Rich bis Nancy Chodorow sowie eine Informationsreihe und moderne Klassikerinnen. Auch wurden Zeitschriften wie die *Socialisties-Feministiese Teksten* (8 Ausgaben von 1978–1984) und *Sarafaan* (3 Ausgaben 1985 und 1986) verlegt.

Wichtig war ihnen auch der internationale Austausch. So fuhren sie gleich zur Frankfurter Buchmesse, wo sie sich mit anderen Frauenverlagen darüber austauschten, was sie planten, so dass diese das Vorverkaufsrecht hatten. Sie gingen rückblickend davon aus, dass die erste Konferenz von feministischen Verlagen von ihnen organisiert wurde[31] – laut Frauenoffensive fand diese allerdings 1978 in München statt. Bei einem Blick auf die Programme der Verlage ist die internationale Zusammenarbeit offensichtlich. Um nur einige Titel zu nennen, die in einem ähnlichen Zeitraum in verschiedenen Ländern erschienen: Adrienne Richs *Von Frauen geboren. Mutterschaft als Erfahrung und Institution* (Sara 1979, Frauenoffensive 1979), Christine de Pizans *Das Buch von der Stadt der Frauen* (Sara 1984, Orlanda Frauenver-

27 Übersetzt von Eva Moldenhauer, erschienen im Wagenbach Verlag.

28 Beispielsweise von Adela Turin, deren Bücher in deutscher Übersetzung im Ali-Baba und Limmat Verlag erschienen.

29 *Für uns selbst. Körper und Sexualität aus der Sicht von Frauen* erschien in deutscher Übersetzung von Ingrid Lübke und Susanne Back 1982 im Verlag Frauenoffensive.

30 S. hierzu Doris Hermanns: *Meerkatzen, Meißel und das Mädchen Manuela. Die Schriftstellerin und Bildhauerin Christa Winsloe*. Berlin, AvivA, 2012.

31 Elly de Waard: *Sara*, S. 15.

lag 1986), Virginia Woolfs *Drei Guineen* (Sara 1980, Frauenoffensive 1978), Joanna Russ' *Aufstand gegen Gott* (Sara 1984, Medea 1983), Ellen Kuzwayos *Mein Leben. Frauen gegen Apartheid* (The Women's Press, London, Sara und sub rosa Frauenverlag, alle drei 1985), Wendy Chapkins' *Schönheitsgeheimisse – Schönheitspolitik* (Sara und Orlanda Frauenverlag, beide 1986) – und natürlich die Bücher von Audre Lorde[32] (Sara, Sheba und Orlanda Frauenverlag, seit 1986).

Die kollektive Arbeit erwies sich auf Dauer als sehr mühsam und zeitraubend. So mussten beispielsweise Manuskripte jeweils von drei Frauen gelesen werden. Und wenn es nur zwei von ihnen gefiel, der dritten aber nicht, musste es auch noch von einer vierten gelesen werden. Das war vor allem für Autorinnen äußerst frustrierend. Zudem wussten diese nicht, an wen sie sich wenden sollten, wie sich Anja Meulenbelt erinnert, die immer stärker das Bedürfnis bekam, klar zu wissen, wen sie wofür ansprechen konnte.[33] Sie wollte eine Verlegerin und kein Kollektiv.

Es hat fünf Jahre gedauert, bis die Frauen verstanden, dass sie eine Hierarchie brauchten, was sie dann als unvermeidlich ansahen. Selbstkritisch stellten sie im Nachhinein fest, dass ihnen eine weiterreichende finanzielle wie auch inhaltliche Planung in den letzten Jahren gefehlt hatte. Trotzdem stellte Anja Meulenbelt rückblickend fest, dass sie dort eine großartige Zeit gehabt habe.

An Dekker, die von 1984 bis 1986 Direktorin von Sara war, gründete anschließend ihren eigenen Verlag, ***Uitgeverij An Dekker.*** Hier erschien beispielsweise 1990 eine Übersetzung von Christa Reinigs *Die himmlische und die irdische Geometrie*[34], Lyrik und ein Buch über Bildhauerinnen. 1993 wurde der Verlag vom feministischen Verlag ***Vita***

32 S. S. 8 f.
33 Elly de Waard: *Sara*, S. 23.
34 Unter dem Titel *Hemel en aarde* in der Übersetzung von Birgit Felstau und Ria van Hengel.

unter der Leitung von Gemma Polders übernommen, der drei Jahre existierte. Sie verlegte dort in der *Erf Goed*-Reihe niederländische Klassikerinnen mit Kurzbiografien, zum Beispiel von Til Brugman, aber auch Biografien von George Eliot[35] und Vita Sackville-West[36] sowie einen ihrer Romane. Auch Lesbisches wurde verlegt von einer lesbischen Stadtführerin durch Amsterdam[37] bis hin zu den Romanen der surinamischen Autorin Joanna Werners.

Uitgeverij Vrouw Holle (Verlag Frau Holle) gab es nur zwei Jahre (1980–1982, unter der Redaktion von Sylvia Bodnár, einer Mitgründerin des Utrechter Frauenbuchladens), in denen sie drei Bücher veröffentlichten: die niederländischen Übersetzungen von Ingeborg Bachmanns *Ein Schritt nach Gomorrah*[38], Marina Zwetajewas *Brief an die Amazone*[39] und Adrienne Richs *Einundzwanzig Liebesgedichte*[40].

Von 2004 bis 2014 existierte ***LaVita Publishing,*** ein Verlag für zeitgenössische Lesbenliteratur, der von Hilda Abbing anfangs in Leeuwaarden, ab 2007 in Utrecht geführt wurde.

Uitgeverij Orlando begann seine Tätigkeit 2010 für drei Jahre als Imprint des Verlags Bruna; dafür zuständig war Jacqueline Smit. Als es dem Verlag finanziell schlechter ging, wurde dieser Imprint aufgehoben. Erst 2017 gelang es Jacqueline Smit, die den Imprint gekauft hatte, zusammen mit Ingrid Meurs den Verlag eigenständig zu gründen. Beide hatten langjährige Verlagserfahrung. Derzeit veröffentlichen sie etwa 20 Bücher im Jahr. Sie haben u. a. die Ambition, mit ihrer

35 Jennifer Liglow: *George Eliot.* Nijmegen, Vita, 1995. Übersetzung: Ank van Wijngaarden.

36 Victoria Glendinning: *Vita. Het leven van V. Sackville-West.* Amsterdam, Vita, 1994. Übersetzung: Marianne Gossije.

37 Jeanette Nijboer: *Op de lesbische tour in Amsterdam.* Amsterdam, Vita, 1994.

38 Niederländische Übersetzung: Elly Schippers. Auf Deutsch ist diese Erzählung im Band *Das dreißigste Jahr* erschienen.

39 Niederländische Übersetzung: Gertrude Starink. Deutsche Übersetzung von Ralph Dutli: *Mein weiblicher Bruder. Brief an die Amazone.* München, Matthes & Seitz, 1985.

40 Niederländische Übersetzung: Maaike Meijer. Deutsche Übersetzung: Verena Stefan und Gabriele Meixner. Enthalten in dem Band *Der Traum einer gemeinsamen Sprache. Gedichte 1974–1877.* München, Frauenoffensive, 1982.

»klassiekenreeks« (Klassikerinnenreihe) den Kanon der niederländischen Literatur zu verändern, ihn also mit Autorinnen zu erweitern. Ein Drittel ihrer Titel sind Bücher aus nicht-westlichen Ländern, 86 Prozent Literatur.[41]

Uitgeverij Chaos, ein kleiner intersektionaler feministischer Verlag, wurde 2018 von drei Frauen gegründet, da ihnen die bi-nationale Perspektive in der niederländischen Literatur fehlte. Heute ist der Verlag ein Imprint von Das Mag und veröffentlicht drei Bücher pro Jahr: Es sind Erzählungen, die Grenzen verschieben, die ihrer Meinung nach in der niederländischen Literatur heute noch fehlen.[42] 2024 landeten sie einen großen Erfolg, als *The Safekeep* von Yael van der Wouden, eine der Mitgründerinnen des Verlags, für die Shortlist des renommierten Booker Prize[43] nominiert wurde. Bei ihnen erschien die niederländische Übersetzung.[44]

Der neueste unabhängige Verlag (seit Mai 2024) ist ***Velvet Publishers***[45], ein les-bi-queerer Verlag, der nicht nur lesbische Klassikerinnen (wie beispielsweise Natalie Clifford Barney) verlegt, sondern auch eine »Pulpature«[46]-Reihe, mit der sie das Phänomen Lesbian Pulp Fiction neu aufleben lassen wollen. Es gibt in ihrem Programm sowohl niederländische Literatur als auch Übersetzungen.

Indien: 1984 wurde in Indien der Verlag ***Kali for Women*** von Urvashi Butalia und Ritu Menon gegründet (bis 2003). Hier erschienen unter anderem Bücher der Ökoaktivistin Vandana Shiva. Aber der indische

41 Jochum Veenstra: Feminisme in Nederlandse uitgeverijen, S. 6.
42 https://dasmag.nl/over-uitgeverij-chaos/
43 https://thebookerprizes.com/the-booker-library/features/13-things-you-need-to-know-about-the-booker-prize-2024-longlist
44 Die deutsche Übersetzung von Stefanie Ochel erschien unter dem Titel *In ihrem Haus* im Januar 2025 im Gutkind Verlag.
45 https://velvetpublishers.nl/
46 Wobei Pulpature eine Zusammenziehung der Begriffe Pulp Fiction und Literatur ist.

Markt funktioniert nach eigenen Gesetzen.[47] In Indien werden mehr als 100 verschiedene Sprachen gesprochen, es ist der drittgrößte Markt für englischsprachige Bücher, aber diese Sprache spricht nur ein minimaler Bruchteil der Bevölkerung. So mussten neue Wege gefunden werden, die Frauen zu erreichen. Die beiden verlegten daher beispielsweise ein informatives Buch über Körper auf Hindi, *Shareer ki Jankari* (*About the Body*). Dieses wurde von 75 Frauen aus einem Dorf geschrieben und von ihnen zu einem Spezialpreis in Dörfern verkauft. Bis dahin hatten Verlage den Markt für billige Bücher, die die Frauen sich leisten konnten, ignoriert, und so fehlten auch die entsprechenden Bücher. Andere Probleme sind der internalisierte Kolonialismus, aber auch der Mangel an Buchhandlungen, fehlender Vertrieb innerhalb des Landes und die Tatsache, dass Bücher hauptsächlich von Bibliotheken gekauft werden.[48]

Als die beiden Verlegerinnen sich 2003 trennten, gründeten sie jeweils eigene Frauenverlage: Urvashi Butalia verlegt bei ***Zubaan Books*** neben feministischer Theorie auch Literatur und Kinderbücher, Ritu Menons ***Women Unlimited*** hat ebenfalls ein breites Programm an Sachbüchern und wissenschaftlichen Publikationen sowie auch belletristische Titel.

Australien: Von 1979 bis 1983 gab es in Australien ***Sisters Publishing,*** gegründet von fünf erfolgreichen Verlegerinnen in Melbourne, die gemerkt hatten, dass Autorinnen im Literaturbetrieb größtenteils übersehen wurden. Als feministischer Verlag veröffentlichten sie Werke »für Frauen, von Frauen und über Frauen«[49] und gründeten einen Versandhandel namens Sisters Bookclub.[50]

47 S. hierzu z. B. Urvashi Butahalia. In: *Debats. Debates. Dibattiti. Panel Discussions. Besprechungen,* S. 61 f. und Rita Menon, ebd., S. 102 ff.
48 Urvashi Butalia. In: *Debats. Debates. Dibattiti. Panel Discussions. Besprechungen,* S. 61 f.
49 https://anzlitlovers.com/2018/11/08/sisters-publishing-1979-1984/
50 https://www.womenaustralia.info/entries/sisters-publishing-ltd/

Bereits 1976 wurde die ***Sybylla Co-operative Press*** (später: ***Sybylla Press and Publications***)[51] in Melbourne gegründet. Angefangen als feministische Druckerei-Kooperative druckten sie Flugblätter und Broschüren der Frauenbewegung. Ab 1982 veröffentlichten sie sowohl innovative und feministische Literatur als auch Sachbücher von Frauen. Alle Arbeiten - Redaktion, Design und Druck - wurden vom ***Sybylla publishing collective*** übernommen, das aus fünf Frauen bestand[52].

2001 übergaben sie ihre Veröffentlichungen[53] an die 1991 von Susan Hawthorne und Renate Klein gegründete ***Spinifex Press,*** damals ebenfalls noch in Melbourne. Anlass für die Gründung war der seit Anfang der 1990er Jahre begonnene internationale Wettlauf, postmoderne und queere Bücher zu veröffentlichen. Als radikale Feministinnen wollten - und wollen! - sie hingegen radikalfeministische Bücher verlegen. Schon lange bevor das Schlagwort »Diversität« sich in der Verlagsbranche ausbreitete, war es ihr Hauptanliegen, »vielfältige Stimmen australischer und internationaler Autorinnen zu publizieren. Wir haben Bücher von Lesben, behinderten Frauen, Indigenen Frauen und Migrantinnen, von jungen und alten Frauen veröffentlicht. (...) Beim Entwickeln unseres Verlagsprogramms ist es uns wichtig, sowohl diesen Fokus als auch die Balance zwischen den verschiedenen Genres wie Sachbüchern, Literatur und Lyrik beizubehalten.«[54]

Jegliche Verlagsarbeit halten die beiden Verlegerinnen für politisch, »weil wir als Radikalfeministinnen schon immer gegen die vorherrschenden aktuellen Meinungen - also gegen den Strich - veröffentlichten. Wir haben festgestellt, dass wir mit unseren Büchern häufig dem Zeitgeist zehn, zwanzig oder sogar dreißig Jahre voraus sind.«[55]

51 https://www.spinifexpress.com.au/sybylla-feminist-press
52 S. Klappentext von Mary Fallon: *Working Hot,* das 1989 bei Sybylla erschien.
53 Drei davon sind bis heute dort noch als E-Books erhältlich.
54 Doris Hermanns: Verlegerinnen unabhängiger Verlage: Renate Klein und Susan Hawthorne.
55 Ebd.

Inzwischen haben sie über 200 Bücher veröffentlicht, die meisten davon sind auch als E-Books erhältlich; Spinifex war der dritte Verlag in Australien, der E-Books veröffentlichte. Feminismus war und ist ihnen dabei wichtig: »Feminismus steht in unserem Verlag zentral. Wir veröffentlichen ausschließlich feministische Bücher und zwar keine liberal-feministischen, sondern Bücher von Autorinnen, die Feminismus lieben, leben und ein- und ausatmen. Radikalfeministinnen sind unsere treuesten Leserinnen, aber wir freuen uns auch darüber, wenn unsere Bücher in Seminaren an Universitäten gelesen werden und von ›Mainstream-LeserInnen‹. Um dies zu erreichen, veröffentlichen wir nur Bücher, die verständlich geschrieben sind, anstatt Titel mit schwer verständlichem ›Jargon‹.«[56]

Diverse Titel von Spinifex sind ins Deutsche übersetzt worden, einige davon erschienen im Verlag Frauenoffensive. Drei Titel sind inzwischen von ihnen selber auf Deutsch herausgegeben worden, die als E-Books[57] über ihre Website erhältlich sind. In gedruckter Form können sie über jede Buchhandlung in Deutschland bestellt werden.

Deutschland

Nach den ersten selbstverlegten Büchern ging es in Deutschland schnell um eine Professionalisierung: Bücher aus anderen Sprachen sollten übersetzt werden, deutschsprachige Frauen sollten ihren eigenen Verlag bekommen, um über ihre Themen veröffentlichen zu können, ohne dabei von Männern und deren Vorstellungen eingeschränkt zu werden. Und so entstand 1974 die ***Frauenoffensive*** als erster feministischer Frauenverlag in Deutschland, als dritter in Europa nach der italienischen ***Rivolta Femminile*** und der französischen ***Édition des femmes***.

56 Ebd.
57 https://www.spinifexpress.com.au/ebook-store/german-ebooks

Ausgezeichnete und offensive Frauen: Frauenoffensive (von 1974 bis 2016)

1974 beschlossen achtzehn Frauen aus der Münchner Frauenbewegung, Texte, die sie für ihre Diskussionen wichtig fanden, allen Frauen zugänglich zu machen. Sie begannen mit der Reihe »Frauenoffensive im Trikont Verlag« mit dem Buch *Lohn für Hausarbeit*, der Zeitschrift *Frauenjournal Nr. 1* und der Langspielplatte *Von heute an gibt's mein Programm*. Das Journal wurde nach 12 Ausgaben 1978 wieder eingestellt.

»Wer hätte damals gedacht, was daraus werden würde?«, fragten sich die Verlegerinnen 1999 anlässlich ihres 25. Verlagsjubiläums im Editorial des von ihnen zu diesem Anlass herausgegebenen Büchleins.[58]

Sie wollten Bücher von Frauen für Frauen herausbringen, »die die Sache der Frauen und den Feminismus politisch und kulturell, theoretisch und praktisch weiterbringen, ›herrschende‹ Denkmuster in Frage stellen und korrigieren, ›herrschende‹ Strukturen aufzeigen und angreifen und an einer feministischen Utopie mitweben.«[59] Wichtig war, dass die Verlegerinnen Teil der Frauenbewegung waren und somit auch immer im direkten Kontakt mit den Projekten sowie der kollektiven Entwicklung standen.

Den Unterschied zu den bestehenden Verlagen machten die Frauen der Frauenoffensive in einer Presserklärung deutlich: »Das Prinzip der Männerverlage ist es dabei allerdings, das bereits Fertige, bereits ›Geglückte‹ und sozusagen Arrivierte für sich herauszugreifen und zu vermarkten. Wir aber wollen etwas anderes: wir schaffen einen ›Schutzraum‹, um neue Denk- und Handlungsmodelle zu entwickeln und zu praktizieren. Der Verlag Frauenoffensive ist damit ein erster Schritt im

58 Frauenoffensive (Hg.): *»Daß wir es bis hierher schaffen würden, hättest du das gedacht?«*, S. 6.
59 Ebd., S. 5.

Aufbau einer autonomen Frauenkultur und ihrer eigenen Mittel: Buchläden, Filme, Forschungsinstitute und medizinische Zentren.«[60]

Ziel des Verlages war, »das Verhältnis von Frauen und Männern in Frage zu stellen und zu thematisieren«[61]. Es ging also nicht um reine Gleichberechtigung, sondern um ein grundsätzliches Infragestellen der herrschenden Verhältnisse, nicht um ein Stück des Kuchens, sondern um einen anderen Kuchen – oder anders formuliert: um eine andere Gesellschaftsordnung.

Durch den großen Erfolg des Buches *Häutungen* von Verena Stefan konnten sich die Frauen bereits ein Jahr nach Beginn der Vertriebsgemeinschaft mit dem Trikont Verlag selbstständig machen und gründeten die ***Frauenoffensive Verlags-GmbH.*** »Ine Guckert übernahm neben der Herstellung und der Kalkulation zusammen mit Andree Valentin die Geschäftsführung. Andree Valentin war außerdem noch für Werbung und PR zuständig. Ulli Bauer besorgte den Satz und den Schallplattenvertrieb. Sylvia Kohlstadt betreute den Buchvertrieb und den Verkauf (…). Susanne Kahn-Ackermann und Gerlinde Kowitzke waren im Lektorat tätig und auch Luisa Francia (…) war halbtags dabei. Ihre Aufgabe bestand darin die unverlangt eingesandten Manuskripte an die Absenderinnen zurückzuschicken.«[62]

Häutungen von Verena Stefan ist inzwischen eine Klassikerin, die 1994 in der Reihe *Die Frau in der Literatur* im S. Fischer Verlag neu aufgelegt wurde und im gleichen Verlag bis heute lieferbar ist. Bis 2003 wurden von dem Buch bereits über 300.000 Exemplare verkauft.[63]

60 Presseerklärung der Frauenoffensive vom 9.10.1975. https://frauenmediaturm.de/neue-frauenbewegung/frauenoffensive-presseinformation-frauenverlag-1975/
61 Susanne Lange: »Von heute an gibt's mein Programm«, S. 15.
62 Ebd., S. 14.
63 Ebd., S. 15. Bei der Gedenkveranstaltung für Verena Stefan 2017 im Berliner Frauenkulturzentrum Begine wurde sogar von einer halben Million gesprochen.

Die zweite Klassikerin des Verlages folgte 1978: *Die Scham ist vorbei* von der Niederländerin Anja Meulenbelt mit über 200.000 verkauften Exemplare bis 2003.[64]

Seit 1977 wurden im Verlag Frauenoffensive jährlich etwa neun bis zwölf Bücher veröffentlicht.[65] Wichtige Autorinnen waren beispielsweise Heide Göttner-Abendroth, deren *Die Göttin und ihr Heros* in zehn Auflagen[66] erschien, Luisa Francia mit zahlreichen Büchern, Mary Daly (übersetzt von Erika Wisselinck) und die wohl bekannteste deutschsprachige Autorin im Verlag, Christa Reinig[67]. Letztere hatte von 1960 bis 1981 im Verlag Eremitenpresse veröffentlicht und war eine renommierte Autorin, deren Werke besprochen und mit Literaturpreisen ausgezeichnet wurden. Ihr Wechsel zur Frauenoffensive hatte zur Folge, dass sie als Autorin nicht mehr wahrgenommen wurde und ihre Bücher nun nicht mehr rezensiert wurden. Selbst in einer Dokumentation zum Bremer Literaturpreis, den sie 1964 erhalten hatte, wurden ihre sämtlichen Bücher genannt – nur die, die sie in der Frauenoffensive veröffentlicht hatte, fehlten. Wie Madeleine Marti völlig richtig feststellt: »In aller Schärfe zeigt dieser Ausschluss die Konsequenzen, die einer Autorin drohen, wenn sie sich aus einem Männerverlag herausbegibt. Deutlich wird daraus auch, welche Schwierigkeiten Frauenverlage haben, von Kulturredaktionen zur Kenntnis genommen zu werden.«[68] Eine Situation, die sich im Laufe der Jahre durch das Zusammenstreichen der Kulturredaktionen nur noch verschärft hat.

Die Frauenoffensive veröffentlichte außerdem 1978 erstmals Virginia Woolfs inzwischen berühmten Essay *Drei Guineen* in einer Übersetzung von Anita Eichholz. Im S. Fischer Verlag waren bis dahin zwar Woolfs Romane und Erzählungen veröffentlicht worden, nicht aber ihre

64 Ebd.
65 Madeleine Marti: »Fast nur Männer und nix Frauen«, S. 144.
66 Eine erweiterte Neuausgabe des Buches erschien 2011 bei Kohlhammer in Stuttgart.
67 Zu Christa Reinig s. auch S. 201 ff.
68 Madeleine Marti: »Fast nur Männer und nix Frauen«, S. 146.

brillanten Essays *Drei Guineen* und *Ein Zimmer für sich allein*, die beide wichtige Texte für die Frauenbewegung werden sollten. *Ein Zimmer für sich allein* erschien erstmals im gleichen Jahr im Berliner Gerhardt Verlag in der Übersetzung von Renate Gerhardt, die Gedichte wurden von Wulf Teichmann übertragen.

Neben den Romanen von sowohl deutschsprachigen Autorinnen als auch übersetzten wurden auch zahlreiche Sachbücher verlegt. Diese bezogen sich im Wesentlichen auf die aktuellen Themen der internationalen Frauenbewegung. So erschienen beispielsweise die ersten sieben Bände der *Beiträge zur feministischen Theorie und Praxis*[69], herausgegeben vom Verein Sozialwissenschaftliche Forschung und Praxis für Frauen im Verlag, sowie der *Beiträge*-Band zum bundesweiten Kongress von Frauen gegen Gen- und Reproduktionstechnologien in Frankfurt 1988 im Verlag Frauenoffensive. Eine der Reihen war »Reise & Kultur«, wo Frauen aus anderen Ländern »ihr« Land vorstellten und was es dort Wissenswertes über Frauen gab. Hier erschienen Bücher zu Italien, Australien, Griechenland, »Holland« [sic!], England, Schottland und Wales, China, Schwarzafrika sowie Island, Grönland, Dänemark und die Färöer.

Die Themen waren im Laufe der Jahre sehr breit gefächert, und so gab es Einzelbände zu den verschiedensten Themen, wie Ökologie – Françoise d'Eaubonne: *Feminismus oder Tod. Thesen zur Ökologiedebatte* –, Frauengeschichte – Elizabeth Gould Davis: *Am Anfang war die Frau* –, Sprachwissenschaft – Senta Trömel-Plötz: *Vatersprache – Mutterland. Beobachtungen zu Sprache und Politik* –, aktueller internationaler Frauenwiderstand – Barbara Harford und Sarah Hopkins (Hg.): *Greenham Common. Frauen im Widerstand* –, Magersucht – die beiden *Anti-Diät-Bücher* von Susie Orbach –, Arbeit von Teilzeitarbeit bis

69 Ab Nummer 8 wurden sie bis zur Einstellung der Reihe 2006 (mit Heft 68) im Eigenverlag des Vereins herausgegeben.

zur Rente, ein Buch zur Frauenbewegung in der DDR – Cordula Kahlau (Hg.): *Aufbruch!* –, Frauenfreundschaften – Janice Raymond: *Frauenfreundschaft* – und viele andere.

Und natürlich gab es auch bei der Frauenoffensive lesbische Titel. So erschien hier bereits 1975 ein erstes Buch von Ilse Kokula (damals noch unter dem Namen Ina Kuckuc), *Der Kampf gegen Unterdrückung. Materialien aus der deutschen Lesbierinnenbewegung*, dem 1981 die von ihr zusammengestellte Materialsammlung *Weibliche Homosexualität um 1900 in zeitgenössischen Dokumenten* folgte. Sachbuch-Übersetzungen wie Sheila Jeffreys *Ketzerinnen*[70] kamen hinzu, ebenso wie zahlreiche Lesbenromane, viele davon Übersetzungen aus dem US-amerikanischen Englisch, wie die von Diane Salvatore. Es gab jedoch auch Romane deutschsprachiger Autorinnen wie Traude Bührmann. Wichtig ist auch der Roman der Exil-Autorin Charlotte Wolff, der 1977 unter dem Titel *Flickwerk*[71] erschien und 2003 als *Späte Liebe* neu aufgelegt wurde.

Und Krimis. Die meisten waren aus dem Englischen übersetzt, aber es gab auch einige Originalausgaben wie die von Shirley Seul. Sie unterschieden sich von den herkömmlichen Krimis vor allem dadurch, dass sie sich meist in der Frauen- bzw. Lesbenszene abspielten.

Die Wechselwirkung mit der Frauenbewegung und den Anspruch an den Verlag hat Gerlinde Kowitzke, eine der Gründungsfrauen, in einem Interview einmal so formuliert: »Die Rolle von Frauenoffensive ist die, dass wir immer vorpreschen und die neuen Ansätze in der politischen Frauenarbeit finden müssen. Die müssen wir dann sofort aufnehmen und vorantreiben.«[72]

Nachdem den Verlagsfrauen 1996 der Anita-Augspurg-Preis für »vorbildliche Beiträge zur Förderung der Gleichberechtigung in Mün-

70 Übersetzung: Hilke Schlaeger 1994, ursprünglich bei Spinifex Press erschienen.
71 Übersetzung: Gerlinde Kowitzke.
72 In: Susanne Lange: »Von heute an gibt's mein Programm«, S. 15.

chen« verliehen worden, wurden sie 2003 als BücherFrauen des Jahres[73] ausgezeichnet. In ihrer Laudatio wies Susanne Lange darauf hin, dass der Verlag Frauenoffensive nie das Werk einer einzelnen, sondern seit jeher die Arbeit von mehreren Frauen war.[74] »Und ich bin der Überzeugung, dass auch die heutige Verleihung des Preises BücherFrauen des Jahres zu einem Höhepunkt in der Verlagsgeschichte werden wird. Er kommt aus der Branche heraus und würdigt die verlegerische Leistung der offensiven Frauen.«[75]

Angefangen mit sechs Frauen mit Vollzeitstellen, arbeiteten 1999 noch fünf Frauen im Verlag mit, wie sich aus dem Editorial des Jubiläumbandes ergibt: Luisa Francia, Inge Holzheimer, Sylvia Kohlstadt, Gerlinde Kowitzke und Hilke Schlaeger.

1999 feierte der Verlag seinen 25. Geburtstag. Aus diesem Anlass erschien ein kleiner Jubiläumsband mit einem Überblick über Themen aus der Verlagsgeschichte und der Entwicklung des Feminismus. Deutlich war ihr Vorhaben, »auch in Zukunft Sand im patriarchalen Getriebe«[76] sein und »mit hochkarätigen Autorinnen Frauen informieren, provozieren und amüsieren«[77] zu wollen.

Die Autorin Christa Reinig erinnert sich im Jubiläumsband an die Anfangszeit: »Ich weiß nicht, was damals provozierender wirkte – das Wörtchen ›Frauen‹ und dazu noch in der Mehrzahl, das war schon eine Herausforderung, und dann noch die Offensive. Aber die frauenübliche

73 Das Branchennetzwerk BücherFrauen e. V. zeichnet seit 1996 jährlich eine Frau aus der Buchbranche für deren herausragendes Engagement für Frauen (z. B. Frauen, die hauptsächlich Frauen beschäftigen oder Bücher für Frauen schreiben oder ihnen zugänglich machen oder Literatur von Frauen besonders fördern) als »BücherFrau des Jahres« aus. Bei der Frauenoffensive gab es die bislang einzige Ausnahme, da mit ihr gleich drei Frauen ausgezeichnet wurden. https://www.buecherfrauen.de/inhalt/ueber-uns/buecherfrau-des-jahres

74 Susanne Lange: »Von heute an gibt's mein Programm«, S. 13.

75 Ebd.

76 Ganz herzlichen Dank für diesen grandiosen Titel!

77 Frauenoffensive (Hg.): *»Daß wir es bis hierher schaffen würden, hättest du das gedacht?«*, S. 6.

Defensive hat es nie gebracht. Dass wir so weit gekommen sind, daß Feministin nicht mehr ein Schmähwort ist, daß Frauenkampf und Frauenforderung Respekt bringt, die Offensive hat's erstritten.«[78]

Luisa Francia befasst sich in ihrem »Spiel in fünf Sätzen« mit gängigen Vorurteilen: »Von Frauen wurde ich am meisten verletzt. Frauen sind streitsüchtig. Die Mütter sind schuld am Verhalten der Männer. Frauen sind nicht solidarisch. Feministinnen sind Männerhasserinnen.« Und kommt zu dem Schluss: »Seltsam eigentlich, daß wir darüber heute noch diskutieren müssen.«[79]

Erika Wisselinck setzt sich in »Abenteuer Übersetzung« mit ihren Erfahrungen beim Übersetzen der Werke von Mary Daly auseinander – nicht nur bei deren Sprachkünsten, sondern auch inhaltlich ein wahrliches Abenteuer! Auch Karen Nölle-Fischer erzählt vom Übersetzen, aber vor allem davon, wie sie als ehemalige Akademikerin zur Frauenoffensive kam und was die Feministischen Buchmessen damit zu tun hatten[80], während Angelika Aliti eine Kurzgeschichte mit der aus ihren Romanen bekannten Schwarzen Witwe beisteuerte. Anita Heiliger blickt zurück auf Frauenkongresse und andere Frauenprojekte und benennt dabei die »kritische Stimme der Frauenoffensive in Gestalt von Gerlinde und Hilke für klare autonom-feministische Positionen innerhalb der Szene und auch in der Kommunalpolitik«, als die Standpunkte der Münchener Frauenprojekte unvereinbar wurden. Veronika Bennholdt-Thomsen versucht sich an einer Vision, wie Geld als »Frauengeld« funktionieren könnte. Und ganz ohne Tiergeschichte geht es dann auch nicht, für die Shirley Seul und Susa Bobke sorgen. Auffällig ist, dass die Offensive-Frauen selber keinen Beitrag geschrieben haben, sondern dies ihren Autorinnen und Übersetzerinnen überlassen

78 Christa Reinig: Die friedliche Offensive. In: Frauenoffensive (Hg.): *»Daß wir es bis hierher schaffen würden, hättest du das gedacht?«*, S. 7.

79 Luisa Francia: Ein Spiel in fünf Sätzen. In: Frauenoffensive (Hg.): *»Daß wir es bis hierher schaffen würden, hättest du das gedacht?«*, S. 15.

80 S. hierzu auch S. 160.

haben – wie übrigens auch die Virago-Frauen 1993 in ihrem Jubiläumsband *A Virago Keepsake to Celebrate Twenty Years of Publishing*.

So viele Bücher, so viele Themen, (über) die heute auch noch oder wieder gelesen werden könnte(n) und sollte(n).

Von den Gründungsfrauen waren zwei bis zum Schluss dabei: Sylvia Kohlstadt und Gerlinde Kowitzke. 1986 kam die bis dahin als Journalistin tätige Hilke Schlaeger[81] als dritte Gesellschafterin hinzu. Insgesamt verlegte die Frauenoffensive etwa 350 Titel von deutschsprachigen und internationalen Autorinnen, wobei – wie bereits erwähnt – die Themen breit gefächert waren.

Bis zu ihrer Schließung 2016 – sie konnten leider keine Nachfolgerinnen finden, als sie in Rente gingen – sind sie ihren feministischen Prinzipien treu geblieben. Und sie haben eine große Lücke hinterlassen: Ein wirklich feministischer Verlag, der aus der Frauenbewegung kommt und frauenpolitische Bücher zu deren Themen veröffentlicht, fehlt heute sehr.

Der Verlag mit den vielen Namen: Orlanda Frauenverlag (von 1974 bis 2018)

Dagmar Schultz betont in ihrem Beitrag zur 4. Internationalen Feministischen Buchmesse 1990 in Barcelona, dass sie vor 15 Jahren nicht als Verlag angefangen hatten, sondern als eine Gruppe von Frauen, die einige Bücher herausgeben wollten, die zu dieser Zeit kein bourgeoiser Verlag verlegt hätte.[82]

Die Anfänge des später als Orlanda Frauenverlag bekannt gewordenen Verlags reichen bis 1974 zurück, als im damaligen Berliner ***Frauenselbstverlag*** der Doppeltitel *Frauenstaat – Männerstaat* von

81 Hilke Schlaeger hatte bereits am ersten Frauenkalender mitgearbeitet und war eine der Gründerinnen des Berliner Frauenbuchladens Labrys.

82 Dagmar Schultz. In: *Debats. Debates. Dibattiti. Panel Discussions. Besprechungen*, S. 23.

Mathilde Vaerting[83]/*Der Mythos vom vaginalen Orgasmus* von Anne Koedt erschien.

Mit dem nächsten Buch wurde ein wichtiger Schwerpunkt des Verlags gesetzt: Frauengesundheit. *Hexengeflüster. Frauen greifen zur Selbsthilfe* (1975) war aus Erfahrungen der Selbsthilfegruppe (zu der auch Dagmar Schultz gehörte) im Berliner Frauenzentrum entstanden, die 1974 gegründet wurde und »sich mit Selbstuntersuchung, alternativen Behandlungsmethoden und mit Gesundheitspolitik auf nationaler und internationaler Ebene befasste«[84].

1974 wurde in Berlin auch das *Feministische Frauen Gesundheits Zentrum* (FFGZ) gegründet, das zwei Jahre später eine »Selbsthilfemappe«, eine Arbeitsbroschüre, veröffentlichte, und es erschien *Clio – eine periodische Zeitung zur Selbsthilfe,* die bis heute vom FFGZ unter dem Namen *Clio – die Zeitschrift für Frauengesundheit* herausgegeben wird. Im November 2024 kam die 99. Ausgabe heraus. *Hexengeflüster* war 1976 bereits in der 10. Auflage, es wurden 60.000 Exemplare verkauft. Mit dem Erlös wurde das Frauengesundheitszentrum unterstützt.[85]

Von Anfang an waren Roswitha Burgard und Dagmar Schultz an diesem Projekt beteiligt, die beide den Verlag hauptverantwortlich und bis Mitte der 1980er Jahre ehrenamtlich neben ihrer Berufsarbeit betrieben. Dagmar Schultz blieb bis 2001 Verlegerin des Orlanda Verlages. Über die Anfangszeit schreibt sie: »1974 gründete eine Gruppe von uns, alle Lesben, den Orlanda Frauenverlag, der zunächst Frauenselbstverlag, dann bis 1986 sub rosa Frauenverlag hieß. Neben dem Hexengeflüster veröffentlichten wir zunächst Bücher, die wir selbst

83 Erstmals 1921 erschienen als *Neubegründung der Psychologie von Mann und Weib Bd. 1: Die weibliche Eigenart im Männerstaat und die männliche Eigenart im Frauenstaat.*

84 Dagmar Schultz: Vortrag BücherFrauen vom 9.5.2018, S. 10. Ich danke Dagmar Schultz dafür, dass sie mir die schriftliche Fassung ihres Vortrags für dieses Buch zur Verfügung gestellt hat.

85 Madeleine Marti: »Fast nur Männer und nix Frauen«, S. 144.

verfasst haben, um dann ein international orientiertes Programm aufzubauen mit den Schwerpunkten Frauengesundheit, Frauen und Gewalt, lesbische Liebe/Elternschaft, Rassismus, Antisemitismus, Literatur von Schwarzen Frauen, jüdischen Frauen, women of color weltweit.«[86]

Es gab anfangs vier oder fünf Frauen, die diese Part-time-Arbeit neben ihrer Erwerbsarbeit machten, später nur noch zwei und drei Bücher pro Jahr. Auf Dauer mussten sie sich jedoch entscheiden, ob sie dies als politische Arbeit weiterhin als eine Art Freizeitbeschäftigung fortsetzen oder einen professionellen Verlag machen wollten. Sie entschieden sich für Letzteres. Es kam noch eine Frau dazu und zu dritt veröffentlichten sie vier bis sechs Bücher pro Jahr.

Von 1980 bis 1986 wurde aus dem Frauenselbstverlag der ***sub rosa Verlag,*** 1986 wurde der Name in ***Orlanda Frauenverlag*** geändert. Bettina Schäfer, die damals bei Orlanda mitarbeitete, erinnert sich: »Das progressive politische Moment des Namens war in Deutschland so gut wie unbekannt. Von der ursprünglichen Bedeutung ›im Vertrauen‹ und den ›Sub Rosa‹ Gruppen in [sic!] Amerika der 50er Jahre, die gegen McCartheys [sic!] Antikommunismus-Feldzüge arbeiteten, wußte hier kaum jemand.«[87] Deswegen wurde der Verlag also umbenannt, und zwar in die weibliche Form des Romantitels *Orlando* von Virginia Woolf, der durch die Frauenbewegung wiederentdeckten britischen Autorin.

Neben der Frauengesundheit war Gewalt gegen Frauen und Kinder ein Schwerpunkt des Verlags. Wie weit verbreitet diese war, wurde zu der Zeit durch die Frauenbewegung immer stärker ins Licht der Öffentlichkeit gebracht. Einer der wichtigsten Titel aus dieser Zeit war neben *Sexuelle Versklavung von Frauen* von Kathleen Barry[88] (1983) *Das*

86 Dagmar Schultz: Vortrag BücherFrauen vom 9.5.2018, S. 11.
87 Bettina Schäfer: Ein Frauenverlag stellt sich vor, S. 102.
88 Übersetzung: Alexandra Bartoszko.

bestgehütete Geheimnis. Sexueller Kindesmissbrauch der US-amerikanischen Autorin Florence Rush[89] von 1982, ein Thema, das in Deutschland zu dieser Zeit noch weitgehend ein Tabuthema war. Zu Letzterem gab es eine Titelgeschichte im Stern, die für viel Aufsehen sorgte.[90] Dies hatte zur Folge, dass der Selbstverlag zu einem professionellen Verlag umgestaltet werden konnte.[91]

Durch das bereits vom sub rosa Verlag aufgebaute Programm mit den Schwerpunkten Antirassismus und Antisexismus, frauenorientierte Naturheilkunde und feministische Therapie war eine gute Basis geschaffen. Ab 1986 verdoppelten sie ihre Produktion auf etwa zwölf Bücher pro Jahr. 1988 arbeiteten fünf fest angestellte Frauen beim Orlanda Verlag, die alle ein Einheitsgehalt erhielten. Die 1983 gegründete GmbH wurde anfangs von Roswitha Burgard und Dagmar Schultz getragen, später nur noch von Dagmar Schultz. Bettina Schäfer schreibt zur damaligen Arbeitsstruktur: »Die innerbetriebliche Struktur ist kollektiv: ein bis dreimal pro Woche treffen sich alle Verlagsfrauen, um über alle wichtigen verlagsinternen Angelegenheiten gemeinsam zu beratschlagen und zu entscheiden – vom Verlagsprogramm bis hin zu finanziellen Fragen.«[92]

Anders als die Frauenoffensive, die Bücher über die Themen der Frauenbewegung veröffentlichen wollte, ging es Orlanda darum, Bücher zu verlegen, die Diskussionen anregen sollten, zu Ideen, die provozierend und zu dieser Zeit in der deutschsprachigen Frauenbewegung noch nicht thematisiert wurden.[93] Daher gab es dort viele Übersetzungen mit den Schwerpunkten Frauen und Gewalt, Rassismus und Antisemitismus. Im literarischen Programm erschienen vor allem Werke von

89 Übersetzung: Alexandra Bartoszko.
90 Madeleine Marti: »Fast nur Männer und nix Frauen«, S. 144.
91 Dagmar Schultz: Vortrag BücherFrauen vom 9.5.2018, S. 15.
92 Bettina Schäfer: Ein Frauenverlag stellt sich vor, S. 103.
93 Dagmar Schultz. In: *Debats. Debates. Dibattiti. Panel Discussions. Besprechungen,* S. 23.

Women of Colour aus anderen Ländern.[94] In dieser Hinsicht verglichen sie sich mit dem britischen feministischen Verlag Sheba. Sie wollten nicht nur Bücher auf den Markt bringen, sondern dazu auch Aktivitäten organisieren. Als Beispiel nennt Dagmar Schultz die Autobiografie der südafrikanischen Autorin und Aktivistin Ellen Kuzwayo[95], die von ihnen nach Deutschland eingeladen wurde. Es gab nicht nur zahlreiche Veranstaltungen mit ihr, sie organisierten auch ein großes Festival und richteten ein Spendenkonto für die Zamami Sisters in Soweto ein.

Eine andere wichtige Autorin bei Orlanda war Audre Lorde[96], die von Dagmar Schultz als Gastprofessorin nach Berlin eingeladen werden konnte. Durch Audre Lorde angeregt, kam es zu ersten Treffen Schwarzer Frauen und zu einem ersten Buch: *Farbe bekennen. Afro-deutsche Frauen auf den Spuren ihrer Geschichte*, das 1986 von May Ayim, Katharina Oguntoye und Dagmar Schultz herausgegeben wurde. Katharina Oguntoye erinnert sich im Vorwort zur Neuauflage des Buches 2020: »Es war das erste Buch seiner Art, welches die afro-deutsche Erfahrung aufzeigte und zur Inspiration für die Anfänge der afrodeutschen Bewegung wurde.«[97] Bereits im Vorwort zur Neuauflage 2006 hatte sie die große Bedeutung von Audre Lorde betont: »Einmal stieß sie mit der Anregung zu *Farbe bekennen* die Schwarze Bewegung in Deutschland mit an und auf der anderen Seite setzte sie den Diskurs über Rassismus in der weißen deutschen Frauenbewegung in Gang und brachte ihn voran.«[98]

94 Ebd., S. 24.

95 Ellen Kuzwayo: *Mein Leben. Frauen gegen Apartheid.* Übersetzung: Bruni Röhm. Berlin, sub rosa, 1985.

96 Sowohl die beiden ehemals bei sub rosa bzw. dem Orlanda Frauenverlag erschienenen Bücher *Zami* als auch der Gedichtband *Die Quelle unserer Macht* gibt es inzwischen im Unrast Verlag, die beiden neuen Werke *Meine Worte werden da sein* und *Vertrauen, Kraft & Widerstand* hingegen bei w_orten & meer.

97 Katharina Oguntoye: Vorwort zur Neuauflage 2020. In: May Ayim, Katharina Oguntoye, Dagmar Schultz (Hg.): *Farbe bekennen,* S. 7.

98 Katharina Oguntoye: Vorwort zur Neuauflage 2006. In: May Ayim, Katharina Oguntoye, Dagmar Schultz (Hg.): *Farbe bekennen,* S. 9.

Im Orlanda Frauenverlag erschienen sowohl Audre Lordes Essays und Gedichte als auch ihr Krebs-Tagebuch *Auf Leben und Tod* (1994) sowie ihre Mythobiografie *Zami* (1986). Eine andere wichtige Autorin des Verlags war die afro-deutsche Dichterin May Ayim, von der mehrere Gedichtbände erschienen und nach der inzwischen eine Straße in Berlin benannt wurde, das May-Ayim-Ufer.[99] In Dortmund gibt es seit 2024 eine May-Ayim-Straße.[100]

Dem vorangegangen war 1983 bereits eine Sammlung ausgewählter Texte von Audre Lorde und der jüdischen Schriftstellerin Adrienne Rich, die beide damals in Deutschland noch unbekannt waren. Für mich war *Macht und Sinnlichkeit* eins der wichtigsten Bücher der 1980er Jahre, da es mich sehr zum Nachdenken über Rassismus und jüdisches Leben angeregt hat, womit ich mich zuvor noch nicht beschäftigt hatte – und so ging es damals wohl vielen Frauen, denn Rassismus und Antisemitismus waren damals in der deutschen Frauenbewegung, wie in der deutschen Gesellschaft überhaupt, noch kaum ein Thema. Ab 1984 war Audre Lorde häufig in Berlin,[101] aber es gab auch Veranstaltungen in anderen Städten Europas, wie beispielsweise den Niederlanden, wo sie auch eine wichtige Rolle spielte.

Das Orlanda-Team beschloss, dass sie ihr Team, das bis dahin aus weißen Frauen bestand, verändern, »d. h. Schwarze Frauen und/oder migrierte Frauen und jüdische Frauen als Mitarbeiterinnen gewinnen wollen. (…) Aufgrund all meiner Erfahrungen ist mir klar, dass wir sowohl in unserer Arbeit wie auch persönlich davon profitieren werden, wenn wir ein ›integriertes Team‹ sind. 1987 stellen wir die erste afro-deutsche Kollegin ein. Im Lauf der Jahre sind zwei von vier Mit-

99 http://audrelordeberlin.com/de/?marker=240

100 https://www.nordstadtblogger.de/gegen-falsche-erinnerung-umbenennung-der-nettelbeckstrasse-in-may-ayim-strasse/?fbclid=IwY2xjawE4DGFleHRuA2FlbQIx-MQABHdNRkl6DlZT8mwogNHOIH8qIDKxOQzBrgyEoqcLO0mR1GbIRwY5Umb-TZw_aem_Jsc2mbMrOr9dZ9kbB2Igng. Ich danke Mechthilde Vahsen für diesen Hinweis.

101 S. hierzu: http://www.audrelorde-theberlinyears.com/deutsch/berlin_de.html.

arbeiterinnen Afrodeutsche, und wir haben mehrere Migrantinnen und Schwarze Frauen als Praktikantinnen.«[102] Damit waren sie damals noch fast der einzige Verlag.

Die Auseinandersetzungen sollten auch auf einer alltäglichen Ebene geführt werden, was durchaus zu Konflikten führte, »die Schwarzen Kolleginnen betonen jedoch, dass sie den Verlag als relativ rassismusfreien Arbeitsplatz erleben. Bei der inhaltlichen Arbeit ist es nun selbstverständlich, Texte auf Klischees und sexistische, rassistische und antisemitische Strukturen in Sprachgebrauch und bildlichen Darstellungen zu untersuchen. Wir reflektierten politische Intentionen von Manuskripten in einer für alle von uns fruchtbaren Weise.«[103]

Unüblich war auch, dass die Frauen nicht aus der Verlagsbranche kamen. Doch sie fanden es wichtig, dass mit den neuen, branchenfremden Frauen auch Neues mit in den Verlag kam. Wie Dagmar Schultz sagte, war es das Risiko des Fehlermachens wert, denn Fehler können alle machen, ob mit Ausbildung oder ohne.[104]

Die Verlagsfrauen setzten sich in ihrer politischen Arbeit mit den bestehenden Verhältnissen auseinander. So bot Ika Hügel-Marshall in den 1990er Jahren Antirassismus-Workshops für Frauen an und sie arbeiteten als Herausgeberinnen/Autorinnengruppe zwei Jahre lang an dem Buch *Entfernte Verbindungen. Rassismus, Antisemitismus, Klassenunterdrückung* (1993).[105]

Auch eine Erinnerung von Ilona Bubeck gehört in diese Zeit: »Unvergesslich, wie kurz nach dem ›Mauerfall‹ 1989 ein Trabi aus Leipzig in Berlin in der Straße vor meinem Fenster im *Orlanda Frauenbuchverlag* hielt und vier Frauen aus dem Auto krochen. Dabei Ingrid Ewald, die schon zu DDR-Zeiten in ihrer Wohnung in Berlin Bücher sammelte, mit

102 Dagmar Schultz: Vortrag BücherFrauen vom 9.5.2018, S. 12.
103 Ebd.
104 Dagmar Schultz. In: *Debats. Debates. Dibattiti. Panel Discussions. Besprechungen*, S. 24.
105 Dagmar Schultz: Vortrag BücherFrauen vom 9.5.2018, S. 16.

dem Vorhaben, einmal einen Frauenbuchladen zu eröffnen. Ein paar Stunden später fuhren die Frauen mit mehreren Kisten Büchern, die sogar noch in den Trabi passten, wieder in Richtung Leipzig. Ihre Begeisterung hatte mich sehr an unsere Aufbruchstimmung in den 70er Jahren im Westen erinnert, und ich hoffte, die Frauen zumindest von Verlagsseite unterstützen zu können.«[106] Ein Jahr später sollte dann der erste Frauenbuchladen in Ostdeutschland in Leipzig gegründet werden: der Tian-Frauenbuchladen.

In den 1990er Jahren wurde eine Verschiebung deutlich. Inzwischen ging es mehr um die neu entstandene Frauenforschung als um die Frauenbewegung. Wichtige Bücher kamen in dieser Zeit beispielsweise von Christina Thürmer-Rohr: *Vagabundinnen. Feministische Essays* von 1987, *Mittäterschaft und Entdeckungslust* von 1989, das mit seiner These der Mittäterschaft von Frauen am Patriarchat für heftige Diskussionen sorgte, und ihre Essays *Verlorene Narrenfreiheit* von 1994.

Finanziert wurden die Sachbücher vor allem durch die Krimireihe und Lesbenromane. So verkaufte sich *Katzensprung* der Kanadierin Shirley Shea (Pseudonym von Marion Foster) fast 30.000 Mal. Aber auch hierbei betont Dagmar Schultz, dass sie nach literarischer Qualität geschaut und Bücher nicht nur nach kommerziellen Erwägungen ausgesucht haben.[107]

Im Orlanda Frauenverlag erschien auch Traude Bührmanns erster Roman *Flüge über Moabiter Mauern*, für den sie 1987 den Ersten Lesbenliteraturpreis – den bis heute einzigen – des Grupo Salons in Hamburg erhielt.

Zu den wichtigsten Sachbüchern des Verlages gehörten *Frauenkörper – neu gesehen. Ein illustriertes Handbuch*[108] von der Föderation

106 Ilona Bubeck: Lesbisch-literarischer Spiegel, S. 225.
107 Dagmar Schultz. In: *Debats. Debates. Dibattiti. Panel Discussions. Besprechungen*, S. 24.
108 Eine von Laura Meritt herausgegebene Neuauflage erschien 2022 bei Exclusivitäten.

der Feministischen Frauen Gesundheitszentren (USA), das 1987 herauskam, sowie *Trotz allem. Wege zur Selbstheilung für sexuell mißbrauchte Frauen*[109] von Ellen Bass und Laura Davis, das ab 1990 in 15 Auflagen erschien.

In den 1990er Jahren wurde die Reihe *Der andere Blick – Frauenstudien in Wissenschaft & Kunst* von der Förderkommission Frauenforschung bei der Berliner Senatsverwaltung für Arbeit und Frauen beim Orlanda Frauenverlag herausgegeben. In dieser wurden wichtige Forschungsergebnisse aus diesem Bereich veröffentlicht, wie beispielsweise der von der Historikerin Claudia Schoppmann herausgegebene Band *Im Fluchtgepäck die Sprache. Deutschsprachige Schriftstellerinnen im Exil* sowie das Nachschlagewerk *Schriftstellerinnen in Berlin 1871 bis 1945. Ein Lexikon zu Leben und Werk*, das von Petra Budke und Jutta Schulze zusammengestellt wurde und für mich bis heute eins der wichtigsten Nachschlagewerke für meine Arbeit ist.

Nur bis 2018 war Orlanda ein Frauenverlag, auch wenn sie sich bereits vorher entschlossen hatten, die Bezeichnung »Frauenverlag« auf den Büchern wegzulassen. Ika Hügel-Marshall nannte den Grund dafür: »Die Bücher werden sonst nicht gekauft oder landen in den Läden im Frauenregal, ganz hinten.«[110] Wie hilfreich dies war, sei hier dahingestellt.

Da sich die in den 1980er Jahren begonnene Differenzierung zwischen Frauen in den 1990er Jahren immer weiter ausbreitete, hat Ulrike Winkelmann in ihrem Artikel zum 25. Verlagsjubiläum sicher recht, wenn sie schreibt: »Das Wir, diese ewige Unterstellung, dass alle Frauen gemeinsame Interessen hätten, wird nicht mehr gebilligt. Im Gegenteil: Überdruss hat sich breitgemacht, auch bei ehemals bewegten Frauen.«[111] Die Orlanda-Frauen zogen daraus den Schluss: »Wir

109 Übersetzung: Karin Ayche.
110 Ulrike Winkelmann: Normierungsdruck.
111 Ebd.

machen keine Textbücher der Bewegung mehr. (...) Man muss jetzt andere Formen suchen.«[112] Freude oder gar Stolz über 25 Jahre Verlag sieht jedenfalls anders aus – dabei hätten sie allen Grund dazu gehabt, denn sie haben zahlreiche großartige und wichtige Bücher verlegt.

Sibylle Plogstedt stellt in ihrem Buch über Frauenprojekte völlig zu Recht fest: »Der Verzicht auf die Bezeichnung ›Frauenbetrieb‹ kann im Rahmen eines Krisenmanagements Probleme mit sich bringen. Alteingesessene Frauenbetriebe, die auf diese Kennzeichnung verzichten, geraten in Gefahr, ihre bisherigen Kundinnen zu verärgern oder zu verlieren.«[113] Genau das passierte mit dem Verlag. Wo Frauen früher gespannt auf jede Neuerscheinung aus dem Verlag gewartet haben, ist dies für Frauen aus der Frauenbewegung schon lange nicht mehr der Fall.

2017 ging es mit anderen Frauen unter dem Namen Orlanda Verlag weiter. Ihr Programm steht heute unter dem Thema »Frauen, Weltkultur, Bewegung«. Hierzu später mehr.[114]

Ulrike Helmer Verlag

»Mich hat schon als Kind der Bücherfloh gebissen«,[115] sagte Ulrike Helmer in einem Interview. So ist es wenig verwunderlich, dass sie sowohl zehn Jahre im Frankfurter Frauenbuchladen mitarbeitete (1981 bis 1991) als auch gegen Ende dieser Zeit (1987) einen eigenen Verlag gründete. Die Veröffentlichungen des Ulrike Helmer Verlags begannen mit der *edition klassikerinnen*, in der unter anderem Bücher von Olympe de Gouges, Françoise de Grafigny, Fanny Lewald, Johanna Kinkel, Malwida von Meysenbug, Sophie Tieck-Bernhardi, Louise Aston und Sophie von La Roche erschienen. Der Begriff »Klassikerinnen« stellte

112 Ebd.
113 Sibylle Plogstedt: *Frauenbetriebe*, S. 222.
114 S. S. 218 ff.
115 Petra Gropp: Ulrike Helmer, S. 22.

damals noch »einen bewussten Akt der Provokation des herrschenden Kanons«[116] dar: »Klassikerinnen gegen das Ewiggestrige«, wie in einer Anzeige für den Verlag zu lesen ist. Und wie die Verlegerin völlig richtig feststellt: »Das Ausgegrenzte einbeziehen zu wollen meint nicht Einordnung, sondern Umwertung.«[117] Ein wichtiges Buch waren dabei auch die Memoiren der radikalen Frauenrechtlerin Lida Gustava Heymann, *Erlebtes – Erschautes*. Eingestellt wurde die Reihe, weil immer mehr der mittlerweile rechtefreien Titel im Internet als Downloads gratis angeboten wurden.

Während Frauen heute an der Erstellung eines neuen Kanons arbeiten (s. S. 196 ff.), war Ulrike Helmer mit dieser Reihe ihrer Zeit voraus.

Seit Gründung des Verlages wurden bisher mehr als 600 Bücher veröffentlicht, darunter historische und aktuelle Romane ebenso wie Sach- und Fachbücher, die viele Jahre lieferbar blieben. Heute umfasst das Verlagsprogramm unter dem Motto »Bücher sind Klamotten fürs Hirn« rund 250 lieferbare Titel, von Romanen und Krimis bis zu Sachbüchern, der Reihe *Lesbisch lesen*, (Auto-)Biografien und wissenschaftlichen Werken.[118] Ein Teil der Bücher sind als E-Books erhältlich.

Wichtige Bücher neben den Klassikerinnen sind beispielsweise *Die Höhle der Löwin. Geschichten einer Ärztin über Abtreibung* von Andrea Vogelsang (Pseudonym von Kristina Hänel, deren Kampagne »Informationsrecht für Frauen zum Schwangerschaftsabbruch« 2017 eine bundesweite Debatte über den Paragrafen 218 auslöste), das bereits 1994[119] erschien, *Vote for Victoria! Das wilde Leben von Amerikas erster Präsidentschaftskandidatin Victoria Woodhull (1838–1927)* von Antje Schrupp sowie verschiedene Bücher zu Frauen in der Buchbranche: zwei Bände über *Die Freundinnen der Bücher* sowie *Frauen ma-*

116 Inzwischen hat der Begriff Einzug in den Duden gehalten und wird durchaus immer häufiger auch in Bezug auf Literatur von Frauen benutzt.
117 Ulrike Helmer: Klassikerinnen Versuch einer Annäherung, S. 45.
118 https://www.ulrike-helmer-verlag.de/verlag/
119 Neuauflage im gleichen Verlag 2018.

chen Bücher (Hg. von Gabriele Kalmbach) und die Studie der BücherFrauen *MehrWert. Arbeiten in der Buchbranche heute.*

Bekannte Autorinnen des Verlages sind unter anderem Antje Schrupp, Carolin Schairer, Sibylle Plogstedt und Antje Wagner.

Ulrike Helmer erhielt 2004 den Dr. Gabriele Strecker Preis des Soroptimist-Clubs und wurde 2009 als BücherFrau des Jahres[120] ausgezeichnet.

2022 fand ein Wechsel im Verlag statt: Ulrike Helmer ging in Rente und übergab ihren Verlag an ihre langjährige Mitarbeiterin Sina Hauer. Gleich nach dem Studium hatte diese sich dort für ein Praktikum beworben – und blieb. Da sie bereits acht Jahre lang im Verlag tätig war, war sie mit allen Bereichen und Inhalten bestens vertraut. Für sie stand fest: »Dieser Verlag darf nicht wie viele andere von Frauen geführte Unternehmen, Organisationen oder auch Frauenprojekte und -stiftungen verschwinden. Und obwohl es mich nie in die Selbstständigkeit gezogen hat, musste ich nicht lange überlegen, als die Frage nach der Übernahme im Raum stand.«[121]

Wichtig war ihr erst einmal, nicht alleine arbeiten zu müssen. In Julia Hoch, einer ihrer Autorinnen, hat sie »eine inspirierende, kluge und gut ausgebildete Verlagskomplizin gefunden. Wir haben den Kopf voller Pläne und Ideen für die Zukunft. Das reicht von einer neuen Verlagssoftware über den Ausbau der Presse- und Öffentlichkeitsarbeit bis hin zu Übersetzungsprojekten, mit denen wir internationale Frauenstimmen für den deutschsprachigen Raum zugänglich machen möchten.«[122] Grundlegende Änderungen im Verlag hat Sina Hauer nicht geplant, »solange zum Beispiel Autorinnen immer noch seltener verlegt und besprochen werden als Autoren, Frauen schlechter bezahlt werden als Männer, Mädchen weniger Chancen haben als Jungen. Un-

120 S. 42, Fußnote 73.
121 Doris Hermanns: Nachgefragt – der Ulrike Helmer Verlag.
122 Ebd.

sere Bücher stehen für den Wunsch nach einer gerechteren Verteilung und für mehr Selbstbestimmung für alle. Sie sind unser Beitrag für eine fairere Gesellschaft."[123]

Von den früheren Klassikerinnen und den Sachbüchern hat sich der Verlag in Richtung Belletristik entwickelt. Auch neu ist, dass *Lesbisch lesen* eine zentrale Kategorie des Verlags geworden ist. Deren wichtigste Autorin ist Carolin Schairer mit über zwanzig Titeln, aber auch Neuauflage beispielsweise von Antje Wagner sind dort zu finden. Auch hier gibt es seit 2013 eine Krimireihe, *CRiMiNA.* »Da geht es weniger um Blutrausch als um psychologische Abgründe und komplexe Lebensumstände. Im Krimi können gesellschaftliche und politische Themen bekanntlich sehr gut behandelt werden, es geht um Aufklärung. Wie zum Beispiel in den von Isabel Rohner eigens erfundenen ›feministischen Kicherkrimis‹, in denen sie patriarchale Strukturen auch im Kultur- und Literaturbereich aufdeckt und anprangert – und das mit viel Humor!«[124]

Auf meine Frage, was sie weiterhin mit dem Verlag möchte, schrieb mir Sina Hauer: »Geschlechtergerechtigkeit vorantreiben! Im Patriachat bedeutet dies – nach Hedwig Dohm: »Es giebt keine Freiheit der Männer, wenn es nicht eine Freiheit der Frauen giebt« –, die Perspektiven von Frauen in den Fokus des Programms zu rücken, ihren Gedanken, Meinungen und Lebensumständen Sichtbarkeit zu geben und auf Diskriminierungen aufgrund des Geschlechts hinzuweisen. Ja, Frauen sind rechtlich gleichgestellt, der tatsächliche Alltag sieht dann aber doch ganz anders aus, siehe Gender Pay Gap, Gender Care Gap, Gender Pension Gap usw. sowie Gewalt gegen Frauen. Die Bücher, die ich verlege, sollen dazu ermutigen, Rechte einzufordern und nach selbstbestimmten Lebensperspektiven zu streben. Ich denke

123 Ebd.
124 Ebd.

da auch an unseren Schwerpunkt Lesbische Sichtbarkeit. Lesben sind ja auch heute noch mit Diskriminierungen konfrontiert; Coming-out ist selbst für die Gen Z häufig mit Unsicherheiten und Ängsten verbunden. Buchfiguren und ihre Geschichten können da hervorragende role models sein. Romane wie *Frau Putz* (Julia Hoch), in dem es um den Berufsalltag einer Reinigungskraft geht, können ein Bewusstsein dafür schaffen, dass in prekären Berufsfelder zumeist Frauen arbeiten, und Solidarität mit diesen Frauen schaffen. 2025 erscheint zudem ein Sachbuch mit dem Aufruf: *Frauen in die Politik!* (Sarah Zöllner) mit Best Practices von Politikerinnen aus Kommunal- bis Bundesebene.«[125]

Gefragt nach dem Bezug zur Frauenbewegung schrieb Sina Hauer: »Den Bezug zur Frauenbewegung gibt es selbstverständlich noch. Wir können unheimlich viel von unseren Vorreiterinnen lernen und profitieren von deren Errungenschaften.

Gleichzeitig sind viele Themen der Frauenbewegung – leider! – auch heute noch brandaktuell. Und diese greife ich im Ulrike Helmer Verlag auf – mal im engeren Sinne (z. B. in *Loving to Survive. Auswirkungen sexueller Unterdrückung und männlicher Gewalt auf das Leben aller Frauen*, Dee L. R. Graham) und mal im weiteren Sinne (z. B. in lesbischen Liebesromanen wie *Mehr als nur ein Kuss*, Carolin Schairer).«[126]

2024 erhielt der Ulrike Helmer Verlag, in dem seit seiner Gründung über 600 Bücher veröffentlicht wurden, den Sonderpreis des Hessischen Verlagspreises. In der Begründung heißt es, dass der Verlag eine »beeindruckende Bibliothek« geschaffen habe, »die nicht nur das intellektuelle Leben bereichert, sondern auch einen bedeutenden Beitrag zur Förderung von Geschlechtergerechtigkeit und kritischem Denken leistet. Besonders hervorzuheben ist die Edition Klassikerinnen, die maßgeblich dazu beiträgt, das Bewusstsein für die historische

125 Mail an die Autorin vom 17. Juli 2024.
126 Ebd.

Rolle von Frauen in Literatur und Gesellschaft zu schärfen und wichtige Werke einer breiteren Öffentlichkeit zugänglich zu machen.«[127] Auch der geglückte Wechsel in der Geschäftsführung wurde ausdrücklich gelobt, »der sowohl Kontinuität als auch Erneuerung verkörpert und somit die Zukunftsfähigkeit des Verlags sichert.«[128]

In einem Interview mit Florian Balke mit der FAZ sagte Sina Hauer: »Wir sind ein Wirtschaftsunternehmen, sehen uns aber auch als Kulturförderer. Wir machen Bücher, weil wir glauben, das braucht die Gesellschaft, nicht die ›Spiegel‹-Bestsellerliste.«[129]

Weitere Frauenverlage

Neben diesen großen Frauenverlagen gab und gibt es unzählige kleine und mittelgroße. Manche waren eher Selbstverlage, die teilweise nur ein einziges Buch herausbrachten, was aber am Verlagsnamen nicht unbedingt zu sehen ist. Auch gab es wohl mehrere Frauenselbstverlage. Im Wesentlichen ging es bei den Publikationen darum, dass Frauen etwas Spezielles veröffentlichen wollten, was sie in keinem Verlag unterbringen konnten. Heute würden sie diese als Selbstpublisher veröffentlichten.

Am Ende des Buches findet sich eine Liste von den Verlagen, mit den Angaben, von wann bis wann sie existierten (insofern ich es herausfinden konnte) und welchen Schwerpunkt sie hatten. An dieser Stelle beschränke ich mich auf die Verlage, die mehr als nur ein bis zwei Bücher herausgebracht haben, und erwähne vor allem diejenigen, die es heute noch gibt.

127 file:///C:/Users/Birgit/Downloads/HessischerVerlagspreis2024_Jurybegr%C3%BCndung.pdf
128 Ebd.
129 Florian Balke: Nicht fragen, was man machen darf.

Los geht es mit Musik: Im ***Frauen-Verlag*** aus Koblenz erschien 1975 ein Liederbuch: *Protest- und Spottlieder für die neue Frauenbewegung zum Haaresträuben* mit Texten von Caroline Muhr[130], Gisela Meussling[131] und Inge Latz. Aufgrund der personellen Überschneidungen ist davon auszugehen, dass der Verlag später in die ***Edition Die Maus*** in Bonn überging. In dieser drehte sich zwischen 1980 und 1985 viel um Hexen. Dort erschienen neben Liederbüchern von Gisela Meussling und Inge Latz (*Hexenlieder* von 1980 und *Neue Hexenlieder* 1982), auch *Ich bin eine Hexe: Erfahrungen und Gedanken* von Judith Jannberg[132] (1984), der Comic *Asphalt-Hexen* von Petra Kaster (1984) und Renate Schweizers *Hexen gegen den Atomtod* (1984).

Der vermutliche Nachfolger, ebenfalls mit personellen Übereinstimmungen, war der ***Verlag Gisela Meussling*** (Bonn, 1985–2001). Dort erschienen Bücher über Runen, Rituale, Symbolik, Göttinnen und Hexen (*Auch du bist eine Hexe, 1985*) sowie vier weitere Bücher von Inca Petra Künkel (wie *Bruchstücke einer Mondin,* das 1995 bereits in einer 4. Auflage erschien). Ein Großprojekt des Verlages war die *Nommologische Semester-Reihe* von Gisela von Frankenberg, die von 1985 bis 2003 in sechs Bänden veröffentlicht wurde und mit der Ankündigung »Zum Ende dieses Patriarchats werden Kommunismus und Kapitalismus zerfallen«[133] beworben wurde.

Im Berliner ***Courage Verlag*** (oder, wie es in der Deutschen Nationalbibliothek heißt, Courage Frauenverlag), in dem vor allem die Frauenzeitung *Courage*[134] erschienen, wurden auch die *Beiträge zur Berliner*

130 Caroline Muhr veröffentlichte außerdem noch die beiden Romane *Freundinnen* (1974) und *Huberts Reise* (1978) sowie *Depressionen: Tagebuch einer Krankheit* (1970).

131 Gisela Meussling führte später einen eigenen Verlag, möglicherweise ist dieser Frauen-Verlag ein Vorläufer davon.

132 Judith Jannberg (Pseudonym von Gerlinde Schilcher) war mit ihrem Buch *Ich bin ich* über ihre Ehe mit einem damals prominenten Politiker sehr bekannt geworden; ihr Bericht wurde ein Bestseller und von 1980 bis 1994 immer wieder neu aufgelegt.

133 Verlags-Anzeige in der *Virginia Frauenbuchkritik,* Heft 12 vom März 1992, S. 12.

134 1976–1978: Berliner Frauenzeitung, 1978 bis 1984: aktuelle Frauenzeitung.

Sommeruniversität für Frauen, Juli 1976 in Buchform veröffentlicht, die 1977 von der Berliner Gruppe Dozentinnen herausgegeben wurde. Weitere Bücher folgten 1982 mit *Courage's Frauen-Adressbuch* und 1983 mit *Brüste. Frauen sprechen über ihre Brüste und ihr Leben* von Daphna Ayalah und Isaac J. Weinstock (Übersetzung: Gesine Strempel). Außerdem veröffentlichten sie einige Sonderhefte zu den Themen Menstruation, Verhütung und Sexualität.

Den ***verlag frauenpolitik*** in Münster, der von 1976 bis 1980 existierte, hatte die Herausgeberin und Autorin J. Monika Walter mit Annette Uhlending gegründet. Ihr Anliegen war es, feministische Literatur und Zeitschriften zu veröffentlichen. Wichtig waren nicht nur innerfeministische Diskussionen, sondern auch die Frage nach schreibenden Frauen in der Literaturgeschichte.

Im Verlag gab es vier Reihen: 1. *Sexualität und Herrschaft* (3 Bände: 1976–1978), 2. *Protokolle: Informationen für Frauen* (26 Hefte, von 1976 bis 1979), 3. die erste feministische Literaturzeitschrift in der BRD: *mamas pfirsiche: Frauen und Literatur* (11 Hefte von 1976 bis 1979)[135] und 4. *Die Eule. Diskussionsforum für feministische Theorie* (Hg. Heide Heinz), diese wurde später von einem anderen Verlag[136] übernommen.

Ansonsten kamen dort auch Bücher von Frauen aus anderen Ländern heraus, zu Frauen im Widerstand und historische Texte von Autorinnen wie Louise Michel und Alexandra Kollontai, aber auch Texte aus der Frauenbewegung, wie beispielsweise ein Buch über den Internationalen Frauenkongress in Paris 1977 und ein Scheidungsratgeber.

Im ***EMMA Frauenverlag,*** der 1977 gegründet wurde, erschienen neben der Zeitschrift EMMA auch mehrere Bücher, wie die Aufsatzsammlung aus den Anfängen der Frauenbewegung *So fing es an! 10*

135 Berit Schallner: mamas pfirsiche – frauen und literatur.
136 Angabe der DNB: Lollar: Prolit Buchvertrieb.

Jahre Frauenbewegung, herausgegeben von Alice Schwarzer (1981), *Das kleine Mädchen, das ich war. Schriftstellerinnen erzählen ihre Kindheit,* herausgegeben von Ingrid Strobl (1982), sowie verschiedene Comic-Bände von Franziska Becker, ein Fotoband von Bettina Flitner und *Pornographie. Männer beherrschen Frauen* von Andrea Dworkin (1987, übersetzt von Erica Fischer).

Im ***Feministischen Buchverlag*** von Marion Hagemann in Naumburg/Elbenberg wurden zwischen 1979 und 1982 fünf Titel zu sehr unterschiedlichen Themen veröffentlicht. Bekannt war und ist *Von Oma Punk zum Plättli-Blues. Neue Frauenmusik*, herausgegeben von Gundula Pause (1979). Ein damals sehr wichtiger Titel war *Gewalt an kleinen Mädchen* von Leïla Sebbar (Übersetzung: Helga Koletzky,1980), eins der ersten Bücher, das sich mit dem Thema sexualisierter Gewalt gegen Mädchen beschäftigte. Der Verlag wurde später von Gundula Pause weitergeführt und ging 1990 in die Hände von Anke Schäfer über, die ihn in einen Verlag für historische Lesbenromane umwandelte.

Der Schwerpunkt im ***Medea Frauenverlag*** (1981–1984) in Frankfurt lag bei Science-Fiction und utopischen Geschichten. Bekannt waren vor allem die Bücher von Marockh Lautenschlag: der Erzählband *Der Wald* (1980, noch unter dem Verlagsnamen Frauenbuchverlag Monika E. Cronberger), der Gedichtband *Artemis ging zur Jagd* (1981), ihr Fantasieroman *Araquin* (1981), der Science-Fiction-Roman *Sweet America* (1983) und der Roman *Wenn der Schnee in meinem Land fällt* (1984). Andere Autorinnen waren beispielsweise Irene Fleiss, Hanne Mede-Flock, Elke zur Nieden und Anna Rheinsberg. Veröffentlicht wurden auch Übersetzungen von Bente Clod, Joanna Russ, Rochelle Singer und Jennifer Johnston. 1985 erschien noch der Krimi von Valerie Miner, *Mord auf dem Campus*, jetzt unter dem Verlagsnamen Nicolai + Medea.

Schwerpunkte des umfangreichen Programms des ***Kore Verlages*** von Traute Hensch in Freiburg (1981 bis 1999) waren Psychoanalyse mit Büchern von und über Marie Langer, Luce Irigaray, Sabina Spielrein, sowie (Auto-)Biografien, Historisches und Aktuelles. Autorinnen waren beispielsweise die Weltreisende Alma M. Karlin, die Schriftstellerinnen Harriet Straub, Thea Sternheim, Lou Andreas-Salomé, die Frauenrechtlerin Bertha Pappenheim sowie die Schriftstellerin und Philosophin Helene von Druskowitz. Verlegt wurden sowohl Bücher von Männern als auch (größtenteils) von Frauen, Sachbücher wie auch Literatur. Von der Dänin Karin Michaëlis erschien 1998 bei Kore nicht nur eine Neuauflage ihres Skandalromans *Das gefährliche Alter* von 1910, sondern auch die vollständige sechsbändige Mädchenreihe *Bibi*, die eine Vorläuferin der Pippi-Langstrumpf-Bände war, in der Reihe *Göre bei Kore*. Ein bis heute wichtiges Nachschlagewerk aus dem Verlag ist das *Lexikon deutschsprachiger Schriftstellerinnen im Exil 1933 bis 1945* von Renate Wall, das 1988 in einem Band unter dem Titel *verbrannt, verboten, vergessen. Kleines Lexikon deutschsprachiger Schriftstellerinnen 1933–1945* bei Pahl-Rugenstein, 1995 dann in zwei Bänden bei Kore und 2004 wieder einbändig als überarbeitete und erweiterte Neuauflage im Psychosozial-Verlag erschien.

Die ***Lilith Frauenbuchladen und Verlag GmbH*** in Berlin verlegte unter anderem die heute gerade wieder neu entdeckte brasilianische Schriftstellerin Clarice Lispector (ihre beiden Romane *Eine Lehre oder Das Buch der Lüste*, 1982 und *Die Passion nach G. H.*, 1984) sowie die russische Autorin Marina Zwetajewa (*Erzählung von Sonečka*, unter der wissenschaftlichen Transliteration ihres Namens: Marina Cvetaeva, 1984) und Gertrude Stein (*Ein Geburtstagsbuch.* Deutsch-Englisch, 1984).

In Bremen gab es von 1984 bis 1993 den ***Zeichen + Spuren Frauenverlag.*** Dort erschienen im Wesentlichen Bücher über Künstlerinnen wie Lena Vandrey und Biografien wie die der Tänzerinnen Hilde Holger und Gertrud Bodenwieser. Außerdem gab es Literatur, beispielsweise von Margot Schroeder, aber auch Sachbücher wie die Feministische Literaturtheorie von Toril Moi. Die Zeitschrift *Schreiben. Frauen · Literatur · Forum* erschien nach anfänglicher Selbstständigkeit bis 1986 (Heft 29/30) ebenfalls im Verlag.

Bereits im September 1978 war die erste Frauenmusikzeitschrift erschienen: *Troubadoura.* 1986 wurde dann in Kassel der ***Furore-Verlag*** von Renate Mathei gegründet. Er ist bis heute der weltweit einzige Musikverlag, der exklusiv Noten, Bücher, CDs, Zeitschriften und Postkarten von und über Komponistinnen im Programm hat.[137] Aufgeteilt wird das Angebot in zahlreiche Kataloge zu Instrumentalmusik, Vokalmusik, Bühnen- und Orchesterwerke, Bücher, CDs, Einzelkataloge von Komponistinnen, zu jüdischer Musik und vieles mehr. Diese finden sich auf der Website zum Download, aber können auch per Post bestellt werden. Im Verlag wurden zahlreiche Werke von Komponistinnen teils posthum erstmalig veröffentlicht, aber auch Werke zeitgenössischer Komponistinnen sind hier zu finden. Eine großartige Fundgrube für all diejenigen, die ihre Musikkenntnisse und Hörerlebnisse um die Werke von Frauen erweitern wollen! »Bis heute ist der Furore Verlag Partner, Schnittstelle und Verbindungsglied zwischen Komponistinnen, Interpret/innen und Hörer/innen. Er berät und inspiriert, macht Musik von Frauen hör- und erlebbar.«[138] 2021 wurde der Furore Verlag mit dem Hessischen Verlagspreis (Sonderpreis in Höhe von 5.000 Euro) ausgezeichnet.

Der ***Morgana Frauenbuchverlag*** in Münster bestand nachweislich zumindest von 1987 bis 1992. Er veröffentlichte vor allem Bücher über feministische Theorie wie das von Christine Schaumberger und Monika Maaßen herausgegebene *Handbuch feministischer Theologie* und *Und Sara lachte ... Patriarchat und Widerstand in biblischen Geschichten* von Mieke Bal, eine Übersetzung aus dem Niederländischen. Neben

137 https://furore-verlag.de/verlagschronik/
138 Ebd.

Sachbüchern veröffentlichte der Verlag auch Literatur von Autorinnen wie Renate Zeiss und Ursula Lacey.

1988 gehörte Brigitte Ebersbach zu den Gründerinnen des Schweizer eFeF Verlags, von 1990 bis 1995 firmierte sie in Dortmund als Tochtergesellschaft des eFeF-Verlags, aber bereits als ***edition ebersbach.*** Den wohl größten Verlagserfolg konnte sie damals mit der von Marianne Brentzel verfassten Biografie Else Urys verzeichnen, die 1992 unter dem Titel *Nesthäkchen kommt ins KZ* erschien, pünktlich zum 50. Todestag von Else Ury, die 1943 in Auschwitz ermordet wurde, was damals kaum bekannt war. Dabei formuliert Brigitte Ebersbach ihr Anliegen so: »Am liebsten hole ich in meinen Büchern Frauen aus der Vergessenheit, die uns auch heute noch mit ihrem Mut, ihrem Tatendrang und ihrer visionären Kraft beeindrucken, um zu zeigen, wie wichtig es für das eigene bewußte Handeln ist, vom Denken und Handeln früherer Frauengenerationen zu wissen.«[139]

2000 wurde der Verlagssitz nach Berlin verlegt. Inhaltlicher Schwerpunkt blieb Literatur von und über Frauen in Belletristik und erzählendem Sachbuch, inzwischen meist mit Bezug zu den 1920er oder 1930er Jahren. »Unter dem Motto *frauen.erlesen* steht der unabhängige literarische Verlag für liebevoll gestaltete Bücher mit anspruchsvollen Inhalten. Den Schwerpunkt des Programms bildet die Literatur über außergewöhnliche Frauen. Jährlich entstehen rund zwanzig Titel aus den Bereichen Belletristik, Sachbuch, Geschenkbuch, Wissenschaft und Kalender.«[140] Zu den »außergewöhnlichen Frauen« gehören beispielsweise die grandiose britische Komponistin Ethel Smyth, die Kunstsammlerin Peggy Guggenheim, die Schriftstellerinnen Annemarie Schwarzenbach und Carson McCullers, die Puppenmacherin Käthe Kruse, aber auch Frauen wie die Widerstandskämpferin Sophie

139 Brigitte Ebersbach: Vom russischen Roulette zum Schachspiel, S. 175.
140 https://ebersbach-simon.de/verlag/ueber-uns

Scholl und die politische Theoretikerin Hannah Arendt. Der Großteil der Bücher ist von Frauen geschrieben, Ausnahmen bilden einige wenige Männer. In der Reihe *blue notes* gibt es kurze, gebundene Bände mit Biografien, Briefwechseln, Reise- und Gourmetliteratur sowie literarischen Anthologien – die der Verlag als »Zwischentöne im Konzert der Bücher« bezeichnet.[141]

2015 übernahm Sascha Nicoletta Simon die operative Leitung des Verlags, der in ***ebersbach & simon*** umbenannt wurde. Brigitte Ebersbach blieb als Senior-Verlegerin im Verlag, ohne weiterhin für das Tagesgeschäft zuständig zu sein. Der Verlagssitz wurde 2024 nach Köln verlegt. Bereits dreimal wurde der Verlag mit dem Deutschen Verlagspreis ausgezeichnet: 2020, 2021 und 2023.

Christel Göttert aus Rüsselsheim übernahm 1995 den Verlag ihres Schwiegervaters und benannte ihn nicht nur in ***Christel Göttert Verlag*** um, sondern für sie war klar, dass es ein Frauenbuchverlag werden müsste: »Das würde sich mit meinen Vorstellungen vereinbaren lassen. All die vielen spannenden und wesentlichen Wahrnehmungen und Ausdrucksweisen von Frauenleben, die vielen Kompetenzen und wichtigen Sichtweisen, täglich in unmittelbarer Umgebung zu sehen und zu spüren, all dies könnte sichtbar werden und Wirkung haben.«[142]

Im ersten Programm erschienen 1995 gleich sechs Bücher. Ansatzpunkt war es, »in weiblichen Genealogien zu denken und die Kraft zu zeigen in den Verbindungen von Frauen, die sich aufeinander beziehen.«[143] Die Schwerpunkte des Verlags liegen auf Büchern zu Philosophie und Politik der Frauen, Frauengeschichte und -biografien, aber es gibt auch Belletristik, Sachbücher und Ratgeber zu den unterschiedlichsten Themen. Dabei ist es Ziel des Verlags: »Die Vielfalt weiblichen Schaffens und Denkens sichtbar machen, eine Vielfalt, die sich

141 Ebd.
142 Christel Göttert: Ein Frauenbuchverlag müsste es sein!, S. 187.
143 N. N.: Der Blick der Frau auf die Welt, S. 33.

in allen Bereichen des Lebens und in den unterschiedlichsten Formen ausdrückt: sei es in Kunst, Wissenschaft und Philosophie, in Pädagogik und Literatur oder im Alltag.«[144] Und »Wir wollen die Geschichte der Frauen dokumentieren und in ihrer Bedeutung für Frauen sichtbar machen.«[145] Von 2001 bis 2011 (Nr. 30–49) verlegte Christel Göttert die *Virginia Frauenbuchkritik*[146].

Der ***AvivA Verlag*** wurde 1997 von Britta Jürgs gegründet. Sie wollte Bücher verlegen, die sie anderswo auf dem Buchmarkt vermisste. Was ihr fehlte, waren »weibliche Perspektiven in der Literatur, insbesondere Bücher von Autorinnen aus den zwanziger Jahren, von Autorinnen mit ungewöhnlichen Lebensläufen, deren Werk bis heute nachwirkt.«[147] Benannt wurde der Verlag nach der weiblichen Form des hebräischen Wortes für Frühling. In dem »Frauenverlag für sämtliche Geschlechter« gibt es sorgfältig gestaltete Bücher von wiederentdeckten und neuentdeckten – häufig jüdischen – Autorinnen der 1920er Jahre, wie Ruth Landshoff-Yorck, Victoria Wolff und Lili Grün, aber auch von späteren Schriftstellerinnen, wie Shelagh Delaney und Silvia Tennenbaum. Daneben sind zahlreiche Bände zur Kunst von Frauen erschienen, wobei vor allem der Band *So viel Energie. Künstlerinnen in der dritten Lebensphase* (2005) von Hanna Gagel zu nennen ist, der inzwischen in der 6. überarbeiteten Auflage vorliegt. Oft geht es um Frauen, die häufig nur am Rande erwähnt werden (wenn überhaupt!), aber auch um Reiseberichte und (Auto-)Butobiografien von einst berühmten Frauen wie der Weltreisenden Alma M. Karlin, der Journalistin Nellie Bly und der Bildhauerin und Schriftstellerin Christa Winsloe. Der Schwerpunkt liegt auf Büchern über Kunst und Literatur, häufig auch in Kombination, wie die frühen, von Britta Jürgs selbst

144 Christel Göttert: Ein Frauenbuchverlag müsste es sein!, S. 188.
145 Ebd., S. 189.
146 S. S. 186 ff.
147 Anne-Sophie Schmidt: Das ganze Jahr Frühling.

herausgebenen Bücher über Künstlerinnen und Schriftstellerinnen verschiedener Kunstströmungen. Es sind Entdeckungen, die im AvivA Verlag – anders als in anderen Frauenverlagen – durchaus auch von Männern herausgegeben, übersetzt und kommentiert werden können, wie sich an einigen Einleitungen, Nachworten und Herausgeberschaften zeigt. Inzwischen erscheinen hier auch Übersetzungen aus dem Bloomsbury-Umfeld, wie die das Theaterstück *Freshwater* und die Biografie *Roger Fry* von Virginia Woolf sowie der Erinnerungstext ihrer Cousine Molly MacCarthy, *Kleine Fliegen der Gewissheit*.[148]

Wie sich die Verlegerin erinnert: »Am Anfang war eine Idee – Autorinnen und interessante Frauen sichtbarer zu machen – und das persönliche Interesse an einer ganz bestimmten Zeit, an den 1920er- und 1930er-Jahren und an jüdischen Autorinnen. Im Laufe der Jahre habe ich immer wieder Ausflüge in andere Epochen unternommen. Nach wie vor verlege ich Bücher zu Themen, die es so noch nicht gab oder gibt. Nach den Büchern über Künstlerinnen und Schriftstellerinnen kamen Bücher über Architektinnen, Designerinnen, Tänzerinnen, Zirkusartistinnen oder Kunstsammlerinnen hinzu, oft von mir angeregt, aber auch zunehmend Biografien interessanter Frauen, die entweder über die Autorinnen oder durch Literaturagentinnen zu mir kamen.«[149]

So hat sich diese Zeitspanne der Bücher im Verlag inzwischen stark erweitert: angefangen mit Werken von Christine de Pizan, wie *Das Buch von der Stadt der Frauen*[150], das Anfang des 15. Jahrhunderts geschrieben wurde und inzwischen als Klassikerin der Weltliteratur gilt, bis zu Ruth Rehmann, einer Autorin aus dem Umkreis der Gruppe 47, oder Annemarie Weber sowie zu zeitgenössischen Autorinnen wie Marina B. Neubert und Salome Benidze.

148 Alle drei übersetzt von Tobias Schwartz.
149 Doris Hermanns: Verlegerinnen unabhängiger Verlage: Britta Jürgs.
150 Das Buch erschien in deutscher Übersetzung, damals bereits übersetzt von Margarete Zimmermann, erstmalig 1986 im Orlanda Frauenverlag und wurde für die Neuauflage von der Übersetzerin vollständig überarbeitet.

Auswirkungen hat die breitere Aufmerksamkeit für das Verlagsprogramm zumindest für die Sichtbarkeit von Lili Grün und Alice Berend gehabt: Nach beiden wurde inzwischen jeweils eine Straße in Berlin benannt, der Roman *Alles ist Jazz* von Lili Grün wurde außerdem ins Italienische und ins Französische übersetzt.

Inzwischen führt der Verlag auch zwei Zeitschriften, die in den 1970er bzw. 1980er Jahre gegründet wurden, weiter. Die erste ist die *Virginia Frauenbuchkritik* seit der Ausgabe 50 im März 2012, in deren Redaktion die Verlegerin bereits seit 2000 ist. Und als zweite seit 2021 auch die von der Filmemacherin Helke Sander 1974 gegründete Zeitschrift *Frauen und Film*.

Der Verlag wurde 2019 und 2022 mit dem Deutschen Verlagspreis, 2020 mit dem Großen Berliner Verlagspreis sowie 2024 mit dem Kurt-Wolff-Preis ausgezeichnet, wobei die »kleine Universalbibliothek« hervorgehoben wurde, die »quer durch die Epochen, Kontinente und Genres« entstanden sei sowie die »Bergung von Schätzen, der das deutschsprachige Publikum die Bekanntschaft mit zahlreichen jüdischen Autorinnen und Pionierinnen selbstbewusster weiblicher Autorschaft aus den ersten Jahrzehnten des zwanzigsten Jahrhunderts verdankt.«[151]

Bei allem hält Britta Jürgs, die 2011 als BücherFrau des Jahres[152] und 2021 mit der Rahel Varnhagen von Ense-Medaille ausgezeichnet wurde, fest: »Feminismus ist die Basis für den Verlag und der rote Faden von der Gründung bis heute.«[153]

Angefangen hat die ***edition fünf*** (Verlag Silke Weniger, Gräfelfing) 2010 mit jeweils fünf Büchern pro Jahr (daher auch ihr Name) in leuchtend rotem Leinen mit Banderole. Sie – neben der Verlegerin Silke Weniger waren dies die Herausgeberin Karen Nölle, die Lektorin Kirsten Gleinig, die Pressefrau Ursula Steffens und die Grafikerin Kathleen

151 https://www.kurt-wolff-stiftung.de/kurt-wolff-preis-2024/
152 S. 42, Fußnote 73.
153 Doris Hermanns: Verlegerinnen unabhängiger Verlage: Britta Jürgs.

Bernsdorf – wollten Bücher verlegen, die sie vermisst haben oder einfach neu auflegen wollten. Dazu zählen Werke von Autorinnen aus der ganzen Welt, von Romanen über Erzählungen und (auto-)biografische Texte, Übersetztes wie auch Deutschsprachiges – einfach diejenigen, »die wichtige Texte zur Tradition weiblichen Schreibens beitragen«.[154]

Seit 2015 hat die edition fünf das Konzept der fünf roten Bücher pro Jahr losgelassen und seither individuell gestaltete Bücher verlegt – nach wie vor alle von Autorinnen. Dazu zählen beispielsweise Klassikerinnen wie Elizabeth von Arnim, Irmtraud Morgner und Gina Kaus, aber auch aktuelle Autorinnen wie die Italienerin Dacia Maraini, die Norwegerin Mona Høvring und die Niederländerin Anneloes Timmerije. Außerdem gibt es Sammelbände zu den Autorinnen einiger Gastländer der Frankfurter Buchmesse sowie einen Band mit Erzählungen, Essays und Gedichten, in denen Autorinnen vom Schreiben erzählen. Seit 2019 gibt es allerdings keine neuen Titel mehr im Verlagsprogramm.

2019 gründeten in München fünf Frauen den Verlag ***&Töchter,*** in dem sie gesellschaftskritische Sachbücher zu den Themen Feminismus, Diversität und Nachhaltigkeit veröffentlichten. Sie wollten – so ihr Motto – das Verlegen neu denken und kündigten sich als inspiriert, unbändig und jung an. Hier erschienen im Laufe der nächsten fünf Jahre Bücher wie *Männer, die Frauen hassen. Die Wahrheit über extreme Misogynie und wie sie uns alle betrifft* von Laura Bates[155] und *How to raise a feminist son. Das Buch für alle Eltern, die Gleichberechtigung leben wollen* von Sonora Jha[156]. Während sie 2023 noch mit dem Deutschen Verlagspreis ausgezeichnet wurden, mussten sie – jetzt nur noch zu viert – nach fünf Jahren das Aus des Verlags verkünden. In einem Interview mit Marlene Münßinger für das *Börsenblatt* erläutern sie die

154 http://www.editionfuenf.de/verlag/

155 2003 in der Übersetzung von Ulla Stackmann erschienen und mit Hilfe einer Crowdfunding-Kampagne finanziert.

156 2003 in der Übersetzung von Katharina Herzberger erschienen und mit Hilfe einer Crowdfunding-Kampagne finanziert.

Gründe: »Letztendlich ist die fehlende Finanzierung der ausschlaggebende Grund dafür, dass wir aufhören müssen. Ein kleines Programm, mit 3–4 Titeln im Jahr, reicht nicht aus, um vier Leuten Gehalt zahlen zu können. Auch wenn wir uns in den letzten Jahren sehr bemüht haben, konnten wir keine andere Möglichkeit der (Quer-)Finanzierung finden, die ein größeres Programm möglich gemacht hätte.«[157]

2021, mitten in der Corona-Zeit, in der andere Verlage um ihr Überleben kämpften, wurde in Bonn der ***Magas Verlag*** von Gerit Sonntag gegründet. Im Mittelpunkt ihrer Veröffentlichungen stehen Bücher zu Frauenkörpern. Der Verlegerin war aufgrund ihrer Erfahrung mit der Menopause aufgefallen, dass es zu wenig Informationen über den weiblichen Körper gibt, so auch beispielsweise über selbstbestimmte Geburten. Sie weist in einem Interview auf den Verlag Frauenoffensive hin, der sie zu ihrer Teenagerzeit mitgeprägt hat. Ihr eigener Verlag hat das Motto »Bücher, die Frauen stärken«. Es geht um Menstruation, Schwangerschaft, Geburt, Menopause, Göttinnen und weibliche Sexualität. Sie betont dabei aber auch die gesamtgesellschaftlichen und politischen Zusammenhänge dieser Themen.[158] Als Beispiel sei hier nur *Warum Stillen politisch* ist von Gabrielle Palmer genannt, das inzwischen bereits in 2. Auflage erschienen ist, und in dem es unter anderem auch um Migration und Klimawandel geht.

Die Verlegerin dazu: »Mir geht es um Wissensvermittlung. Eigentlich ist ja alles bekannt, aber eben noch nicht jedem und jeder. Ich wusste zum Beispiel nicht, dass Stillen politisch ist, als ich es getan habe. Ich wusste damals auch noch nicht, dass die WHO-Empfehlung immer nur der kleinste gemeinsame Nenner vieler sich widerstreitender Interessensparteien darstellt. Ich war wirklich der naiven Meinung, dass unser ganzes medizinisches System auf wissenschaftlichen Er-

157 Marlene Münßinger: »Wir sind oft an unsere Grenzen gestoßen«.
158 Doris Hermanns: Nachgefragt – der Magas Verlag.

kenntnissen basieren [sic!] und immer zum Wohle des Patienten bzw. der Patientinnen sind.«[159]

Es gibt aber auch beispielsweise ein Manga von Rokudenashiko über Vulvakunst und ein anatomisches Modell einer Klitoris. Hierbei ist es wichtig zu wissen, dass es bis vor Kurzem – genauer gesagt bis 2022! – keine korrekten Abbildungen von und Informationen über eine Klitoris in Schulbüchern gab und die meisten Menschen wohl auch keine Ahnung von deren Aussehen und vor allem ihrer Größe hatten bzw. haben. Auf der Website sind auch zahlreiche Hinweise zu Filmen über die Verlagsthemen zu finden und im Webshop die drei deutschsprachigen Titel der ***Spinifex Press***[160]. Gerit Sonntag positioniert sich hierbei klar: »Ich möchte Teil der neuen Frauenbewegung sein, die das Ruder rumreißt und die Welt vor dem Untergang bewahrt. Nichts Geringeres ist meine Absicht.«[161]

Österreich und Schweiz

Auch im deutschsprachigen Ausland gab und gibt es einige Frauenverlage:

In **Österreich** wurde 1980 der ***Wiener Frauenverlag*** gegründet, der sich 1997 zum 17. Geburtstag umbenannte in ***Milena Verlag.*** Bis dahin waren bereits 130 Titel erschienen. Es gab folgende Reihen: die allgemein literarische Reihe, *Phasetten,* die Krimireihe *Giftmelange,* die Reihe *Frauenforschung, Dokumentation*[162]. Wichtige Bücher waren zum Beispiel *Wer mit Wem? Hundert Jahre lesbische Liebe. Berühmte Frauen, ihre Freundinnen, Liebhaberinnen und Lebensgefährtinnen* von Ines Rieder und *Schriftstellerinnen sehen ihr Land. Österreich aus dem Blick seiner Autorinnen.*

159 Ebd.
160 S. S. 35 f.
161 Doris Hermanns: Nachgefragt – der Magas Verlag.
162 Barbara Neuwirth (Hg.): *»Sah aus, als wüßte sie die Welt«*, S. 69–74.

Als die Frauen den Verlagsnamen änderten, betonten sie noch: »Seit dem Gründungstag geht es um die Förderung und Veröffentlichung literarischer und wissenschaftlicher Texte von Frauen.«[163] Nach wie vor wollten sie die gesamtgesellschaftlichen Zustände ändern. Vor einigen Jahren hat sich diese klare Aussage leider geändert. Heute ist Milena kein Frauenverlag mehr. Der Verlag warb beim 40-jährigen Jubiläum noch mit dem Spruch »Heftige Bücher für heftige Menschen«, inzwischen mit »Super Bücher für super Menschen«.

In der **Schweiz** gibt es den ***eFeF*** Verlag in Wettingen, der im Herbst 1988 von Brigitte Ebersbach, Maria Louisa Fischer, Ingehelen Köberich, Heidi Lauper und Mechthild Malash gegründet wurde. In ihrem Verlag sollten »spannende Titel zu entdecken sein, von Frauen geschrieben, von Frauen verlegt. In der Belletristik legen wir Wert auf literarische Texte, die nicht nur inhaltlich überzeugen, sondern auch formal unseren Ansprüchen genügen. Unsere Sachbücher greifen Frauen- und Geschlechterfragen auf, die eine breite Diskussion verdienen.«[164]

Ihr erstes Buch war *Ebenso neu als kühn* zur Jubiläumsveranstaltung der Züricher Universität »120 Jahre Frauenstudium.«[165] Zum Verlag gehören die Schriftenreihe des Vereins Feministische Wissenschaft Schweiz, wie auch die Reihe *gleich + gleich,* herausgegeben vom Büro für die Gleichstellung von Frau und Mann der Stadt Zürich. Von 1990 bis 1995 gehörte die edition ebersbach in Dortmund als Tochtergesellschaft zum eFeF-Verlag. Seit 1996 arbeiten die beiden Verlage selbständig und unabhängig.[166]

Wichtige Bücher aus dem Verlag sind beispielsweise *Flüchtige Idylle* von Ella K. Maillart und die Schweizer Klassikerin *Frauen im Laufgitter* von Iris von Roten. Der von 1995 bis 2000 von Liliane Studer und

163 Der Wiener Frauenverlag. Der einzige Verlag in Österreich hat einen neuen Namen: Milena Verlag. In: *Virginia Frauenbuchkritik,* Heft 22 vom März 1997, S. 8.

164 *Das Gastmahl,* S. 5.

165 Brigitte Ebersbach: Vom russischen Roulette zum Schachspiel, S. 172.

166 *Das Gastmahl,* S. 5.

im Anschluss daran von Doris Stump geleitete Verlag publiziert weiterhin literarische Texte und Sachbücher, hauptsächlich von Autorinnen aus der Schweiz

In guter Erinnerung wird der ***Ala Verlag*** von Berta Rahm (Zürich, 1974–1986) vor allem für die Neuauflagen einiger Werke der großartigen Frauenrechtlerin Hedwig Dohm[167] bleiben. Daneben verlegten sie aber auch andere wichtige historische Texte wie Mary Wollstonecrafts *Verteidigung der Rechte der Frauen* (in zwei Bänden 1976 und 1978).

Zusammenarbeit der Frauenverlage

Die Frauenverlage trafen sich regelmäßig, um mögliche Zusammenarbeiten zu besprechen. So zum Beispiel 1994: Auf dem 4. Treffen der Frauenverlage in Wien kam es zur Geburt des *Böseblatt der deutschsprachigen Frauenverlage*. Es waren acht Verlage, die sich dies als gemeinsames Werbekonzept überlegt hatten. Beteiligt daran waren der Verlag Krug & Schadenberg, der Wiener Frauenverlag, der Donna Vita Verlag, der Feministische Buchverlag Anke Schäfer, der Orlanda Frauenverlag, der Daphne Verlag und die edtion ebersbach im eFeF Verlag, herausgegeben vom Verbund der deutschen Frauenverlage.

Der Titel wurde natürlich deutlich an das *Börsenblatt des deutschen Buchhandels*[168] angelehnt. Es sollte »ein Diskussionsforum sein, ein Platz für Austausch von Erfahrungen und Ideen zwischen Buchhändlerinnen und Frauenverlagen.«[169] Es sollte darin um Literatur gehen, um Autorinnen, Verlage und Buchhandlungen. Die Frauen waren bereits im Vorfeld aktiv geworden und hatten einen Fragebogen an interessierte Buchhändlerinnen verteilt. Leider sind heute nur noch

167 Die Werke von Hedwig Dohm, herausgegeben von Nikola Müller und Isabel Rohner, erscheinen seit 2006 als Edition Hedwig Dohm im Berliner trafo Verlag. Bis jetzt liegen fünf Bände vor.

168 Das Fachmagazin des Deutschen Buchhandels, herausgegeben vom Börsenverein des Deutschen Buchhandels seit 1834.

169 *Böseblatt der deutschsprachigen Frauenverlage*, Nr. 1, 1994, S. 1.

zwei Exemplare nachweisbar: die Nr. 1 vom November 1994 im Stichwort – Archiv der Frauen- und Lesbenbewegung in Wien und Nr. 2 vom Juni 1995 im feministischen Archiv Auszeiten in Bochum.

Viele Frauenverlage gibt es derzeit nicht mehr. Aber die Situation ist wie die der anderen unabhängigen Verlage. Es fehlt in Deutschland an einer strukturellen Förderung, die es in Ländern wie Österreich und der Schweiz durchaus gibt und die hier schon länger gefordert wird. Sporadische Verlagspreise sind zwar schön, reichen für eine langfristige Planung jedoch nicht aus. Gerade in diesem Jahr (2024) ist immer wieder zu lesen, dass der ein oder andere Verlag ein Crowdfunding machen oder aufgeben muss (allein während ich an diesem Kapitel schrieb, waren es mindestens drei).

Regina Elsässer erinnert sich noch gut an die Anfangsjahre der Frauenverlage und deren Präsenz auf der Frankfurter Buchmesse: »Man kann sich heute gar nicht mehr vorstellen, wie das damals war: alle Belletristikverlage waren in einer niedrigen verrauchten Halle, da, wo jetzt Halle 8 ist. Später gab es Zeiten, wo ein ganzer Gang – es war immer der F-Gang – nur von Frauenverlagen, Frauenzeitschriften und irgendwann auch den BücherFrauen bewohnt war.«[170]

Zum Glück ist die Zeit der verrauchten Hallen vorbei, aber leider auch die des F- wie Feminismus-Gangs. Die wenigen Verlage, die es noch gibt, sind inzwischen in einer Halle verstreut und damit auch weit weniger sichtbar.

»Bleibt mutig und traut euch weiterhin radikale und feministische Bücher abseits vom Mainstream zu verlegen«, rieten die Verlegerinnen des Verlags &Töchter, als sie ihr Verlagsende bekannt gaben.[171]

170 Regine Elsässer: Ein aufregendes Jahr, dieses 2014, S. 25.
171 Marlene Münßinger: »Wir sind oft an unsere Grenzen gestoßen«.

Aus der Nicht-Existenz heraus: Lesbenverlage

Wie die Frauenverlage, so entstanden auch die Lesbenverlage aus der Frauen- bzw. Lesbenbewegung heraus, die vor allem in kleineren Städten ineinander übergingen und nicht wirklich voneinander zu trennen waren.

»Frauen, die mit Frauen leben, mit Frauen schlafen, Lesben eben, sind als gesellschaftliche Gruppe nicht existent. Nicht einmal vor sich selbst.«[1] – so schrieb die Autorin und Verlegerin Chris Paul 1989. Dass es in dieser Nicht-Existenz auch kaum Lesbenliteratur gab, ist naheliegend. Wenn Autorinnen es schon wagten, über Lesben zu schreiben, wurde ihnen noch in den 1970er Jahren mitgeteilt, dass Verlage daran nicht interessiert wären, selbst wenn die Autorinnen dort vorher veröffentlicht hatten.

Der vermutlich erste Lesbenverlag weltweit war ***The Women's Press Collective,*** das 1969 von der Lyrikerin Judy Grahn und ihrer Partnerin, der Künstlerin Wendy Cadden, in Oakland, USA, gegründet wurde. Für sie war lesbische Lyrik eng mit dem revolutionären Kampf verbunden, also nicht nur ein künstlerisches Handwerk, sondern eine politische Taktik.[2] In ihrem Wohnzimmer mussten sie sich alles selber beibringen, den Mimeograph, einen Vorläufer der Fotokopierapparate, nahmen sie erst einmal auseinander, um zu sehen, wie er funktionierte. In den frühen 1970er Jahren zogen sie den Verlag in ein Hinterzimmer der feministischen Buchhandlung ***A Woman's Place*** um.

Ihr erstes Buch wurde eine Lyrik-Anthologie mit dem vielsagenden Titel *Woman to Woman*, in der Gedichte von bekannten und unbekannten Autorinnen enthalten waren. In einem ihrer Gedichte über

1 Chris Paul: Vom Feuerspucken, S. 62.
2 Catherine Kelly: The Women's Press Collective, 1969–1977.

»Edward the Dyke« erklärt Judy Grahn, was Homosexualität für sie bedeutet: »Es bedeutet, dass ich tun kann, was ich will.«[3] Ein bezeichnender Ausdruck der Zeit, in der Frauen aufhörten, sich den Wünschen von Männern anzupassen. Ihre ersten vier Lyrikbände wurden vom Women's Press Collective veröffentlicht. Dort erschienen aber auch Werke beispielsweise von Pat Parker und Martha Shelley. Sie waren 1972 auch die ersten, die eine Lyriksammlung einer asiatisch-amerikanischen Lesbe veröffentlichten: *Eating Artichokes* von Willyce Kim.

Die meisten Bücher hatten eine Auflage zwischen einigen hundert und einigen tausend Exemplaren, wobei ihre Gewinnmarge sehr klein war, so dass es auf Dauer nicht möglich war, weiter existieren, da die Frauen einfach mehr Geld verdienen mussten, um zu überleben. Der Verlag schloss sich dann zusammen mit der ***Diana Press,*** die vom umstrittenen Feminist Economic Network (FEN) finanziert wurde, einer hierarchischen Organisation mit einem rein weißen Vorstand. Dieser hatte die volle Entscheidungsmacht, was Fragen über die ökonomische und politische Macht aufwarf und zu großen Kontroversen führte.[4] Die Zusammenarbeit und damit die Existenz der beiden Verlage endete 1979 nach finanziellem Missmanagement und unbezahlten Honoraren von Diana Press.

In der Zwischenzeit wurde 1973 ein weiterer Lesbenverlag, die ***Naiad Press,*** von Barbara Grier und ihrer Partnerin Donna McBride gegründet, zusammen mit Anyda Marchant und Muriel Crawford. Das erste Buch im Verlag war *The Latecomer* von Sarah Aldridge, das Pseudonym von Anyda Marchant und ihrer Partnerin Muriel Crawford.

Bis dahin gab es – zumindest in den USA – wenig Literatur, in denen Lesben überhaupt vorkamen. Eine Ausnahme bildeten die billigen Taschenbücher, *pulp fiction*[5], die ihre Hochzeit zwischen 1949

3 Ebd.
4 Ebd.
5 S. Jaye Zimet: *Strange Sisters. The Art of Lesbian Pulp Fiction 1949–1969.*

und 1969 hatten. Verschickt wurden sie nur in braunem Packpapier[6], denn die Cover hatten nicht zufällig recht freizügige Motive, da sie im Wesentlichen Männer als Leser ansprechen sollten[7]. Und zwei Frauen auf einem Cover – möglichst in Unterwäsche – bedeutete bereits, dass es um Lesben ging, wie die Autorin Ann Bannon in ihrem Vorwort zu *Strange Sisters* festhält. Die Bücher wurden zum größten Teil von Frauen, viele von ihnen Lesben, beispielsweise von Marijane Meaker[8], einer der zahlreichen Geliebten von Patricia Highsmith, verfasst, aber es gab durchaus auch Männer, die unter einem weiblichen Pseudonym schrieben. Einige der Titel sind uns auch heute noch geläufig, wie beispielsweise *The Scorpion* von Anna Elisabet Weirauch[9], *The Price of Salt* von Patricia Highsmith[10] (unter dem Pseudonym Claire Morgan), *The Well of Loneliness* von Radclyffe Hall[11] und *Women's Barracks* von Tereska Torrès[12]. Die lesbischen Autorinnen konnten so zumindest auch ein lesbisches Publikum erreichen, auch wenn es für viele schwierig war, diese Bücher offen in einem Laden zu kaufen. Voraussetzung war jedoch, dass es kein Happy End geben durfte, die

6 Nicht zufällig war der Titel der gesammelten Essays (die übrigens nie ins Deutsche übersetzt wurden) von Rita Mae Brown *A Plain Brown Rapper.*

7 Während es zu dieser Zeit Romane über Lesben waren, die auch von Männern geschrieben wurden, gibt es inzwischen das umgekehrte Phänomen: Heterosexuelle Frauen schreiben und lesen Gay Romances. S. https://www.deutschlandfunknova.de/beitrag/literatur-warum-frauen-gay-romances-schreiben-und-lesen

8 Marijane Meaker (1927–2022). Als Autorin schrieb sie unter insgesamt vier Pseudonymen und ihrem eigenen Namen über 40 Bücher. Als Vin Packer verfasste sie *Spring Fire,* eine Klassikerin der Lesbenliteratur, unter dem Namen Ann Aldridge schrieb sie weitere Lesbenromane. Als M.E. Kerr wurde als Autorin von Jugendbüchern bekannt, die im Deutschen unter ihrem Geburtsnamen erschienen. Ihr Erinnerungsbuch an die Zeit mit Patricia Highsmith wurde 2008 unter dem Titel *Meine Jahre mit Pat. Erinnerungen an Patricia Highsmith* in der Übersetzung von Manfred Allié bei Diogenes veröffentlicht.

9 Die Romantrilogie *Der Skorpion* gilt als *die* Klassikerin der Lesbenliteratur der Weimarer Republik. Die drei Bände erschienen zwischen 1919 und 1931.

10 Patricia Highsmith: *Salz und sein Preis.* Aus dem amerikanischen Englisch von Melanie Walz, mit einer autobiographischen Skizze der Autorin. Zürich, Diogenes, 2021.

11 Radclyffe Hall: *Quell der Einsamkeit.* Aus dem Englischen von Rudolf Harms. Berlin, Krug & Schadenberg, 2015.

12 Tereska Torrès: *Frauenkaserne.* Aus dem amerikanischen Englisch von Inka Marter. München, Louisoder, 2015.

Frauen also sterben oder mit Männern zusammenkommen mussten. Paula Christian, eine der damaligen Autorinnen, erinnert sich: »Es sollte klar sein, dass ein Verleger nicht zulassen kann, dass dieses Thema als etwas beworben wird, das bewundert oder erwünscht ist.«[13]

Darauf weist beispielsweise auch Jane Rule anhand der Klassikerin *Patience & Sarah*[14] von Isabel Miller (Pseudonym von Alma Routsong) hin: »Obwohl sie[15] bereits Erfolge als Berufsschriftstellerin vorweisen konnte, wurde der Roman abgelehnt. Erst nachdem sie das Buch 1969 im Selbstverlag unter dem Pseudonym Isobel (sic!) Miller herausbrachte und durch die Verkaufszahlen beweisen konnte, daß ein Markt dafür existierte, fand sich ein kommerzieller Verlag bereit, es unter dem Titel *Patience and Sarah* zu veröffentlichen.«[16] Ähnlich ging es auch Autorinnen in Deutschland.

Lesben selber wünschten sich für sich selbst, aber auch für die Literatur natürlich positive Darstellungen und glücklich verlaufende Beziehungen. Eine Möglichkeit dazu bot von 1956 bis 1972 *The Ladder,* das erste nationale Lesbenmagazin in den USA. Nachdem das Magazin 1972 sein Erscheinen einstellte, suchten Anyda Marchant und ihre Partnerin Muriel Crawford nach einer neuen Veröffentlichungsmöglichkeit. Sie gingen davon aus, dass kein anderer Verlag ihre lesbischen Texte veröffentlichen wollte – und *The Latecomer* gilt heute in den USA als der erste Lesbenroman mit Happy End.

Bei ihrer Verlagsgründung gab es nur wenige Buchläden, die solch offene Lesbenliteratur verkaufen wollten, die ersten Frauenbuchläden wurden auch erst ab 1970 gegründet.[17] Aber die Naiad Press verfügte

13 Paula Christian. In: Jaye Zimet: *Strange Sisters,* S. 20.

14 Die deutsche Übersetzung von Ann Anders erschien 1978 im Rowohlt Verlag als einer der ersten Titel in der Reihe rororo neue frau. Darin wird jedoch fälschlicherweise die Ausgabe von 1972 bei McGraw-Hill als amerikanische Originalausgabe angegeben. Dass das Buch erst im Selbstverlag erschien, wird hierbei unterschlagen.

15 I. e. Alma Routsong, die den Roman unter ihrem Pseudonym Isabel Miller veröffentlichte.

16 Jane Rule: *Bilder und Schatten,* S. 195.

17 S. S. 104 ff.

über die Mitgliedsliste von *The Ladder* und konnte damit einen Buchversand aufbauen. Es gab nicht nur neue Titel von bekannten Autorinnen, sondern auch Neuauflagen von vergriffenen Büchern wie beispielsweise von Ann Bannon, Jane Rule und Sarah Aldridge[18]. Später kamen auch heute noch bekannte Autorinnen wie beispielsweise Katherine V. Forrest, Karin Kallmaker, Claire McNab, Sarah Schulman und Isabel Miller hinzu.

Neben Literatur veröffentlichten sie aber auch Sachbücher, wie beispielsweise 1985 *Lesbian Nuns: Breaking Silence* von Rosemary Curb und Nancy Manahan[19] und 1981 eine Neuauflage von *The Lesbian in Literature: A Bibliography* von Gene Damon (i. e. Barbara Grier) und Lee Stuart.

2002 erhielten Barbara Grier und Donna McBride den Pioneer Award der Lambda Literary Foundation. Als die beiden Frauen in den wohlverdienten Ruhestand gingen, verkauften sie ihren Buchbestand an den Nachfolgeverlag Bella Books, in dem bis heute noch Autorinnen der Naiad Press erscheinen.

Ein anderer wichtiger Verlag aus dieser Anfangszeit war der oben bereits erwähnte feministische Verlag ***Diana Press*** (1972–1979). Dort erschienen beispielsweise die Essays von Rita Mae Brown, *A Plain Brown Rapper* (gewidmet dem Furies Collective[20], »Wir sind die Brü-

18 Weder von Ann Bannon (bekannt durch ihre *The Beebo Brinker Chronicles)* noch von Sarah Aldridge wurde bis heute etwas ins Deutsche übersetzt. Von Jane Rule erschienen *Bilder und Schatten. Die lesbische Frau in der Literatur* (Amazonen 1979), *Outlander.* Kurzgeschichten u. Essays (Daphne 1986, Übersetzung: Susanne Amrain u. Susanne Stemann) und vor allem bekannt ist ihr Roman *Desert of the Heart* (Krug & Schadenberg 2018, Übersetzung: Katharina Kappe), der auch verfilmt wurde.

19 Rosemary Curb und Nancy Manahan: *Die ungehorsamen Bräute Christi. Lesbische Nonnen brechen das Schweigen.* Aus dem amerikanischen Englisch von Gerlinde Kowitzke. München, Kindler, 1986.

20 The Furies war eine separatistische Lesbenkommune (1971–1972), die Lesbischsein als eher politisch als sexuell ansahen. Heterosexuelle Frauen empfanden sie als Hindernis bei der Weltrevolution, die sie anstrebten. Rita Mae Brown war ihr bekanntestes Mitglied, außerdem gehörten u. a. die Autorin und Aktivistin Charlotte Bunch und die Fotografin und Filmemacherin Joan E. Biren dazu.

ckengeneration zwischen der Wüste und dem gelobten Land«[21]). Barbara Grier und Coletta Reid (eine der Verlegerinnen des Verlags) gaben 1976 *Lesbian Lives. Biographies of Women from The Ladder* heraus. Gedichte von Judy Grahn erschienen ebenso wie das Grundlagenwerk *Sex Variant Women in Literature* von Jeannette Howard Foster (1975).

Wichtig war auch der in New York ansässige feministische Verlag **Daughters Inc.** (1972–1978) Dort erschienen zwar nur fünf Bücher, darunter aber erstmals die späteren Klassikerinnen *Rubyfruit Jungle*[22] von Rita Mae Brown[23] sowie *Lover*[24] von Bertha Harris – beide sind in zahlreichen Neuauflagen in anderen Verlagen bis heute lieferbar. Ins Deutsche übersetzt wurden neben dem weltweit bekannten *Rubinroter Dschungel*[25] – allein in den USA wurden bis 1978 über Mundpropaganda 70.000 Exemplare verkauft![26] – auch *Sister Gin*[27] von June Arnold. Zwei sehr unterschiedliche Romane, ersterer ein äußerst witziger über eine junge Lesbe, die unbeirrt ihren eigenen Weg geht, der andere über Alkoholismus und über die Frage, was die Wechseljahre für Frauen bedeuten. Für Bekanntheit sorgte in Deutschland ein Vorabdruck eines Auszugs von *Rubinroter Dschungel* in der *Courage* (Heft 5 von 1978 mit dem Schwerpunkt Lesben, S. 6) unter dem Titel »Erste Liebe«, der in der digitalisierten Fassung fehlt – selbst die Seiten wurden darin umnummeriert. Online nachzulesen ist hingegen ihr Text »Was auf uns zukommt«[28], in der Rita Mae Brown festhält: »Wenn du

21 Rita Mae Brown: *A Plain Brown Rapper*, S. 9.
22 Erstausgabe 1973.
23 Zu Rita Mae Brown s. auch S. 97.
24 Erstausgabe 1976.
25 Deutsche Erstausgabe: Reinbek, Rowohlt, 1978 in der Übersetzung von Barbara Scriba-Sethe. Derzeit erhältlich in der Neuausgabe vom Ullstein Verlag 2018.
26 Wie in der britischen Ausgabe bei Corgi von 1978 auf dem Vorsatzblatt festgehalten wird, die ich als gerade Siebzehnjährige angeschafft habe. »Everybody is reading RUBYFRUIT JUNGLE, talking about RUBYFRUIT JUNGLE, and loving it ...«
27 Deutsche Ausgabe: Berlin, Amazonen, 1978 ohne Nennung der Übersetzerin.
28 Eine Übersetzung von »The Shape of Things to Come« aus: *A Plain Brown Rapper*, übersetzt von Gudula Lorez.

Frauen liebst, lehnst du dich gegen die männliche Vorherrschaft auf. Die Welt, die Männer aufgebaut haben, haßt Frauen. Gemäß der männlichen Vorherrschaft existieren Frauen, um dem Mann zu dienen.«[29]

Aber wie sah es nun in Europa aus, wie in Deutschland? Madeleine Marti und Marianne Ulmi hielten in ihrer Anthologie *Sappho küßt Europa* noch 1997 fest: »Die literarischen Texte über Lesben, die in deutscher Sprache erhältlich sind, füllen kaum die Hälfte eines Bücherregals. Sie sind zum größten Teil weniger als zwanzig Jahre alt, entstanden im Zuge der Emanzipationsbewegungen der Frauen einerseits und der homosexuellen Menschen andererseits. Und sie stammen aus den Ländern und Kulturräumen, in denen diese Bewegungen am ehesten Fuß fassen konnten: dem deutschen und dem angelsächsischen Sprachraum, den skandinavischen Ländern und den Niederlanden.«[30]

Wenn Autorinnen es schon wagten, über dieses Thema zu schreiben, wurde ihnen – wie bereits oben erwähnt in den USA – auch hier noch in den 1970er Jahren mitgeteilt, dass Verlage daran nicht interessiert wären, selbst wenn die Autorinnen dort vorher veröffentlicht hatten. Madeleine Marti hat dies in ihrem Buch *Hinterlegte Botschaften* an den Beispielen von Marlene Stenten[31], deren Buch *Puppe Else* von diversen Verlagen abgelehnt wurde, und Johanna Moosdorf[32] aufgezeigt, die zu diesem Zeitpunkt bereits eine renommierte Autorin war, die verschiedene Literaturpreise erhalten hatte. Johanna Moosdorfs Roman *Die Freundinnen* wurde vom Suhrkamp Verlag, wo ihre beiden vorherigen Bücher erschienen waren, nicht angenommen.[33] »Ver-

29 Zitiert nach der Online Ausgabe der *Courage* 1978, Heft 5, S. 28 (in der Printausgabe S. 29).

30 Madeleine Marti und Marianne Ulmi (Hg.): *Sappho küßt Europa,* S. 7.

31 Madeleine Marti: *Hinterlegte Botschaften,* S. 177–195.

32 Ausführlich hierzu Madeleine Marti, in: Querfeldein, S. 139–142 und Madeleine Marti 1991, S. 145–176.

33 Der Roman konnte 1977 bei der Nymphenburger Verlagshandlung erscheinen und wurde 1988 als Fischer Taschenbuch neu aufgelegt.

lagsleiter Unseld lehnte also zweimal[34] mit derselben Begründung ab: Es gebe bei Suhrkamp bereits einen Roman einer anderen Autorin zu demselben Thema.« Das war übrigens Djuna Barnes: *Nachtgewächs* – ursprünglich 1936 erschienen, bei Suhrkamp erstmals 1971[35]!

Dieses Argument wird auch heute noch benutzt wird, wie ich vor allem von Jugendbuch-Autorinnen höre, deren Werke abgelehnt werden: Die Verlage sagen, sie hätten schon einen lesbischen Titel im Programm! Offensichtlich meinen sie, dass das zu reichen habe, als ob es nur eine einzige Geschichte geben könne und diese für alle Lesben gleich sei.

Auf dem Hintergrund der Heimlichkeit, aber auch der entstehenden Lesbenbewegung, die für mehr Sichtbarkeit von Lesben sorgte, entstanden die ersten Lesbenverlage. Wie bei den Frauenverlagen, so erschienen auch die ersten Bücher zu lesbischen Themen in Selbstverlagen, die häufig nur ein Buch herausgaben. Und auch hier ist der Einfluss aus den USA wieder ersichtlich.

Bereits 1975 kam *Frauenliebe. Texte aus der amerikanischen Lesbierinnenbewegung* heraus, übersetzt und herausgegeben von einer Arbeitsgruppe des Lesbischen Aktionszentrums Berlin (LAZ) im Berliner Come Out Verlag. Von diesem Buch erschienen mindestens vier Auflagen bis 1981. Es war das erste Sachbuch aus der neu entstandenen Lesbenbewegung und enthielt u. a. Texte von später bekannt gewordenen Autorinnen wie Phyllis Chesler, Jill Johnston und Rita Mae Brown.

34 Es gab zwei Fassungen des Romans.
35 Die deutsche Erstausgabe in der Übersetzung von Wolfgang Hildesheimer war bereits 1959 im Verlag Neske in Pfullingen erschienen, bevor die Rechte an den Suhrkamp Verlag übergegangen sind.

1978 erschien im gleichen Verlag (c/o Sandmann[36]) der Roman *Sandra* von Ann K. Hartwin (i. e. Annelise Abels).[37] Aus dem Umfeld des LAZ kamen auch die Raubdrucke der beiden Romane *Der Skorpion* von Anna E. Weirauch (1977, der erste Band) und *Der wilde Garten* von Grete von Urbanitzky (1979), beide als Ausgaben des Lesbenselbstverlags.

1977 erschienen im Berliner Tomyris-Frauenselbstverlag (benannt nach der Königin der Massageten) die CLIT-Papiere 1 unter dem Titel *Rufe alle Lesben – bitte kommen! Diskussionspapiere einer lesbischen Gruppe (CLIT, New York 1974)*[38]. Weitere Veröffentlichungen von Tomyris konnten leider nicht nachgewiesen werden.

Der erste größere deutschsprachige Verlag – anfangs noch unter dem Namen Amazonen Frauenverlag Verlag Gabriele Meixner –, der sich auf die Publikation von Lesbenliteratur spezialisierte, war der ***Amazonen Frauenverlag*** in Berlin. Er wurde von vier Aktivistinnen aus dem Lesbischen Aktionszentrum (LAZ) gegründet. Ziel des Verlags war es, »das lesbische Anliegen selbstbewusst und offensiv zu vertreten«. Es war der erste Verlag in Europa, der ausschließlich Lesbenliteratur veröffentlichte.[39]

Ähnlich wie auch bei den Frauenbuchläden hatte keine der Frauen eine Verlagsausbildung. Aber sie wussten, was sie wollten, und genau das haben sie gemacht. »Wir arbeiteten unbezahlt und finanzierten die Druckkosten mit privaten Einlagen. Keine von uns hatte eine verlegerische Ausbildung. Das know-how für die ersten Schritte erwarben

36 I. e. die Malerin Gertrude Sandmann, die mit der Autorin befreundet und Gründungsmitglied der Gruppe L74, der ersten Nachkriegsorganisation älterer lesbischer Frauen, war. Sie war Mitbegründerin des Coming Out Verlags, s. Havemann, S. 81.

37 Ann K. Hartwin ist das Pseudonym der aus Berlin stammenden Autorin Annelies Abels, die aufgrund ihrer jüdischen Herkunft Berlin verlassen musste und 1939 nach England emigrierte, s. Doris Hermanns: *»Und alles ist hier fremd«*.

38 Übersetzerinnen sind keine angegeben.

39 Gabriele Meixner: Monique Wittig oder die Utopie der Freiheit, S. 16.

wir in Beratungen mit Anne Duden vom Rotbuch-Verlag und Volker Bruns vom Verlag Rosa Winkel.«[40]

1976 erschien im Amazonen Frauenverlag die Klassikerin von Aimée Duc: *Sind es Frauen? Roman über das dritte Geschlecht*[41], eine Neuauflage des Romans von 1901. Mit dieser Veröffentlichung wurde erstmals im deutschsprachigen Raum auf historische Lesben hingewiesen, darauf, dass auch Lesben überhaupt eine Geschichte haben, die erst einmal erforscht und aufgearbeitet werden musste. Sogar die Verlegerinnen waren von der Selbstverständlichkeit und Nüchternheit erstaunt, mit der darin lesbische Beziehungen »und deren Einordnung in die gesellschaftlichen Interaktionen der damaligen Zeit vermittelt wurden«[42]. Es geht nicht nur um eine Liebesgeschichte zweier Frauen, der Roman zeigt auch auf, dass sie nicht vereinzelt waren, sondern zu einer Gruppe gehörten, die sich auf einen Kreis von Lesben in verschiedenen europäischen Städten beziehen konnte.[43] Dieses Wissen fehlt heute noch oft, da es nach wie vor an historischer Lesbenforschung mangelt.

1976 erschien ebenfalls das US-amerikanische Standardwerk von Jill Johnston *Nationalität lesbisch – die feministische Lösung*[44] (Neuauflage 1977 unter dem Titel: *Lesben Nation – die feministische Lösung*). In diesem Buch ist die häufig falsch zitierte, von Ti-Grace Atkinson stammende Aussage zu finden, dass Lesbischsein *eine* Praxis sei und Feminismus *eine* Theorie[45] – es hieß also nie, »Feminismus ist die

40 Ebd.

41 Das Buch wurde 2020 vom Querverlag neu aufgelegt, herausgegeben und mit einem Vorwort von Nisha Kommattam und Margaret Sönser Breen.

42 Verlagsgruppe Amazonen im Vorwort zu dem Roman, S. 4.

43 Ebd., S. 4.

44 Übersetzung: Irmtraut Rüber.

45 Im Original heißt es – und Jill Johnston schreibt hier über eine Rede von Ti-Grace Atkinson: »she even said that lesbianism was a practice and feminism was a theory.« Jill Johnston: *Lesbian Nation – The Feminist Solution,* S. 117.

Theorie, Lesbischsein die Praxis«[46] und die Aussage stammt auch nicht von Jill Johnston. Beim ersten lesbischen Pfingsttreffen 1974 wurde dieses Motto noch als Frage formuliert, »Feminismus die Theorie – und Lesbischsein die Praxis?«[47], während es später fälschlicherweise häufig als Tatsache hingestellt wurde.

Im Amazonen Verlag folgten weitere Übersetzungen anderer wichtiger Bücher, so 1977 die Übersetzung von *Le Corps lesbien* von Monique Wittig unter dem Titel *aus deinen zehntausend Augen Sappho*[48], von der es 1984 noch eine zweite Auflage gab. Wie sich Gabriele Meixner erinnert: »Die unschuldige und naive Begeisterung, die mich zu dem tollkühnen Unternehmen trieb, die Rechte von *Le Corps lesbien* zu erwerben, erstaunt mich im Nachhinein. Wir hatten keine Referenzen und erst zwei, drei Bände herausgebracht. Auch hatte ich nur eine Ahnung davon, dass wir uns auf das Werk einer der begabtesten Dichterinnen der Gegenwart eingelassen hatten. Mir waren damals Wittigs Bücher *Opoponax* und *Les Guérillères* nur vom Hörensagen bekannt.«[49]

Monique Wittigs Roman *Opoponax*, in Frankreich 1964 erschienen, handelt von der Kindheit eines Mädchens im ländlichen Frankreich. Er wurde im gleichen Jahr mit dem renommierten französischen Literaturpreis Prix Médicis ausgezeichnet. In deutscher Übersetzung erschien er 1966 bei Rowohlt und wurde seinerzeit »wohlwollend bis begeistert besprochen«[50]. Als Autorin wurde Monique Wittig jedoch anschließend nicht weiter beachtet. Gabriele Meixner macht deutlich: »Ein Buch in einem großen Verlag zu veröffentlichen, ist keine Garantie dafür, nicht

46 In der deutschen Übersetzung des Buches wird Jill Johnston über Ti-Grace Atkionso so zitiert: »sie sagte sogar daß lesbisch-Sein die Praxis und Feminismus die Theorie sei.«, in: Jill Johnston: *Lesben Nation – die feministische Lösung,* S. 91.

47 Vgl. https://lesbenfruehling.de/de/ueber-das-lft/lft-historie.html

48 Die Übersetzerin wollte laut ihrer Verlegerin Gabriele Meixner nicht genannt werden, »weil sie in ihrem Beruf nicht von der Hand zu weisende Schwierigkeiten befürchtete«. Gabriele Meixner: Monique Wittig oder die Utopie der Freiheit, S. 17 f.

49 Ebd., S. 16.

50 Ebd., S. 17.

in Vergessenheit zu geraten. Als ich kurz nach Monique Wittigs Tod bei Rowohlt anrief, um Rezensionen von *Opoponax* zu erfragen, war die Dame in der Abteilung Lektorat herzlich wenig daran interessiert, dass eine ihrer Autorinnen verstorben war, vielmehr teilte sie mir mit: Wir haben dieses Buch nie veröffentlicht, es war einmal geplant, wurde dann aber verworfen. Erst nachdem ich ihr versicherte, dass ich es in Händen gehalten und gelesen hatte und sie informierte, dass der berühmte Elmar Tophoven es übersetzt hatte, sah sie noch einmal nach: ›Ach ja, da sehe ich es‹, und sie verband mich zum Archiv weiter, wo ich aber auch nur erfuhr, dass alles, was Wittig betreffe, einem Brand zum Opfer gefallen sei.«[51]

Völlig anders erging es ihnen jedoch mit Rita Mae Brown. Deren Klassikerin *Rubyfruit Jungle* war in den USA 1973 im feministischen Frauenverlag Daughters Inc. erschienen. Die Autorin wollte die Übersetzungsrechte aber ausdrücklich nur an einen Konzernverlag verkaufen, was die Amazonenverlegerinnen unsolidarisch fanden, »denn, so meinten wir, es sei schließlich die Lesbenbewegung, die die lesbischen Schriftstellerinnen bekannt gemacht hätte«[52].

Es folgten weitere Übersetzungen: von Nancy Myron und Charlotte Bunch: *Erinnerungen an Frauen. Eine Biographiensammlung*[53] (1977), mit Porträts von Königin Christine[54], der US-amerikanischen Dichterin Emily Dickinson[55], den trojanischen Frauen[56], Dona Catalina De Erau-

51 Ebd.

52 Gabriele Meixner: Monique Wittig oder die Utopie der Freiheit, S. 16.

53 Ursprünglich 1974 in der Diana Press erschienen. Übersetzt von Gabriele Meixner und Daniela von Raffay.

54 Königin Christiana von Schweden 1626–1689.

55 Die US-amerikanische Dichterin Emily Dickinson (1830–1886).

56 Hierbei setzt sich Charlotte Bunch mit den trojanischen Frauen auseinander – von dem Theaterstück von Euripides von 414 v. u. Z. bis hin zu der US-amerikanisch-britisch-griechischen Verfilmung *Die Troerinnen* (Original: *The Trojan Women*) von 1971 von Michael Cacoyannis mit Katharine Hepburn, Vanessa Redgrave und Irene Papas. Sie endet mit dem Rat, dass Frauen sich das Geld für den Kinofilm sparen sollen, zur Bibliothek gehen und stattdessen ein Buch über Amazonen lesen sollen. S. 44.

so[57], der US-amerikanischen Frauenrechtlerin Susan B. Anthony[58], der US-amerikanischen Schriftstellerin Gertrude Stein[59] und ihrer Partnerin Alice B. Toklas[60] sowie den beiden Piratinnen Anne Bonny[61] und Mary Read[62]. All diese Veröffentlichungen waren ein wichtiger früher Beitrag zur Sichtbarmachung von Lesbengeschichte, ebenso wie *Bilder und Schatten. Die lesbische Frau in der Literatur*[63] der kanadischen Autorin Jane Rule. Hierin gab es ausführliche Kapitel zu einzelnen Autorinnen, von Radclyffe Hall über Vita Sackville-West und Colette bis zu May Sarton und Maureen Duffy, neben allgemeineren Kapiteln mit Einschätzungen zu »Mythos und Moral, die Quellen von Gesetz und Vorurteil«, »Von Sünde zu Krankheit«, aber auch zu belletristischen Büchern der letzten vierzig Jahre. Nicht zu unterschätzen für diese Zeit ist die Liste mit den Übersetzungen, die auf Deutsch zugänglich waren, denn damals war es noch mehr als schwierig, Informationen über Literatur von Lesben zu kommen.

Außerdem veröffentlichte der Amazonen Verlag *Tagebuch*[64] der Dänin Vibeke Vasbo, das über die Zeit berichtet, als sie in Oslo, wo sie mit ihrer damaligen Partnerin Gert Brantenberg lebte, als Kranführerin arbeitete. Weitere Publikationen waren der Science-Fiction-Roman *Feuer auf der See*[65] der Neuseeländerin Sandi Hall, die Romane der beiden

57 Catalina de Erauso (1592–1650), eine baskische adelige Frau, die lange Jahre in männlicher Verkleidung lebte und in der spanischen Armee diente.

58 Susan B. Anthony (1820–1906), Pionierin der US-amerikanischen Frauenbewegung.

59 Gertrude Stein (1874–1946), US-amerikanische Schriftstellerin, die einen Großteil ihres Lebens in Paris verbrachte. Von ihr wurde der Text »Eine Sonatine und noch eine« aus *Bee Time Vine and Other Pieces* in dem Band aufgenommen.

60 Alice B. Toklas (1877–1967), US-amerikanische Koch- und Lebenskünstlerin; Lebensgefährtin von Gertrude Stein.

61 Anne Bonny (um 1698 – um 1782), irische Piratin.

62 Mary Read (um 1685–1721), englische Piratin.

63 Originial: *Lesbian Images* (1975) 1979 in der Übersetzung von Cornelia Holfelder-v.d. Tann, Daniela v. Raffay, Marianne Preuß sowie von »Frauen aus dem Verlag«, wie im Vorwort des Verlags angemerkt wird.

64 1980 in der Übersetzung von Martina Weitsch erschienen.

65 Im Original: *The Godmothers* (1982), 1984 in der Übersetzung von Monika Emmerich und Martina Hildegard.

US-Amerikanerinnen Elana Nachmans *Frauen aus dem Fluss*[66] zur Frage »was es bedeutet, Frauen zu sein und sich zu lieben«[67], sowie June Arnolds *Sister Gin*[68] und Käthe Trettin: *Philosophie des Tanzes. Hinweise auf ein Begehren* (eine Hymne an die Göttinnen, 1978).

Ab 1980 erschienen die Bücher von Monique Wittig im Verlag Frauenoffensive[69]. 2023 kam ihr Essay-Band *Das straighte Denken*[70] nach einer langen Pause im Merve Verlag in deutscher Übersetzung heraus. Wittigs großartiger Roman *Virgile, non* von 1985 ist leider bis heute nicht ins Deutsche übersetzt worden (glücklicherweise konnte ich die niederländische Übersetzung[71] lesen). Von Elena Nachman wurde – unter dem Namen Elana Dykewomon – der historische Roman *Sarahs Töchter*[72] 1999 bei Krug & Schadenberg veröffentlicht.

Einige Autorinnen versuchten, ihre Werke bei ihren bisherigen Verlagen zu veröffentlichen, hatten damit jedoch meist keinen Erfolg. Marlene Stenten hatte in den 1970er Jahren bereits zwei Prosabände bei Luchterhand veröffentlicht: 1971 *Grosser Gelbkopf,* ein Roman über einen homosexuellen Volksschullehrer, und *Baby* 1974. Als sie sich nun Frauen zuwandte und in ihrem Manuskript von *Puppe Else* die unerwiderte Liebe einer Lesbe zu einer heterosexuellen Frau thematisierte, wurde ihr Manuskript abgelehnt. Nachdem es, nicht nur von Luchterhand, sondern auch von verschiedenen anderen Verlagen abgelehnt wurde, entschloss sie sich »1977 mit einer Freundin zusammen (…), das Buch im Selbstverlag herauszubringen.«[73] Insgesamt wurden im ***Sudelbuchverlag*** – wie sie diesen nannten – 5.000 Exemplare ver-

66 Im Original: *Riverfinger Women* (1974), 1977 in der Übersetzung von Irmgard Rüber und Karin Wilms.

67 Rückseite des Buches.

68 Unter dem gleichen Titel 1975 im Original erschienen, s. S. 80.

69 Mehr hierzu s. S. 85.

70 Übersetzung: Benjamin Dittmann-Bieber und Arabel Summent.

71 Unter dem Titel *Zwerftocht door de hel,* übersetzt von Rosa Pollé 1987 bei Uitgeverij Furie in Amsterdam erschienen.

72 Übersetzung: Andrea Krug.

73 Madeleine Marti: »Fast nur Männer und nix Frauen«, S. 142.

kauft. Ingeborg Mues nahm das Buch 1984 in die von ihr herausgegebene Reihe *Die Frau in der Gesellschaft* im Fischer Taschenbuchverlag auf. Im Sudelbuchverlag veröffentlichte die Autorin noch zwei weitere Bücher: *Die Brünne. Erzählungen* (1981) und *Salome 89. Erzählung, Film – Theater – Reisebericht* (1983). Ihre Bücher sind heute im Fischer Verlag in digitalen Ausgaben zu finden. Neben Marlene Stenten erschienen in diesem Verlag nur noch zwei Bücher, und zwar von Sonja Lasserre der Roman *Nachtreise, Wartesaal Lesbenklasse* (1981) und *L. Liebe: eine Abrechnung* (1983).

Weiter ging es erst einmal wieder mit kleinen (Selbst-)Verlagen bzw. Einzelveröffentlichungen. So gab es in München den Come-out-Lesbenverlag, der 1978 den Band *Come out. Gespräche mit lesbischen Frauen 1* veröffentlichte, im gleichen Jahr erschien *Sappho und alle, die danach kamen* (Lesbentheater). Zwei Jahre später folgte *Landlesben. Die Geschichte des womanshare Kollektivs* und *Kee*, nach einem alten japanischen Märchen von Lys. Auch die Erstauflage von *Venus ist noch fern* von Phoenix und Bärbel Messmer kam dort 1979 heraus.

Der ***Lesbenstich Presse Verlag*** veröffentlichte nicht nur die Lesbenzeitschrift *Lesbenstich,* sondern auch mindestens drei Bücher: einen Gedichtband von Chris Schuknecht (1980) sowie zwei Sachbücher von Annette Dröge, ein feministisches Sachbuchverzeichnis sowie ein Buch zur Alltagssituation lesbischer Frauen.

Im ***Lesbenselbstverlag*** in Dedendorf erschien 1980 das *Lesben-Ja!-Buch. »Lesben leben ...«,* herausgegeben von Susann und Urtes.

Auch vom ***Verlag Micheline Poli*** (Berlin-West) ist nur ein Buch nachzuweisen: *Die Dame mit der Wölfin*[74], Erzählungen von Renée Vivien (1981).

Professioneller wurde es erst wieder ab 1984 mit der Gründung des ***Daphne Verlages.*** Dazu kam es, wie die Verlegerin Susanne Am-

74 Erzählungen, übersetzt und mit einem Nachwort von Micheline Poli und Bettina Schäfer.

rain schreibt, »weil die Lesbenregale unserer Frauenbuchläden damals noch karg bestückt waren. (...) In London blickte ich mit Neid auf die vielen Lesbentitel im *Silver Moon*[75], kaufte ordentlich ein, las auf dem Rückweg auf der Fähre in der Sonne *The Marquise and the Novice* und beschloß: Mit diesem kleinen Roman gründe ich einen Lesbenverlag.«[76] Wie Anke Schäfer in ihrem Nachruf auf Susanne Amrain schrieb, hatte diese alle Voraussetzungen einer Verlegerin, sie hatte ein Romanistik- und Englischstudium hinter sich und sie hat gesehen, dass »Bücherdrucken zunächst viel Geld kosten würde, das du auch hattest. (...) Du warst gut im Korrekturenlesen, hast englischsprachige Bücher selbst übersetzt, hast die Bücher, die du drucken wolltest, selbständig ausgesucht und gefunden, mit Autorinnen verhandelt und alles bezahlt.«[77]

Die Übersetzung dieses kleinen Romans sollte dann das erste Buch im Verlag werden, Susanne Amrain tippte diese »auf einer Schreibmaschine, die nur Blocksatz und Druckfehler konnte«[78] und verwendete »auf den Umschlag mehr Liebe als Können«[79]. Pro Jahr veröffentlichte sie fast immer zwei Titel – und die Bücher wurden dabei durchaus immer professioneller. Das Programm reichte von lesbisch-feministischer Unterhaltungsliteratur – hier erschienen Übersetzungen von Romanen wie beispielsweise von Jane Rule (*Desert of the Heart*) und Katherine V. Forrest (*Seltsamer Wein*), historisch Deutschsprachiges (wie Elsa von Bonin: *Das Leben der Renée von Catte*), aber auch Zeitgenössisches von noch lebenden Autorinnen wie *Mohnrot* von Traude Bührmann (unter dem Pseudonym Olga Linz) sowie Krimis von Claire

75 Frauenbuchladen in London an der Charing Cross Road, existierte von 1984 bis 2001, wurde noch bis 2004 als Abteilung bei Foyles weitergeführt. Ausführlich zu Silver Moon, s. Jane Cholmeley: *A Bookshop of One's Own*.
76 Susanne Amrain: Daphne Verlag Göttingen, S. 8.
77 Anke Schäfer: Nachruf auf Susanne Amrain.
78 Susanne Amrain: Daphne Verlag Göttingen, S. 8.
79 Ebd.

McNab bis Ursula Stocks. Außerdem gab es auch Biografisches zum Leben von Lesben, wie ein Buch über *Die Ladies von Llangollen* von Elisabeth Mavor und *Verschleierte Porträts* von Rose Collins. Auch der erste Roman von Sarah Waters, *Die Muschelöffnerin,* kam bei Daphne in Übersetzung heraus, ebenso wie Neuauflagen von Klassikerinnen wie *Mädchen in Uniform* von Christa Winsloe und Radclyffe Halls *Quell der Einsamkeit.*

Bei Daphne erschienen auch die ersten Graphic Novels der inzwischen berühmten und wichtigen Comiczeichnerin und Autorin Alison Bechdel: die *Dykes to Watch Out For.*[80] In einer Art liebevollen und humorvollen Soap-Opera erzählt und zeichnet Alison Bechdel hier die Geschichte der schüchternen Mo und ihrer Freundinnen und ihr Alltagsleben als Lesbe in einer mittelgroßen US-amerikanischen Stadt. Ein Teil davon spielt sich in einem Frauenbuchladen namens *Madwimin Books* ab und es geht auch um die gesellschaftlichen und politischen Veränderungen der 1980er und 1990er Jahre. Besonders gefallen haben mir dabei auch immer die witzigen Umbenennungen der Büchertitel. Wer ein Zeitbild der US-amerikanischen Frauenbewegung und Frauenbuchläden haben möchte, kann inzwischen die 2009 erschienene Zusammenstellung *The Essential Dykes to Watch out for. The Lives, Loves, and Politics of cult-fave characters* lesen – natürlich nur auf Englisch, denn trotz des großen Erfolgs von Bechdels späteren Büchern (wie *Fun Home, Wer ist hier die Mutter?* und *Das Geheimnis meiner Superkraft*), die in Deutschland in einem Konzernverlag erschienen, wurde dieses nicht übersetzt. In Übersetzung von Birgit Müller erschienen im Daphne Verlag sechs Bände, die eine große Fangemeinde hatten: *Lesbenläufe: ... wie aus dem Bilderbuch* (1991), *Die feine Lesbenart* (1993), *Wilde Lesbenwelt* (1998), *Turbogeile Lesbenlust* (1999), *Lesbenchaos* (2000) und *Postmoderne Lesbenheit* (2003).

80 In 50 Zeitungen und elf Büchern in den USA erschienen.

Die Bücher aus dem Daphne Verlag wurden nach dem Tod von Susanne Amrain 2008 vom Verlag Krug & Schadenberg übernommen, wo sie teilweise bis heute – meist als E-Books – noch lieferbar sind (leider nichts von Alison Bechdel).

Aus dem ***ANKA-Verlag,*** Köln, von Anne Küsters sind lediglich drei Titel bekannt: erotische Geschichten von Lila Sonnenschein: *Und wenn eine Frau eine Frau liebt* (1987), die Erzählung *Anna – Coming out* von A. Verwegen (1988) und der Frauenkrimi *Schwarz überstrahlt weiß* von Yvonne Berger, der 1990 erschien.

Bei Chris Paul, die bis Mitte der 1980er Jahre noch nichts veröffentlicht hatte, hatte sich ein ganzer Ordner voller Absagen angesammelt. Von Verlagen wurde ihr mitgeteilt, »Tendenzprosa dieser Art« hätten sie noch nie veröffentlicht – und offensichtlich wollten sie, dass das auch so bliebe. Also beschloss Chris Paul zusammen mit Lea Morrien, die ebenfalls einen Ordner voller Absagen gesammelt hatte, einen eigenen lesbisch-feministischen Verlag zu gründen. Aus dieser Idee entstand der ***Ätna Verlag*** (1988–1993). Die beiden Verlegerinnen erklärten ihr Anliegen: »Wir sind Schriftstellerinnen, lesbische feministische Schriftstellerinnen. Wir schreiben weder selbstmitleidige Bekenntnisliteratur noch oberflächlich rasante Unterhaltungslektüre, sondern Bücher, die gleichzeitig spannend und anregend sind. Unsere Heldinnen leben bewußt in einer Umwelt, die ihre Existenz leugnet und ihre Bedürfnisse verhöhnt. Die Hauptrolle in unseren Geschichten spielen Frauen, die kämpfen um Freiräume, in denen eigenes Leben möglich ist.«[81]

Mit der Existenz des Verlages wollten die beiden Frauen zum einen signalisieren, dass offensives Lesbischsein möglich ist und dass es zum anderen auch deutschsprachige Lesbenliteratur gibt, denn bis dahin bestand ein Großteil der in Deutschland veröffentlichten Lesbenlite-

81 Chris Paul: Vom Feuerspucken, S. 60 f.

ratur aus Übersetzungen aus dem US-amerikanischen Englisch. Allein mit der Verlagsgründung war es jedoch nicht getan, denn es musste auch Öffentlichkeitsarbeit geben – und dies für eine Zielgruppe, für die Unsichtbarkeit und Nichtöffentlichkeit Alltag sind: »Da ist die Mitarbeiterin auf Honorarbasis, die auf keinen Fall im Buch selbst oder auf Veranstaltungen genannt werden will. Da sind die Leserinnen, die es nicht wagen, ›so ein‹ Buch in einer ›normalen‹ Buchhandlung zu bestellen. Da sind die nicht offen lesbisch lebenden Rezensentinnen, die dann doch lieber keine Besprechung in ›ihrer‹ Zeitung schreiben. Da ist die Vertreterin, die dringend rät, ›das Wort‹ nicht auf der Titelseite erscheinen zu lassen, weil sie sonst keiner Buchhandlung dieses Buch verkaufen könnte. Da sind meine eigenen Ängste, wenn ich mit den Vorlagen für einen Werbeprospekt Setzerei und Druckerei betrete. (...) Da sind die Autorinnen und ihre Texte, in denen sich all die Heimlichkeit, die unterschwellige Angst, die Verbitterung widerspiegeln.«[82]

Nach einer Weile und dem Lesen einer Flut an lesbischer Literatur nach der Verlagsgründung kam Chris Paul zu der Erkenntnis: »Und ein paar mal etwas begriffen, was ich vorher so nicht gesehen, nicht verstanden hatte. Lesbenliteratur aus dem deutschsprachigen Raum leistet schon heute, was Literatur meiner Ansicht nach bestenfalls tun kann – über die Demonstration sprachlicher Virtuosität und blühender Phantasie hinaus vermittelt sie der Leserin einen anderen Zugang, einen neuen Zugriff auf die eigene Realität.«[83] Nachdem sie den Rollenwechsel von erfolglosen Autorinnen zu Jungunternehmerinnen vollzogen hatten, erschienen 1988 die ersten Bücher der beiden Verlegerinnen: von Chris Paul: *SelbstVerteidigung* und von Lea Morrien: *Bantu*. Es folgten bis 1993 weitere Romane, Comics und Anthologien. Nach der Wiedervereinigung Deutschlands erschien *Lesbenblicke von hier nach drüben*, ein

82 Ebd., S. 62 f.
83 Ebd., S. 64.

Buch zur Frage, was hat »das verordnete neue Vaterland mit Lesben zu tun, was bedeutet es für sie?«[84]

1990 übernahm Anke Schäfer[85] den ***Feministischen Buchverlag*** von Gundula Pause, der bis dahin ein Frauenverlag war. Jetzt wurden historische Romane zur Frauenliebe der Schwerpunkt des Verlags. So wurden auch die drei Bände der lesbischen Klassikerin *Der Skorpion* von Anna E. Weirauch neu aufgelegt, von dem vorher im Lesbenselbstverlag nur der erste Band in Neuauflage erschienen war. Es folgten weitere Romane aus den 1920er Jahren von Maximiliane Ackers, Helene von Mühlau und Grete von Urbanitzky.

1993 kündigte die ***edition nebenan*** von Martina Schäfer, die im Auftrag des Frauenbildungsprojekts *nebenan* entstand, seine ersten Neuerscheinungen an. Neben Frauenliederbüchern und Büchern zum Matriarchat erschien dort auch *Findegöttin. Frauenverwandelte Mythen und Märchen* von Angela Lorent (1993) – ein noch lange nach Aufgabe des Verlags (vermutlich 1998) sehr gesuchter Titel.

Die ***édition el!es*** von Ruth Gogoll war von 1997 bis 2004 eine lesbische Reihe im konkursbuchverlag von Claudia Gehrke und firmiert seither als eigenständiger Verlag für lesbische Trivialliteratur. Die édition el!es wirbt mit dem Slogan »Romantisch, spannend und garantiert mit Happy End«. Neben den üblichen Liebesgeschichten erscheinen dort auch Science-Fiction-Romane, Kurzgeschichten, Krimis sowie Weihnachtsgeschichten.

Anspruchsvoller ging es im Verlag ***Krug & Schadenberg*** zu, der 1993 von Andrea Krug und Dagmar Schadenberg in Berlin gegründet wurde. Ziel war es, »Bücher für Lesben und frauenliebende Frauen zu verlegen: Literatur (Romane, historische Romane, Krimis, Erzählungen), Porträts, Sachbücher und Ratgeber zu allen Themen rund um das

84 Chris Paul (Hg.): Lesbenblicke von hier nach drüben, S. 3.
85 Zu Anke Schäfer s. S. 194 f.

lesbische Leben: vom Coming-out über Liebe, Erotik und Sex bis hin zur Pflege von allerlei Liebesbeziehungen«.[86]

Gleich ihr erstes Buch, *Susie Sexperts Sexwelt für Lesben*, wurde kurz im *Spiegel* besprochen[87] – es sollte allerdings auch das einzige bleiben. Zahlreiche Bücher sind Übersetzungen aus dem (US-amerikanischen) Englisch. So der wichtige Titel von Leslie Feinberg, *Stone Butch Blues – Träume in den erwachenden Morgen*, ein Roman, der laut Verlagswebsite »hierzulande die Genderdebatte angestoßen hat«.[88] Verlegt wurden Bücher von Autorinnen wie Emma Donoghue und Sarah Waters, aber auch Klassikerinnen wie *Desert Hearts* von Jane Rule. Von den deutschsprachigen Autorinnen sind vor allem Claudia Breitsprecher und Ahima Beerlage zu nennen. Neben den Romanen erschienen auch zahlreiche Sachbücher über Themen wie Lesben und Alter(n), lesbische Lehrerinnen, Lesben in den Wechseljahren und im Coming Out. Die Novitäten kamen zeitgleich als E-Book und als gedruckte Bücher heraus. Auch die älteren Titel sind fast alle digitalisiert. Es war eine breite Palette an Büchern für Lesben und frauenliebende Frauen, die der Verlag anbot: von Literatur über Porträts bis zu Sachbüchern und Ratgebern. 2018 erschien erstmals ein Buch eines Autors, Ian Hamilton, im Verlag, ein Krimi mit lesbischer Hauptperson, Ava Lee, dem noch ein zweiter Band folgt.

2020 wurde der Verlag noch für seine Arbeit mit dem Deutschen Verlagspreis ausgezeichnet; die schlechte Nachricht kam drei Jahre später am 8. März 2023, ausgerechnet am Internationalen Frauentag. Die beiden Verlegerinnen kündigten an, dass sie nach 30 Jahren aufgrund sinkender Nachfrage keine weiteren Bücher mehr veröffentlichen werden.[89] Sie machten in einem Interview mit Charline Vorherr

86 https://www.krugschadenberg.de/wir-ueber-uns-verlag-krug-schadenberg/
87 DER SPIEGEL 41/1993 vom 11.10.2993.
88 https://www.krugschadenberg.de/wir-ueber-uns-verlag-krug-schadenberg/
89 Interview mit Charline Vorherr im *Börsenblatt* vom 8. März 2023. https://www.boersenblatt.net/news/verlage-news/krug-schadenberg-macht-keine-buecher-mehr-276737

die Gründe dafür deutlich: »Der Buchhandel engagiert sich wenig für kleine Special-Interest-Verlage – von Ausnahmen abgesehen. Der Wegfall fast aller Frauenbuchläden in der Vergangenheit hat es immer schwieriger gemacht, Verbreitung im Buchhandel zu finden. Unsere Belletristik wird in der Regel alphabetisch einsortiert und ist damit für unsere Leserinnen schwer zu finden. Das Problem der lesbischen Sichtbarkeit, gegen das wir seit vielen Jahren angehen, scheint sich in der letzten Zeit wieder zu verstärken, und das nicht nur im Buchhandel. Aus dem LGBTQ*-Spektrum wird, wenn überhaupt, eher die schwule oder queere Literatur wahrgenommen.«[90] Krug & Schadenberg ist ein weiterer Verlag, der inzwischen sehr fehlt. Hierbei wird wieder einmal mehr deutlich, wie wichtig die Frauenbuchläden nicht nur, aber gerade auch für Lesben waren und sind. Und dass die Sichtbarkeit von Lesben wieder deutlich abgenommen hat.

Für kurze Zeit gab es ein Werbeheft, mit dem auf lesbische Titel aufmerksam gemacht wurde: ***Pearls & Passion.*** Dieses erschien 2002 und 2003 in drei Ausgaben.[91] Vertreten waren darin nicht nur Bücher aus Frauen-/Lesbenverlagen, sondern auch aus anderen Verlagen.

Der ***Ylva Verlag*** wurde 2012 von Astrid Ohletz gegründet und hat seinen Hauptsitz im hessischen Kriftel. Anlass war, dass die Verlegerin selber schreiben wollte und eine befreundete Autorin ihr ankündigte, dass sie mit ihren Büchern zu ihr kommen wolle, wenn sie einen Verlag gründen würde. Für Astrid Ohletz blieb es dann allerdings bei einem Buch, denn zum Schreiben für weitere hat sie neben der Verlagsarbeit keine Zeit mehr.[92] Verlagssymbol und Namensgeberin des Verlages ist die Wölfin, altschwedisch Ylva – ein intelligentes, aufmerksames und

90 S. hierzu das Interview mit Charline Vorherr im *Börsenblatt* vom 8. März 2023
91 Ich danke Vera Seehausen für diese Information.
92 Interview mit Nadine Lange im *Tagesspiegel* vom 21. März 2024. https://www.tagesspiegel.de/gesellschaft/queerspiegel/ylva-verlegerin-astrid-ohletz-in-unseren-buchern-werden-keine-lesben-umgebracht-11402420.html

soziales Tier. Verlegen möchte der Ylva Verlag laut Website »Unverschämt gute Bücher!«[93] Diese sollen »eine intelligente Storyline haben, sorgsam lektoriert sein und unsere Leser_innen unterhaltsame Stunden mit gleichgesinnten Charakteren erleben lassen (...), ohne Scham, sondern mit Stolz veröffentlichen wir gute Bücher für lesbische und bisexuelle Frauen sowie für alle Leser_innen, die Freude an unseren Geschichten haben.«[94] Schwerpunkte der Veröffentlichungen sind Liebe und Erotik, daneben gibt es aber auch Bücher in den Genres Fantasy, Jugendbuch, Krimi und Gegenwartsliteratur.

Wichtig ist ihnen dabei, starke und vor allem glaubwürdige Frauenfiguren in den Mittelpunkt zu stellen. Von den englischsprachigen Romanen werden von ihnen viele ins Deutsche übersetzt; es gibt aber auch deutschsprachige Autorinnen.

Eine große Rolle spielen E-Books für den Verlag. Astrid Ohletz meint dazu: »Ja, ohne den E-Book-Aufschwung genau zur Zeit der Verlagsgründung wäre das mit Ylva gar nichts geworden. (...) Zudem haben damals einige amerikanische Verlage zugemacht, die kein Interesse an E-Books hatten. Einige von deren Autorinnen konnte ich dann für uns gewinnen.«[95]

Von Anfang an hat sich der Ylva Verlag nicht ausschließlich auf den deutschsprachigen Markt gerichtet: »Wir veröffentlichen bereits lektorierte Bücher auf Englisch und lassen sie dann übersetzen. So bedienen wir mit einem Buch zwei Märkte. Und wenn ich in den USA einen Bestseller habe, verdiene ich natürlich Zehntausende mehr, als wenn ich in Deutschland in unserem Genre einen Bestseller habe. Übersetzungen aus dem Deutschen funktionieren kaum.«[96] Wie sich an den Verkäufen

93 https://ylva-verlag.de/ueber-uns/ueber-den-ylva-verlag/

94 Ebd.

95 Interview mit Nadine Lange im *Tagesspiegel* vom 21. März 2024. https://www.tagesspiegel.de/gesellschaft/queerspiegel/ylva-verlegerin-astrid-ohletz-in-unseren-buchern-werden-keine-lesben-umgebracht-11402420.html

96 Ebd.

zeigt, sind es aber weit mehr als nur zwei Märkte, denn Bestellungen kommen aus vielen Ländern: »Zuerst natürlich aus den USA, Europa, Australien, aber wir hatten früher auch einige Käufe aus Russland, was inzwischen total weggebrochen ist. Immer wieder sehen wir aber auch Länder wie Saudi-Arabien oder die Philippinen.«[97]

Astrid Ohletz betont: »Auf Liebesromane wird ja oft heruntergeguckt, aber, was wir machen, ist auch politisch.« Und sie schließt damit an das an, was Susanne Amrain, die Verlegerin des Daphne Verlags, bereits 1988 bei einer Podiumsdiskussion während des Lesben-Literatur-Monats in Bremen festhielt, als ihr vorgeworfen wurde, die von ihr veröffentlichte Literatur sei trivial: »Meine Bücher sind von Lesben geschriebene und von Lesben handelnde Bücher. Deswegen können sie schon gar nicht trivial sein. Trivial ist das tausendmal Wiedergekaute – stilistisch und inhaltlich – und das ist immer heterosexuell. Das wissen wir.«[98]

Wie wichtig Lesbenliteratur auch heute noch ist, da sie positive Vorbilder aufzeigen kann, zeigt eine Begegnung auf der Leipziger Buchmesse 2023, von der Astrid Ohletz in einem Interview mit Nadine Lange vom *Tagesspiegel* erzählt: »Eine Begegnung war besonders schön: Eine Soft Butch, zwischen 18 und 20 Jahre alt, sagte mir: ›Ich bin nur wegen euch hier. Und wenn es eure Bücher nicht gäbe, hätte ich nie mein Coming out gehabt.‹ Ich krieg jetzt noch Gänsehaut, wenn ich daran denke.«[99]

Zu der positiven Haltung des Ylva Verlags gehört es, dass alle Bücher ein Happy End haben und keine Lesben umgebracht werden – auch in den Krimis nicht.

97 Ebd.
98 Zitiert in: Lea Morrien: Lesbenliteratur mit verschärftem Blick, S. 89.
99 Interview mit Nadine Lange im *Tagesspiegel* vom 21. März 2024. https://www.tagesspiegel.de/gesellschaft/queerspiegel/ylva-verlegerin-astrid-ohletz-in-unseren-buchern-werden-keine-lesben-umgebracht-11402420.html

Heute wirbt der Verlag mit dem Spruch »Sappho würde Lesbian Romance lesen«.

Es stellt sich aber immer wieder die Frage, warum es so wenige deutschschreibende lesbische Autorinnen gibt. Die Autorin und Mitgründerin des Ätna Verlags machte dies 1988 noch an der fehlenden historischen Kontinuität fest: »Die blühende homosexuelle Kultur der zwanziger Jahre ist durch den Faschismus auf's Brutalste zerschlagen worden. (...) Das Vergessen dauert an. So ist auch zu erklären, warum ich unter holländischen, englischen und nordamerikanischen Lesben ein immenses Selbstbewußtsein finde, das deutschsprachigen Lesben fehlt.«[100] Damals appellierte sie noch, sich mit der traumatischen Faschismuserfahrung auseinanderzusetzen, da nur so ein unterschwelliges Bewusstsein ständiger Bedrohung aufgefangen werden könne. Angesichts des zunehmenden Rechtsrutschs in Europa kann die Bedrohung jedoch nicht nur historisch gesehen werden. Sie ist wieder real geworden.

Einen anderen Grund für den Mangel an deutschsprachiger Lesbenliteratur sieht Astrid Ohletz vom Ylva Verlag: »Hierzulande gibt es immer noch kein wirkliches Verständnis dafür, dass Schreiben ein Handwerk ist, das man lernen muss. Viel zu häufig denken die Leute: Ich habe eine Tastatur und eine Idee, ergo gewinne ich den Literaturnobelpreis.«[101] Ganz so scharf würde ich es nicht formulieren, aber aus der Frauenbewegung sind mir solche Schreibversuche durchaus bekannt, genauso wie die Forderung von Autorinnen, dass ihre Bücher rezensiert werden müssen – und dabei ignorieren, dass es Redaktionen gibt, die diese Entscheidungen treffen.

100 Zitiert in: Lea Morrien: Lesbenliteratur mit verschärftem Blick, S. 88.
101 Interview mit Nadine Lange im *Tagesspiegel* vom 21. März 2024. https://www.tagesspiegel.de/gesellschaft/queerspiegel/ylva-verlegerin-astrid-ohletz-in-unseren-buchern-werden-keine-lesben-umgebracht-11402420.html

Wahrgenommen wird – gesellschaftlich, aber auch im queeren Spektrum –, wie die Verlegerinnen von Krug & Schadenberg völlig richtig feststellen, »wenn überhaupt, eher die schwule oder queere Literatur (...). Wenig förderlich ist allerdings das Etikett ›queer‹, unter dem explizit Lesbisches subsumiert und letztlich unsichtbar gemacht wird.«[102]

In einem Regal, in dem »queere Bücher« stehen, sind Lesbenromane ebenso wenig zu finden wie einsortiert in der allgemeinen Belletristik. Und BuchhändlerInnen meinen ja auch gerne, dass sie keine lesbischen Kundinnen haben – von anderen KundInnen, die diese Bücher durchaus gerne lesen würden, ganz zu schweigen. Wo ich mich immer frage, woher sie das wohl wissen wollen? Die Sichtbarkeit von Lesben ist in den letzten Jahrzehnten eher wieder zurückgegangen. Und wie Madeleine Marti bereits 1981 in ihrer Dissertation *Hinterlegte Botschaften. Die Darstellung lesbischer Frauen in der deutschsprachigen Literatur seit 1945* festhielt: »Die Literatur trägt wesentlich zur Propagierung von Heterosexualität und zum Verschweigen und zur Entstellung lesbischer Liebe im Patriarchat bei. Gleichwohl hat es immer wieder Autorinnen gegeben, die Frauen dargestellt haben, die sich nicht mehr über Männer definieren, sondern über sich selbst als Frauen.«[103]

In Konzernverlagen finden sich auch heute noch sporadisch Lesbenromane. Gerne sterben die Protagonistinnen darin wieder oder es wird seitenweise heterosexueller Sex beschrieben oder ähnliches. Da ich dafür keine Werbung machen, sondern nur die derzeitige Tendenz aufzeigen möchte, nenne ich bewusst keine Titel. Es gibt zudem auch oft ein Rätselraten in den Ankündigungen der Verlage: Ist mit »ihre Freundin« einfach eine Frauenfreundschaft gemeint oder geht es um

102 Interview mit Charline Vorherr im *Börsenblatt* vom 8. März 2023. https://www.boersenblatt.net/news/verlage-news/krug-schadenberg-macht-keine-buecher-mehr-276737
103 Madeleine Marti: *Hinterlegte Botschaften*, S. 7.

eine Geliebte? Die Begriffe »Lesbe« oder »lesbisch« finden sich hingegen so gut wie gar nicht, womit sie für diejenigen, die diese Bücher vielleicht gerade deswegen lesen würden, unauffindbar sind.

Mein Lieblingsbeispiel hierzu ist die Vorstellung des damals neuesten Buches von Rita Mae Brown, *Venusneid,* 1993 auf dem Blauen Sofa der Frankfurter Buchmesse. Es geht darin um eine Frau, die glaubt, im Sterben zu liegen und daraufhin Briefe an FreundInnen und Familie schreibt, in denen sie sich als Lesbe outet – um dann zu erfahren, dass sie doch nicht stirbt. Die ganze Zeit wurde auf der Messe über alles Mögliche gesprochen – nur dass dieses Buch einen lesbischen Inhalt hat, dass dieser gar zentral ist, wurde mit keinem Wort erwähnt. Eine wahrhafte Meisterleistung im Unsichtbarmachen und Nichtbenennen!

Was derzeit vor allem fehlt, sind Sachbücher zu lesbischen Themen. Hier zeigt sich der Bedarf nach einem Verlag mit einem breitgefächerten Themenangebot noch stärker, werden Lesben hier doch immer mehr unter »queer« subsumiert, ohne die Erkenntnisse der Frauenforschung bzw. Lesbenforschung zu berücksichtigen, die aufgezeigt haben, dass die Lebenssituation und Körperlichkeit von Frauen – und somit auch Lesben, die noch einmal anders ist – eine andere ist als die von Männern.

Zudem fehlt die Rezeption lesbischer Literatur in den Medien fast völlig, was zu weiterer Unsichtbarkeit beiträgt und dazu, dass weniger verkauft werden kann. Eine Ausnahme bilden hier die feministischen Frauenzeitungen[104], vor allem die Rezensionszeitungen *Virginia Frauenbuchkritik* und *Weiberdiwan*[105].

104 S. hierzu S. 14.
105 S. hierzu S. 186.

Lillemor's
Frauenbuchladen und Galerie

Literatur – Sachbuch – Kinderbuch
Bücherkonto – Gutscheine
eigener online-Katalog
Ausstellungen – Lesungen

Service

heute bestellt, morgen da
wir bestellen alle Bücher, e-books, CDs und Hörbücher
wir verschicken mit Rechnung

Barerstraße 70, 80799 München
Tel. 089/272 12 05, Fax 089/272 09 98
Mo-Fr 10.00 – 18.30 Uhr, Sa 10.00 – 14.00 Uhr
e-mail lillemors@frauenliteratur.de

Lieder von Frauen
Von heute an gibt's mein Programm!
Von Frauengruppen aus München, Frankfurt und Darmstadt

boekwinkel & antiquariaat
VROUWEN IN DRUK

»Frauenbuchläden waren Heimat«[1]

Die ersten internationalen Frauenbuchläden

Es reichte natürlich nicht aus, nur Bücher zu veröffentlichen, sie mussten auch verbreitet und verkauft werden. Die Eröffnung von Frauenbuchläden war eine logische Folge, denn in den Mainstreambuchhandlungen waren diese Bücher nicht zu finden. Oder es erging ihnen wie Anke Schäfer, als sie »in einem ganz normalen Buchladen ein ganz normales Fischer-Taschenbuch kaufen wollte«[2]. Es handelte sich um das gerade erschienene Buch von Shulamith Firestone, *Frauenbefreiung und sexuelle Revolution*[3]. »Da haben die mich angeguckt, als hätte ich den härtesten Porno verlangt: ›Das haben wir nicht.‹«[4] Dies machte der gelernten Buchhändlerin Anke Schäfer klar: »Wir brauchen hier unseren eigenen Buchladen.«[5]

Die weltweit ersten Frauenbuchläden wurden bereits 1970 in den USA gegründet: sowohl ***ICI: A Woman's Place*** in Oakland als auch ***Amazon*** in Minneapolis (der 24 Jahre später aufgrund des Namensstreits mit Amazon.com traurige Berühmtheit erlangen sollte[6]), beide entstanden aus Frauen-Kollektiven der wachsenden Frauenbewegung.[7] Weitere Gründungen erfolgten in zahlreichen Städten. Kristen Hogan spricht in ihrem Buch *The Feminist Bookstore Movement* von insgesamt 130[8] in Nordamerika, also den USA und Kanada.

1 Zitat von Katharina Oguntoye am 15. März 2024 bei einer Veranstaltung im Frauenkulturzentrum Begine in Berlin, dem ich nur zustimmen kann.
2 Sibylle Plogstedt: *Frauenbetriebe*, S. 41.
3 Erschienen 1975 im Fischer Taschenbuchverlag in der Übersetzung von Gesine Strempel-Frohner.
4 Zitiert nach Sibylle Plogstedt: *Frauenbetriebe*, S. 41.
5 Ebd.
6 S. hierzu Kristen Hogan: *The Feminist Bookstore Movement*, S. 170–177, und Susan Hawthorne: *Bibliodiversität*, S. 22 f.
7 Kristen Hogan: *The Feminist Bookstore Movement*, S. 5.
8 Ebd., S. XV.

Interessant ist, dass die Buchläden in den USA sich »feminist bookstores« nannten, sich also klar als feministisch positionierten, während sich die in Europa Frauenbuchläden, vrouwenboekhandels bzw. Librairie des femmes nannten. Wichtig ist dies vor allem für die spätere Entwicklung, auf die ich noch zurückkommen werde.

1973 wurde ***The Feminist Bookshop*** in Lilyfield, Sydney gegründet. Es war der erster Frauenbuchladen in Australien und er wurde ab 1982 von drei Schwestern geführt[9], dem weitere folgen sollten: ***The Women's Bookshop*** in Brisbane, ***Shrew Women's Bookshop*** in Melbourne. In Adelaide gab es zeitweilig sogar zwei: ***Murphy Sisters Bookshop*** in Norwood und ***Sisters by the Sea*** in Semaphore, die von zwei Schwestern[10] geführt wurden. Leider existieren sie alle nicht mehr.

In Europa wurde der erste Frauenbuchladen am 30. Mai 1974 in Paris eröffnet: der ***Librairie des femmes,*** auch hier war es ein feministisches Kollektiv. Dieser hatte auch eine Kunstgalerie, die Galerie des femmes.

Im darauffolgenden Jahr eröffnete auch die ***Libreria delle donne de Milano,*** der Frauenbuchladen in Mailand. Angeregt wurden die dortigen Frauen vom Pariser Frauenbuchladen. Die Buchhandlung war als Zentrum gedacht, »wo Werke von Frauen gesammelt und verkauft werden«[11], sowie als politischer Ort, »wo Erfahrungen und Ideen gesammelt und in Umlauf gebracht werden.«[12] Anders als die Französinnen entschieden sich die Mailänderinnen dafür, ausschließlich Bücher von Frauen zu verkaufen, denn sie fanden es zum einen sehr wichtig, das kennenzulernen, was andere Frauen vor ihnen gedacht haben und zum anderen wollten sie »den Produkten des weiblichen Denkens Vor-

9 Gail Hewison, Jane Waddy und Libby Silva. Mehr zu ihnen in: Lee Fleming (ed.): *To Sappho, My Sister,* S. 185–198.

10 Robin Peddler (Murphy Sisters) und Anne-Marie Peddler (Sisters by the Sea). Mehr zu ihnen in: Lee Fleming (ed.): *To Sappho, My Sister,* S. 69–84.

11 Libreria delle donne di Milano: *Wie weibliche Freiheit entsteht,* S. 103.

12 Ebd.

zug geben, um gegen ihre fehlende gesellschaftliche Anerkennung anzugehen«[13].

Das Kollektiv, zu dem auch die Philosophin Luisa Muraro gehörte, veröffentlichte auch eigene Texte. Zentral stand dabei der von ihnen entwickelte Begriff der »symbolischen Mutter«[14]. Bekannt im deutschsprachigen Raum wurde vor allem ihr erstes Buch von 1988, das unter dem Titel *Wie weibliche Freiheit entsteht. Eine neue politische Praxis* in der Übersetzung von Traudel Sattler im Orlanda Frauenverlag erschien. Darin dokumentierten 35 Autorinnen ihre gemeinsame Geschichte feministischer Theorie und Praxis. Ein weiteres Buch von ihnen erschien 1996, ebenfalls in deutscher Übersetzung von Traudel Sattler, im Christel Göttert Verlag: *Das Patriarchat ist zu Ende*[15]. Es ist passiert, nicht aus Zufall. Darin enthalten ist das »Rote Sottosopra«, ein Grundlagentext der »Mailänder Differenzdenkerinnen«, in der deutschen Übersetzung von Traudel Sattler sowie im italienischen Original.

Angeregt von ihrem Wissen über die US-amerikanischen Frauenbuchläden, griffen Dorelies Kraakman und Sylvia Bodnár diese Idee auf und gründeten in Utrecht den ersten Frauenbuchladen in den Niederlanden. Am 3. Dezember 1975 eröffneten sie ihn unter dem Namen ***De Heksenkelder*** (der Hexenkeller)[16] zusammen mit dem Frauencafé *De Heksenketel* (der Hexenkessel) – zusammen wurden sie »De Heks«, die Hexe, genannt. Das Café lag auf Straßenniveau, während der Buchladen im darunterliegenden Werftkeller und nur durch das Café erreichbar war. Auffällig ist, dass es hier zwei Frauen waren – ein Paar –, die den Buchladen gründeten. Auch richteten sie sich auf die »Emanzi-

13 Ebd.
14 Libreria delle donne di Milano: *Wie weibliche Freiheit entsteht*, S. 103.
15 Schön wär's!
16 Fun Fact am Rande: De Heksenkelder galt damals als »Hoflieferant«, da Prinzessin Irene dort regelmäßig feministische Literatur bestellte. S. Mirjam Hemker und Linda Huismans (red.): *Lesbo-encyclopedie*, S. 221.

pation des Menschen (Männer und Frauen)«[17], was sie erreichen wollten »durch das Anbieten von Informationen im breitesten Sinne des Wortes über die Emanzipation der Frau an eine größtmögliche Gruppe Beteiligter und Interessierter«[18]. Beide – Buchhandel und Café – sollten offen für alle sein, also für Frauen und Männer. Auch wollten die beiden Frauen von Anfang an, dass die Arbeit in beiden Projekten bezahlt würde, auch wenn es dafür anfangs noch kein Geld gab. Schnell aber konnten über die Gemeinde Utrecht Gelder bewilligt werden, so dass es drei bezahlte Stellen gab[19] – was durchaus umstritten war. So waren die Frauen vom Frauenzentrum dagegen, dass die Frauen vom Frauenbuchladen von ihrer Arbeit leben konnten, denn sie fanden es unangemessen, dass mit dem feministischen Kampf Geld verdient wurde.[20] Diese Diskussion gab es nicht nur in Utrecht, sondern auch in zahlreichen anderen Frauenprojekten. Wenn sich uns heute natürlich gleich die Frage stellt, wovon die Frauen leben sollten, so kommt diese Diskussion aus einer Zeit, in der viele von Arbeitslosenhilfe und BaföG o. ä. lebten. Die Standpunkte änderten sich dann auch, als die Gründerinnen älter wurden und ihnen diese Mittel nicht mehr zur Verfügung standen.

Ab 1977 gab es eine Kursänderung, da sich immer mehr Frauen der Frauenbewegung anschlossen. Auf der Suche nach einer radikalfeministischen Frauenkultur wurde *De Heks* ein Ort, der Frauen vorbehalten war und wo Diskussionen über Feminismus stattfanden, aber auch viel organisiert wurde – von Ausstellungen über Musik bis hin zu Fahrradtouren und Fußballspielen.[21] 1981 konnte das Café zwar noch sein 10-jähriges Bestehen feiern, musste aber danach mangels

17 Marijke Huisman: *Savannah Bay*, S. 30.
18 Ebd.
19 Ebd., S. 34. 1978 waren es sogar fünf bezahlte Stellen, vier in Vollzeit und eine Part Time. Ebd., S. 36.
20 Marijke Huisman: *Savannah Bay*, S. 34.
21 Ebd., S. 40.

Umsatz schließen. Der Buchladen wollte sichtbarer werden und auf Straßenniveau ziehen. So änderte er 1984 seinen Namen in ***Savannah Bay*** – nach dem Theaterstück von Marguerite Duras – und zog in die zentral gelegene Telingstraat, wo er auch heute noch zu finden ist. Seit 1997 ist der Laden unter der Leitung von Marischka Verbeek kein Frauenbuchladen mehr, sondern nennt als Spezialisierungen heute Literatur, Lyrik, Postkolonialismus, Natur und Umwelt, Genderforschung und LGBTQIA+.

Nach und nach entstanden weitere Frauenbuchläden in den Niederlanden, 15 waren es mindestens[22], wie beispielsweise ***Xantippe*** in Amsterdam, ***Shikasta*** in Wageningen, ***Aradia*** in Gouda, ***De Feeks*** in Nijmegen, ***De Dikke Trui*** bzw. *Sidonia* in Groningen, ***Sappho*** in Leeuwaarden, ***Boekennel*** in Eindhoven, ***Trix*** in Den Haag, ***Helleveeg*** in Arnhem sowie ***'t Wicht*** in Enschede. Der Frauenbuchladen ***Brood en Rozen*** aus Dordrecht hat seine eigene Geschichte: Die Frauen fingen mit einem Bücherbus an, mit dem sie die Bücher zu den Frauen brachten, bevor sie einen Laden hatten.

Außergewöhnlich ist, dass es in Amsterdam auch noch zwei Antiquariate gab, die auf Bücher von und über Frauen spezialisiert waren. Antiquariaat ***Lorelei*** wurde von Nicoline Meiners (1942–2017) gegründet, die ihre Sammlung zu Hause anfing und die Bücher in den ersten Jahren vor allem auf Frauenfesten anbot, bevor sie ihren Laden 1985 an der Prinsengracht, schräg gegenüber vom Frauenbuchladen *Xantippe*, eröffnete. Nach der kündigungsbedingten Schließung 1999 verkaufte sie wieder von Zuhause aus und auf Buchmärkten.[23]

Antiquariaat ***Vrouwenindruk*** wurde 1984 von Marianne Verhallen gegründet und 1996 von mir übernommen. Anfangs am Singel gelegen, zog der Laden später zum Westermarkt um – gegenüber

22 Diese Angabe stammt aus dem Magazin zur Vrouwenboekenweek, Frauenbuchwoche, von 1985.

23 Mirjam Hemker und Linda Huijsmans (red.): *Lesbo-encyclopedie*, S. 99.

dem Homomonument, um die Ecke des Anne-Frank-Hauses. Von Anfang an bot ich die Bücher auch im Internet an und war damit eins der ersten Antiquariate in den Niederlanden, die online verkauften. Was anfangs zu Verkäufen von Kanada bis Neuseeland führte, wurde im Laufe der Zeit immer weniger, da immer mehr Bücher von Privaten online angeboten wurden, die sich weder mit Titelbeschreibungen noch mit Preisen auskannten. Dazu kamen Vereine und Verbände, die Bücher geschenkt bekamen, die dann von Ehrenamtlichen verarbeitet wurden. Zudem wurden die Förderungen für Bibliotheken zunehmend geringer, dafür die Portokosten in den Niederlanden astronomisch hoch, so dass mir ein Großteil des ausländischen Marktes wegbrach. Auch das Laufpublikum wurde immer weniger, da die meisten nur noch kamen, um eine Bestellung abzuholen, statt wie früher stundenlang zu stöbern, um überraschende Funde zu machen. 2006 gab es einen weiteren Umzug – da der Vermieter den Mietvertrag nicht verlängern wollte –, diesmal nach Utrecht, wo sich der Laden neben dem Buchladen *Savannah Bay* jedoch nur drei Jahre halten konnte, aber noch bis 2015 als Versandantiquariat existierte.

Frauenbuchläden in Deutschland

Ab 1975 folgten die ersten Gründungen von Frauenbuchläden in Deutschland aus der Frauenbewegung heraus. Als erster wurde im November 1975 ***Lillemors***[24] ***Frauenbuchladen*** in München eröffnet[25] und anfangs von einem Kollektiv von sechs Frauen geführt: Susanne Aeckerle, Ute Geissler, Sabine Holm, Gerlinde Kowitzke, Mara Kraus und Monika Neuser. Sie wollten damit einen Ort schaffen, »der gleichzeitig vielen Bedürfnissen entspricht: einen Ort für den Verkauf feministi-

24 Die Schreibweise ist unterschiedlich, früher eher Lillemor's, später eher Lillemors.

25 Die Eröffnung war bereits in einer Pressemitteilung der Frauenoffensive vom 9.10.1975 angekündigt worden. http://www.frauenmediaturm.de/themen-portraets/chronik-der-neuen-frauenbewegung/1975/frauenoffensive-presseinformation/

scher Literatur und eine ökonomische Basis für die dort arbeitenden Frauen, zusätzlich war und ist Lillemors Frauenladen ein lebendiges Kommunikationszentrum, ein Treffpunkt für Frauen, die Kontakt oder Rat suchen oder die sich informieren wollen über Frauenpolitik und -kultur, über die Frauenbewegung in München und anderswo. Daher waren die Räume von Lillemors Frauenbuchladen von Beginn an ausschließlich für Frauen gedacht.«[26]

Dort sollten selbstbestimmte Arbeitsplätze von und für Frauen geschaffen werden, »unter positiver Anwendung vorhandener Berufserfahrung und Ausbildung, ohne klassische Arbeitsteilung oder Hierarchie, die durch formale Qualifikation entstehen«.[27]

Mit dem Buchladen ging es darum, die weibliche Lebensrealität öffentlich zu machen, die bis daher verschwiegen bzw. nur sehr am Rande erwähnt wurde. Es war ein Blickwechsel hin zur Situation von Frauen. Die Gründerinnen waren anfangs ständig auf der Suche nach Literatur von Frauen für Frauen, die in den unterschiedlichsten Verlagen erschien, wobei nicht alles feministisch war. Der Buchladen war immer auch ein Ort von Diskussionen, sei es über Literatur oder auch über Politik, es wurden auch Demonstrationen und andere politische Aktivitäten geplant.

Anfangs hatten Männer keinen Zutritt, was sich erst später änderte, aber nicht dazu führte, dass viele den Laden aufsuchen.

Die Schriftstellerin Verena Stefan fasste ihre Eindrücke in einer Rede zum 15-jährigen Bestehen von *Lillemors* zusammen: »Dieser Buchladen ist also eine Fundgrube, von Buchliebhaberinnen liebevoll ausgestattet, und er ist mehr als das: Er ist ein Ort der Kommunikation. Mit den Frauen, die dort arbeiten, kann ich meine Begeisterung und meine Abneigung für diese und jene Bücher teilen und, während

26 Laura Velte: Lillemors Frauenbuchladen.
27 Ebd.

ich mir aus der immer vollen Thermoskanne den ersten Kaffee einschenke, blättere ich die Münchener Infos durch und frage, was alles los ist. Lillemor's Frauenbuchladen ist ein Ort für Frauen, an dem ich sowohl als Schriftstellerin als auch als Lesbe willkommen bin. Einer jener seltenen Orte also, die einer eine Ahnung davon geben, wie es wäre, nach Hause zu kommen.«[28]

Im Laufe der Jahre wurde der *Lillemors Frauenbuchladen* zu einer professionell geführten Spezialbuchhandlung, die ein sehr breites Sortiment zu den unterschiedlichsten Themen angeboten hat, auch und vor allem zu den Themen der Frauenbewegung, die gesellschaftlich und daher auch in anderen Läden zumindest anfangs noch ignoriert wurden wie beispielsweise (sexuelle) Gewalt gegen Frauen und Mädchen. Wobei es nicht allein um Themen ging, sondern auch und vor allem um andere Sichtweisen – nämlich feministische. Bereits seit 1979 kümmerte sich Ursula Neubauer darum, seit Mitte der 1980er Jahre war auch Andrea Gollbach dabei.[29]

Ein Schwerpunkt von *Lillemors* lag aber auch im Sichtbarmachen der Kunst von Frauen. So gab es Ausstellungen von Künstlerinnen, die alle zwei Monate gewechselt wurden. Zudem natürlich auch Lesungen. Und sie warben mit dem Spruch: »Was immer Sie sich in Ihrer Phantasie vorstellen, hinter dieser Tür passiert es.«[30]

Neben dem Online-Katalog gab es auch »einen der aktivsten Buchblogs im Netz – den »daily book blog« mit seinem täglichen Zitat zum »daily book day«, der zwar gerne gelesen wurde, aber – anders als ihr Newsletter – nicht zu mehr Umsatz führte.[31]

Immer wieder wurde der Münchener Frauenbuchladen ausgezeichnet, so 1987 mit dem Münchener Förderpreis für Frauenforschung und

28 Verena Stefan: Zur Stunde des Aufbruchs.
29 Susanne Krones: Fachbuchhändlerinnen für Frauenliteratur.
30 Ebd.
31 Ebd.

Frauenkultur. Gleich viermal erhielt er den Deutschen Buchhandlungspreis (2015, 2016, 2017, 2018), der seit 2015 an innovativ arbeitende unabhängige und inhabergeführte Buchhandlungen verliehen wird, außerdem wurde er vom Buchbranchenmagazin *Buchmarkt* als Buchhandlung des Jahres 2014/15 in der Kategorie »Spezialbuchhandlung« geehrt.

Da keine Nachfolgerinnen gefunden werden konnten, als die beiden Inhaberinnen in Rente gingen, wurde *Lillemors* Ende Juli 2023 geschlossen.

Bereits zwei Wochen nach *Lillemors,* am 15. November 1975, folgte die nächste Eröffnung: die des Frauenbuchladens ***Labrys*** in Berlin, im Mai 1977 die des zweiten in Berlin, ***Lilith,*** und 1978 die des dritten: *Miranda*.

Wie mir Gabrielle Pfaff[32], eine der Gründerinnen des Frauenbuchladens *Lilith,* sagte, waren sie keine wirkliche Konkurrenz füreinander, eine Stadt wie Berlin konnte in der Anfangszeit drei Läden gut vertragen. Berlin ist damit neben Amsterdam die einzige mir bekannte Stadt, in der es zeitweilig drei Frauenbuchläden gleichzeitig gab.[33] Dies sollte sich auf Dauer jedoch ändern, denn wie die Frauen von *Lilith* 1983 in einem Artikel in der *Courage* schrieben, war die Situation in West-Berlin eine andere: »Im Unterschied zu Westdeutschland, das sich weiterhin einer stetigen Nachfrage nach Frauenbüchern erfreut – abzulesen etwa an den Neugründungen von Frauenbuchläden – macht sich in Berlin eine weitläufige Übersättigung bemerkbar.«[34]

Zur Anfangszeit der Frauenbewegung sollten die *Lilith*-Frauen später schreiben, dass die Bedürfnisse nach Alternativen zu den herkömmlichen Buchhandlungen laut geworden waren. »In aufwendiger

32 Ich danke Gabrielle Pfaff für die ausführlichen Informationen zu den beiden ersten Berliner Frauenbuchläden.

33 S. S. 108.

34 Lilith: Die Klage der Weiber von Lilith.

Arbeit meist einer Gruppe von Frauen und in zerfleischenden Auseinandersetzungen über die jeweiligen Konzepte einzelner Buchläden wurden die ersten Frauenbuchläden gegründet. So schmerzlich diese Prozesse für einzelne Frauen auch waren, sie waren notwendige Gehversuche der ersten autonomen Frauenprojekte.«[35]

Lilith verstand sich als eine Fachbuchhandlung für Frauen und wurde 1976 als Projekt der autonomen Frauen- und Lesbenbewegung gegründet. Die Gründungsfrauen sahen ihre Aufgabe zunächst darin, einen Ort zu schaffen, um die Literatur von Frauen – die seit Jahrhunderten mehr oder weniger im Verborgenen geschrieben wurde – sichtbar zu machen und hielten fest: »Die Benachteiligung von Autorinnen auf dem Buchmarkt war evident, sowohl in Bezug auf Publikationsmöglichkeiten als auch auf die Präsenz ihrer Bücher im Buchhandel. Wir haben unsere Energie dafür eingesetzt, auf die große Fülle von Büchern aufmerksam zu machen, die bereits erschienen waren.«[36]

Gefragt waren aber vor allem die Bücher, die seit Anfang der 1970er Jahre aus der neuen Frauenbewegung kamen, feministische Literatur, bei der die literarischen Qualitäten weniger maßgeblich für die Veröffentlichung waren »als vielmehr die Notwendigkeit, sich mit frauenspezifischen Themen und Erfahrungen zu beschäftigen und die Ergebnisse einem größeren Frauenpublikum zugänglich zu machen«.[37]

Aber die Frauenverlage, um die es ursprünglich ging – deren Bücher wurden teilweise mit den Covern nach vorne aufgestellt, damit die Regale voller wirkten – blieben nicht die einzigen, wie die *Lilith*-Frauen berichteten: »Zu den anfangs nur spärlich, oftmals in kleinen oder Selbst-Verlagen produzierten Frauenbüchern kamen immer neue hinzu. Dem Bedürfnis der Frauen, sich mit sich und ihrer Geschichte auseinanderzusetzen, konnte mit dem, was auf dem Markt war, nicht

35 Ebd.
36 Lilith. Selbstdarstellung, S. 84.
37 Ebd.

Genüge getan werden. Die Lesefreudigkeit der Frauen schien grenzenlos. Diese nunmehr als Marktlücke formulierte Diskrepanz zwischen Angebot und Nachfrage konnte von den anderen Verlagen nicht mehr übersehen werden. Die bundesrepublikanische Buchlandschaft erlebte eine überwältigende Schwemme an Frauenbüchern (...), leider nicht immer im Dienste der Frauenbewegung. (...) Inhaltlich hat sie eine Menge von guten und häufig wichtigen Publikationen hervorgebracht, ganz zu schweigen davon, daß Frauen jetzt als Autorinnen begehrt wurden. Aber auch Schundliteratur wurde nicht nur im Zuge dieses Trends, sondern häufig auch im Namen der Frauenbewegung produziert.

Wichtig ist es nur, die ursprüngliche Funktion der Frauenbewegung hervorzuheben. Ohne sie und ohne die Arbeit, die sie geleistet haben und immer noch leisten, wäre eine solche Entwicklung nicht möglich gewesen. Daß sich die etablierten Verlage und andere Buchhandlungen in diese Entwicklung eingeklinkt haben, kehrt sich heute gegen uns. Früher wußten die Frauen, daß ihre Bücher nur bei uns erhältlich waren. Heute gilt dies nur mit Einschränkungen. (...) überall liegen die Frauenrenner auf dem Tisch. Wen wundert's dann, daß die Frauen beim Pulloverkauf, statt noch zum Frauenbuchladen zu fahren, gleich bei Horten zum gewünschten Buch greifen. Doch es darf nicht vergessen werden, daß an solchen Stellen in der Tat nur die ›Renner‹ vorrätig sind. Auch und nicht zuletzt die Frauenbuchläden sind auf den Verkauf solcher Bücher angewiesen, um es sich leisten zu können, auch noch andere Bücher, die dementsprechend seltener verkauft werden, anbieten zu können. Auf diesen Zusammenhang nicht hinzuweisen hieße, ein falsches Bild von der Wirtschaftlichkeit auch der Frauenbuchläden zu vermitteln. Denn auch sie sind auf Profit angewiesene Kleinstunternehmen. Dies sei hier ausdrücklich gesagt.«[38]

38 Lilith: Die Klage der Weiber von Lilith.

Das Besondere an *Lilith* war, dass sie ab 1981 auch Bücher verlegten. Als erstes erschien *Das Weisse mit dem roten Punkt* von Unica Zürn, dem fünf weitere Titel[39] folgen sollten: 1982 kam *Eine Lehre oder Das Buch der Lüste* von Clarice Lispector heraus, 1984 die *Erzählung von Sonečka* von Marina Cvetaeva, *Die Passion nach G. H.* von Clarice Lispector sowie *Das Geburtstagsbuch* von Gertrude Stein – und somit Autorinnen, die teilweise erst in den letzten Jahren »wiederentdeckt«, also von Konzernverlagen neu aufgelegt wurden.

Lilith hatte einen feministisch-frauenbewegten Ansatz und die Frauen sahen Feminismus als Politik an. Sie wollten einen Laden nur für Frauen, in den auch Laufpublikum kommen konnte – einen Laden von Frauen für Frauen. Es gab zwei bezahlte Stellen für Frauen, die bereits als Aushilfe in Buchläden gearbeitet hatten, also zumindest eine gewisse Erfahrung hatten. Weitere Frauen arbeiteten stundenweise und machten auch Büchertische.

Margret Schubert erinnert sich daran, wie sie im Buchladen *Lilith* mit acht Frauen angefangen haben, die von morgens bis abends im Projekt beschäftigt waren: »Am Anfang war eine professionelle Buchhändlerin dabei, was sehr wichtig war, weil sie sich mit den Organisationsstrukturen des Buchhandels auskannte. Alle anderen Frauen waren in diesem Beruf ungelernt. Jede Frau arbeitete unbezahlt, was problematisch wurde, als unsere Gelder wie Bafög, Arbeitslosengeld etc. zur Neige gingen. Wir mußten uns zunehmend selbst finanzieren und das hieß Arbeitsplätze zu schaffen, von denen wir leben können.«[40] Zur Zeit des Interviews – 1989 – wurden zwei Frauen bezahlt (»nicht sehr gut, aber immerhin leben wir davon«[41]), eine dritte arbeitete unbezahlt und verdiente ihren Lebensunterhalt außerhalb des Buchladens,

39 Lilith. In: Selbstdarstellung, S. 85. Finden konnte ich nur fünf Titel insgesamt, vielleicht war dies auch so gemeint.

40 Monika Flamm e. a.: Das Reizvolle ist die Vielfalt, S. 14.

41 Ebd.

und die vierte Frau wurde im Rahmen eines geförderten Senatsprojekts finanziert.[42]

Gefragt, ob die Professionalität und Effizienz in der Projektarbeit in den letzten Jahren zugenommen habe, antwortete Margret Schubert: »Ja, für Lilith trifft das zu. Wir müssen unsere Bücher verkaufen, um davon leben zu können, d. h. wir müssen uns an die Marktwirtschaft anpassen. Zwar wollen wir nicht nur Renner verkaufen, aber wir müssen sehr wohl überlegen, zu welchen Bedingungen wir welche Bücher einkaufen. Das ist für mich Professionalität. Auch Effizienz ist für uns wichtig – deswegen haben wir u. a. inzwischen auch einen Computer.«[43]

Neben dem Angebot der neu entstehenden Frauenverlage mussten die Programme der anderen Verlage durchgearbeitet werden, um zu sehen, welche Bücher für Frauen brauchbar waren. Es waren – neben Literatur – nur wenige, die bis dahin aus den USA bzw. Frankreich gekommen waren, wie die bereits oben genannten: Simone de Beauvoir, Betty Friedan, Germaine Greer, Kate Millett und Shulamith Firestone. Selbst Virginia Woolf musste erst von der neuen Frauenbewegung wiederentdeckt werden.

Labrys, der zweite Frauenbuchladen in Berlin, wurde von zwei Frauen aus der Frauen- und Lesbenbewegung gegründet »mit dem Mut der Verzweiflung über mangelnde Frauenprojekte«[44]. Die ersten sechs Jahre hatten sie einen Laden in der Kreuzberger Yorckstraße in der Nähe des damaligen Frauenzentrums, wo es aber ansonsten kaum Laufpublikum gab, bis sie 1981 in größere Räumlichkeiten in der Schöneberger Hohenstaufenstraße umziehen konnten. Dort drohte ihnen nach etwa zwei Jahren der Bankrott, wobei unklar war, ob es an dem neuen Ort lag oder am inzwischen größer gewordenen feministischen

42 Ebd.
43 Ebd.
44 Labrys. In: Selbstdarstellung, S. 81.

Sortiment anderer Buchhandlungen. Die Krise konnte jedoch bewältigt werden. Angesprochen darauf, warum sie unter diesen Bedingungen ihrer Arbeitssituation (niedriges Gehalt, das seit 14 Jahren nicht erhöht wurde) überhaupt weitermache, sagte die namentlich nicht genannte Besitzerin: »Aus Trotz!«[45]

Es gab dort alles, was das »frauenbewegte Herz begehrt – von Lesbenliteratur, feministischer Theorie, Herstory bis zum Krimi«[46], Themenschwerpunkte waren: »Kunst und Literatur, Faschismus und Dritte Welt, Psychologie, Medizin und Soziologie.« Die Bücher mussten von Frauen verfasst sein, Ausnahmen gab es nur in der Sekundärliteratur, hier gab es auch Bücher von Männern. Zielgruppe waren hauptsächlich Studentinnen, was sich auch an ihrem Angebot zeigte, das eher linksintellektuell war. Barbara Hoyer, die etwa von 1981 bis 1982 im Buchladen mitarbeitete, wies mich in einem Interview auf die Wichtigkeit von Heidi Giesenbauer (1948–2007) hin, die mit »Leidenschaft und Sachverstand als Tragende und Prägende« von Anfang bis Ende im Laden mitgearbeitet hat.

Lesungen in Buchhandlungen finden zwar oft statt, werden aber meist nicht in Büchern festgehalten. Bei *Labrys* gibt es eine Ausnahme: die Lesung von Charlotte Wolff, der lesbischen Ärztin, Psychologin und Wissenschaftlerin, die als Jüdin Deutschland bereits im Mai 1933 verlassen musste[47] und über Frankreich 1936 nach London floh, wo sie den Rest ihres Lebens blieb. Wolff bezeichnete sich als »internationale Jüdin mit britischem Pass« und wurde von 1978 vom Frauenbuchladen Labrys und der Gruppe L 74, der ersten Lesbengruppe seit dem Zweiten Weltkrieg, nach Berlin eingeladen. Über diesen Besuch schreibt sie ausführlich in ihrer Autobiografie *Augenblicke verändern uns mehr als die Zeit*: »Die Frauen, die ich bei Labrys traf, waren entweder Freun-

45 Ebd., S. 83.
46 Ebd., S. 81 f.
47 S. Doris Hermanns: *»Und alles ist hier fremd«*.

dinnen oder sie hatten untereinander Liebesbeziehungen oder beides. War es ihre Intimität, die diese außerordentliche Atmosphäre in dem kerzenerleuchteten Raum ausmachte? (...) So war denn der Abend ein reines Fest für die ›verlorene Kollegin‹, die zurückgekommen war, um von einem anderen Leben und einer anderen Welt zu erzählen. Niemals zuvor hatte ich mich in der Gegenwart anderer Frauen so erwünscht gefühlt. (...) Diese Freundlichkeit und Wärme meiner Gastgeberinnen zählten für mich mehr als unsere gemeinsamen Ziele.«[48]

Über den Frauenbuchladen schreibt Charlotte Wolff weiter: »Im Laufe meines Lebens hatte ich Christiane und Heidi näher kennengelernt. Sie sind die ›Seele‹ des Buchladens Labrys, den sie 1975 gründeten und in dem bald ein Frauen-Kollektiv mehr zu bieten hatte als eine Auswahl feministischer Literatur. Die Frauen pflegen einen persönlichen Kontakt zu ihren Kundinnen, beraten sie, falls dies erwünscht ist, spenden Trost, wenn eine Frau Trost benötigt. Die Gehälter, die sie sich auszahlen, müssen niedrig gehalten werden, um das Projekt finanziell am Leben zu erhalten. Verschiedene Frauen arbeiten dort auch nur zeitweise, weil sie noch eine andere Arbeit haben. Bei Labrys arbeiten Lehrerinnen, Dozentinnen, Journalistinnen, sogar eine Ärztin. Sie alle haben es sich zur Aufgabe gesetzt, feministisches Wissen zu verbreiten.«[49] Zu diesem Wissen dürften auch die Bücher von Charlotte Wolff gehört haben, die ab 1970 in deutscher Übersetzung erschienen.

Nach München und Berlin folgten in den nächsten Jahren in schnellem Tempo Gründungen von Frauenbuchläden in zahlreichen Städten. Ab den 1980er Jahren gab es in über 40 Städten Frauenbuchläden, deren Namen so unterschiedlich wie ihr Programm waren: *Elisara* (Augsburg), *Labrys, Lilith* und *Miranda* (Berlin), *Bambule* (Bielefeld), *Amazonas* (Bochum), *Nora* (Bonn), *Hagazussa* (Bremen), *Zimpzicke* (Dortmund),

48 Charlotte Wolff: *Augenblicke verändern uns mehr als die Zeit*, S. 283 f.
49 Ebd., S. 293 f.

Frauen-Bücher-Zimmer (Düsseldorf), *Donna.lit* (Frankfurt), *Laura* (Göttingen), *Luzia* (Karlsruhe), *Aradia* (Kassel), *Tian* (Leipzig), *Die kleine Eule* (Lindau), *Hexenhaus* (Lüneburg), *Xanthippe* (Mannheim), *Lillemors* (München), *Chrysalis* (Münster), *Violetta* (Oldenburg), *Mother Jones* (Osnabrück), *Thalestris* (Tübingen), *Sappho* (Wiesbaden), *Lesen und Schreiben* (Wilhelmshaven), *Dröppel(f)emina* (Wuppertal). Manche nannten sich aber auch einfach nur *Frauenbuchladen,* und zwar die in Aachen, Braunschweig, Hamburg, Heidelberg, Kempten, Köln, Nürnberg und Stuttgart. In Regensburg gab es 1986 ein Frauenkollektiv, das in der *Virginia*[50] unter den Frauenbuchläden gelistet ist, vermutlich eine angedachte oder geplante Neugründung, die dann nicht zustande kam. In einer gemeinsamen Werbeanzeige in der *Courage* hieß es: »für DIE fahr ich meilenweit«.[51]

Am Ende dieses Buches findet sich eine Übersicht darüber, wann es welche Buchläden in welcher Stadt gegeben hat – insofern sich dies herausfinden ließ. Hier gibt es einen Einblick in einige von ihnen.

Zu den ersten gehörte der ***Frauenbuchladen* in Wiesbaden**. Seine Gründung ergab sich 1976 aus der Arbeit im Frauenzentrum. Im Buchladen wollten die Frauen fortsetzen, was sie im Frauenzentrum theoretisch vertreten hatten. Von Anfang an war geplant, dass es dort bezahlte Arbeitsplätze geben sollte, die Umsetzung davon sollte allerdings noch auf sich warten lassen, da sie mit einem Kollektiv von sieben Frauen anfingen. Aus dem Frauenbuchladen in Wiesbaden gingen 1978 der Frauenbuchversand und der Frauenliteraturvertrieb hervor. Anke Schäfer, die ausgebildete Buchhändlerin war, bildete dort im Laufe der Jahre über zwanzig Frauen zu Buchhändlerinnen aus.

Einen Frauenbuchversand gab es auch von der Ann Thorsson GmbH in Büdingen, dieser inserierte bereits 1977 in der *Courage*.

50 *Virginia Frauenbuchkritik,* Heft 1 vom Oktober 1986, S. 19.
51 *Courage,* Heft 6 von 1983, S. 8.

1978 eröffnete der ***Frauenbuchladen* in Frankfurt am Main** seine Räume in Uninähe. Dieser sollte ein Ort für Frauen sein, aber er stand – obgleich mir das ein Widerspruch in sich zu sein scheint – auch für Männer offen. Anspruch war eine kompetente Beratung im Fachgebiet »Frauen«. Seit 1993 gab es ein neues Team aus drei Frauen, die von ihrem Gehalt lebten.[52] Ein Schild mit der Aufschrift »Frauenbuchladen« am Café Albatros, das die Räume bezogen hat, als der Buchladen schließen musste, weist noch heute auf die Vormieterinnen hin.

Der Frauenbuchladen ***Annabee*** in Hannover ist aus dem Frauenzentrum entstanden, wo auch die ersten Bücher verkauft wurden, einen Laden gab es seit 1978. Der Buchladen existiert bis heute unter diesem Namen, ist aber seit 1988, als er sein Sortiment veränderte, kein Frauenbuchladen mehr, auch wenn einer der Schwerpunkte noch immer Feminismus ist.

Geführt wird er immer noch von einem Frauenkollektiv, versteht sich aber heute als »linker Buchladen mit weiterhin viel Raum für frauenspezifische Literatur«. Auf die Buchhandelsgeschichte wird auf der Website hingewiesen.[53]

1977 wurde neben dem ***Frauenbuchladen* in Heidelberg** auch der in Köln gegründet: ***Rhiannon,*** benannt nach der keltischen Göttin gleichen Namens. Während es 1977 erst eine »Handvoll Titel in zwei Regalen« gab, wuchs das Angebot stetig. 1997 waren die Mitarbeiterinnen ausgebildete Buchhändlerinnen und bildeten seit zehn Jahren auch interessierte Frauen zur Buchhändlerin aus.[54]

Im gleichen Jahr, also 1977, eröffneten auch ***Laura,*** der Frauen- und Kinderbuchladen in Göttingen, den es bis heute gibt, und *Lilith* in Berlin.

52 Der Frankfurter Frauenbuchladen: Hurra – wir werden volljährig! 18 Jahre und brandaktuell wie am ersten Tag! In: *Virginia Frauenbuchkritik,* Heft 16 vom März 1994, S. 26.

53 https://www.annabee.de/ueber-uns/

54 Zwanzig Jahre Kölner Frauenbuchladen. In: *Virginia Frauenbuchkritik,* Heft 23 vom Oktober 1997, S. 26.

Neu hinzu 1978 kam ***Xanthippe*** in Mannheim. Der Laden wurde nach der angeblich zänkischen Xanthippe benannt[55], »um klar zu machen, dass jetzt Schluss war mit den Frauen, die immer und vor allem nett und pflegeleicht waren. Schimpfen ist eine Form des Aufbegehrens«.[56] Der Buchladen verstand sich als aktiver Teil der Frauenbewegung und wollte sinnvolle Arbeitsplätze schaffen.[57]

Zeitweilig gab es auch einen Frauensportverein namens »Xanthippe springt im Quadrat«, wo Volleyball gespielt und Selbstverteidigung trainiert werden konnte.[58]

Ebenfalls 1978 gründete sich der Frauenbuchladen in Bochum, der sich zehn Jahre später den Namen ***Amazonas*** gab. Vor der Bezugnahme war an dieser Adresse bereits das Frauenzentrum zu finden. Im Umfeld des Bochumer Frauenbuchladens entstand auch *Ihrsinn, eine radikalfeministische Lesbenzeitschrift*, die von 1990 bis zum Schlussakkord mit Heft 29 im Jahr 2004 erschien.

Der ***Hamburger Frauenbuchladen*** entstand als Projekt der autonomen FrauenLesbenbewegung und hieß die neun Jahre, in dem er von Lesbenkollektiven geführt wurde, ***von heute an.*** 1986 kündigte das Kollektiv die Schließung des Ladens an, denn: »Die Lesben- und Frauenbewegung in Hamburg hat in den letzten Jahren eine Entwicklung genommen, die in vielerlei Hinsicht bedenkenswert und beängstigend ist. Sowohl zahlenmäßig als auch inhaltlich/politisch ist seit Jahren ein steter Rückzug zu beobachten. Immer weniger Frauen kämpfen kontinuierlich für die Erhaltung/Ausweitung der Freiräume, die die autonomen Frauen in den siebziger Jahren erkämpft haben.«[59]

55 Wie auch der Amsterdamer Frauenbuchladen.

56 Ebba D. Drolshagen: Regine Elsässer, S. 20.

57 https://blog.buecherfrauen.de/xanthippe-generationenwechsel-im-frauenbuchladen/

58 Frauenbuchläden stellen sich vor: Frauenbuchladen Xanthippe. In: *Virginia Frauenbuchkritik,* Heft 20 vom Oktober 1995, S. 23.

59 Hamburg »von heute an« – Frauenbuchladen geschlossen. »gibt es ein Leben nach dem Frauenbuchladen?«. In: *Tarantel.* Frauenzeitung aus Bielefeld. Ausgabe Nr. 14, April/Mai 1986, S. 6.

Der Buchladen wurde dann aber von anderen Frauen, ebenfalls ein Lesbenkollektiv, weitergeführt und nannte sich seit 1986 *Frauenbuchladen & Café*. Zu ihrem zwanzigjährigen Geburtstag 1998 wiesen die Frauen darauf hin, dass sich der Laden im Laufe der Jahre als professionelle Fachbuchhandlung etabliert hat. In dem Jahr hatte eine neue, engagierte Gruppe von Buchhändlerinnen den Laden übernommen, deren Ziel es war, »diese nette Selbstverständlichkeit Frauenbuchladen erfolgreich und sicher in das nächste Jahrtausend zu geleiten«[60] – was ihnen auch gelungen ist.

1978 war auch das Jahr, in dem Anke Schäfer den ***Frauenbuchversand*** gründete, der mit dem Wiesbadener Frauenbuchladen zusammenarbeitete. Jährlich wurde ein Neuerscheinungskatalog zusammengestellt und ab 1986 zusammen mit der *Virginia Frauenbuchkritik* an etwa 5.000 Adressen geschickt. Für viele Frauen war damals der Postweg die einzige Möglichkeit, Informationen über Frauenliteratur zu bekommen und diese gleich zu bestellen. Der Frauenbuchversand wurde 1994 eingestellt, als er sich nicht mehr gegen die neu aufkommenden Internetbuchhandlungen behaupten konnte.

Der ***Frauenbuchladen Nürnberg*** brach 1979 unter dem Motto »Im Risiko liegt die Intensität« auf, um sich für weibliches Schreiben und feministische Literatur zu engagieren. Der Laden war nicht nur »Buchhandlung, sondern auch Planungsort für vielerlei Aktionen und Anlaufstelle für unterschiedlichste weibliche Interessen«[61] und immer auch »Platz für politisch-persönliche Auseinandersetzungen«[62]. 1992 gab es dort eine Ausstellung zu Exilschriftstellerinnen, und das Thema nahm auch weiterhin einen besonderen Platz im Laden ein. Nicht nur durch die Zusammenarbeit mit *Zitronen und Südfrüchte – Kunst- und Kultur-*

60 20 Jahre Frauenbuchladen Hamburg. In: *Virginia Frauenbuchkritik,* Heft 25 vom Oktober 1998, S. 32.

61 Im Risiko liegt die Intensität – 25 Jahre Frauenbuchladen Nürnberg. In: *Virginia Frauenbuchkritik,* Heft 36 vom Oktober 2004, S. 3.

62 Frauenbuchladen Nürnberg. In: *Virginia Frauenbuchkritik,* Heft 14 vom März 1993, S. 20.

zentrum für Lesben und Heteras im gleichen Haus hatten sie engen Kontakt zur autonomen Frauenbewegung: »Dank der Literatur wird uns immer wieder bewußt, daß wir auch ein winziger Teil der Welt-Frauenbewegung sind.«[63]

Weitere Gründungen gab es in Aachen und Kassel, deren späterer Name war ***Aradia,*** der Sage nach die Tochter der Göttin Diana, die zu den Menschen gesandt wurde, um sie Zauberei und Hexerei zu lehren, damit sie sich gegen Unrecht und Ausbeutung wehren können[64]. Beim Umzug ihres Ladens nach über zwölf Jahren stellten die Kasseler Frauen nach wie vor fest: »Wir verstehen uns als Teil der autonomen Frauen-/Lesbenbewegung und wünschen uns, daß der Laden nicht nur Verkaufsraum ist, sondern auch ein Ort der Kommunikation unter Frauen.«[65] Sie betonen weiterhin die Zusammenarbeit mit anderen Frauenprojekten durch das monatliche Frauenprojekte-Plenum.

Im gleichen Jahr gründete sich der Frauenbuchladen ***Thalestris*** in Tübingen. »Neckar-Amazonen« nennen sich drei Frauen, denn der Name des Buchladens geht zurück auf die gleichnamige Amazonenkönigin. 2009 beschrieb Kornelia Wagenblast, die zu den Gründerinnen von *Thalestris* gehört, wie sich die Arbeitssituation im Laden geändert hat: »Früher haben die Frauen Flugblätter im Laden geholt, heute haben wir zu vielen Kontakt per Internet.«[66] Zum Angebot im Internet »gehören aber auch regelmäßige Lese-Tipps per Newsletter und Hinweise auf Veranstaltungen der Frauen- und Lesben-Szene in und um Tübingen.«[67] Auch in den Sozialen Medien wie Facebook sind die Frauen sehr aktiv.

63 Ebd.

64 Aradia in neuen Räumen. Der Kasseler Frauenbuchladen zieht um! In: *Virginia Frauenbuchkritik,* Heft 16 vom März 1994, S. 26.

65 Ebd.

66 In: Pia Grund-Ludwig: »Der Frauenbuchladen ist unsere feministisch-politische Wahlfamilie«.

67 Ebd.

Der ***Frauenbuchladen Bielefeld*** wurde 1979 von einer Gruppe von 18 Frauen zwischen 20 und 59 Jahren gegründet[68], später wurde er in ***Bambule*** umbenannt. Lange Zeit wurde er von drei Frauen, ab 1991 nur noch von zwei neuen Frauen geführt. Der Laden war immer eng mit anderen Bielefelder Frauenprojekten verbunden, so gab es damals ein monatliches Frauenprojekteplenum.

Geplant war die Übernahme 1991 ursprünglich von drei Frauen, von denen jedoch eine abgesprungen war. Eine der beiden Neuen war Catrin Weber, die dazu schreibt: »Die anderen haben aufgehört, wir waren quasi die neue Generation, es war völlig klar, dass wir den Namen behalten, aber wir wollten frischen Wind reinbringen, mehr Kundinnen erreichen, hatten viele Ideen und reichlich Enthusiasmus. Der Laden war schon gut vernetzt, es gab in Bielefeld eine große Buchladendichte, dann eröffnete noch das Kaufhausprojekt Gemini mit Büchern und Schallplatten, als Gegengewicht wurde die Literaturoffensive gegründet, in dieser waren einige Buchläden organisiert, und auch der Frauenbuchladen.«[69] Rückblickend schreibt sie, wie unvorstellbar es heute ist, mit wieviel »Herzblut und Enthusiasmus und der Power von ›Mitte 20‹ wir das Projekt begonnen haben, wer dachte damals schon an die Rente«.[70]

Es sollten fünf bewegte Jahre werden, denn 1996 mussten sie den Laden schließen: »Schon 1995 sah es sehr schlecht aus, wir haben dann um Hilfe gerufen, und es wurde eine Unterstützerinnengruppe gegründet, die den Zweck hatte, eine Vielfrauen GmbH zu gründen, und den Buchladen für die Zukunft aufzustellen, Christine und ich waren Teil der Gruppe. Die Gruppe hat für viel Aufmerksamkeit in der Presse etc. gesorgt, Veranstaltungen gemacht, sich echt viel Mühe gemacht, und es kam auch einiges an Geld zusammen. Aber am

68 Dora Hartmann: Mit Niveau und nur für Frauen, S. 212.
69 Catrin Weber: Erinnerungen von Catrin Weber.
70 Ebd.

Ende hat es nicht gereicht. Das Projekt wurde gecancelt, die Gelder zurückgezahlt, und wir haben den Ausverkauf gestartet. Das war eine schreckliche Zeit. Schon vorher die Jahre der Existenznot, und dann das bittere Ende. Ich habe den Laden geliebt, ihn dann aufzulösen hat mir schon das Herz gebrochen. Es existieren heute noch Bücher, oder Regalteile, dann freue ich mich, wenn ich mich erinnere. Aber das hat Jahre gebraucht. Ein Frauenprojekt zu schließen war für mich eins der schlimmsten Dinge, die ich erfahren musste. Bücher waren mir die liebste Ware, mit der ich gearbeitet habe, selbstständig sein und eigenverantwortlich arbeiten, in einer Szene eingebunden sein, das alles ging verloren. Am Ende blieben uns die Schulden. Die haben wir noch viele Jahre lang abbezahlt. Ich habe viel gelernt in dieser Zeit, das meiste davon hat mich danach beruflich auch weitergebracht. Unterm Strich bereue ich es nicht.«[71] Natürlich war nicht alles eitel Sonnenschein. Und so schreibt sie weiter: »Natürlich gab es auch viele Frauen die unsere Freundlichkeit oder die Solidarität unter Frauen schamlos ausgenutzt haben, indem sie stundenlang in teuren Büchern gelesen haben oder ihre Babys auf unserem Neuerscheinungstisch gewickelt haben ..., da gab es schon skurrile Szenen ..., es wurde auch geklaut, aber unterm Strich war es das alles wert.«[72]

1979 eröffnete auch das ***Frauen-Bücher-Zimmer*** in Düsseldorf, das 1993 in Frauenbuchladen umbenannt wurde, ab 2003 wurde der Name mit ***Buch am Dreieck*** ergänzt. In Stuttgart wurde im selben Jahr ***Lavender*** eröffnet. Insgesamt gab es dort im Laufe der Jahre drei Läden, ab 1987 den zweiten, der sich nur Frauenbuchladen nannte, ab 1995 dann den dritten, ***Goudou.***

In Bremen öffnete der Frauenbuchladen 1980 seine Türen. Ab 1983 nannte er sich ***Hagazussa*** und seit 1993 nicht mehr Frauenbuchladen,

71 Ebd.
72 Ebd.

sondern »Buchhandlung für feministische und lesbische Literatur«: »Denn die Vermarktung von Frauenliteratur hat in den letzten Jahren beachtliche Formen angenommen. Angesichts dessen schien es uns wichtig, deutlich zu machen, daß es sich bei unserem Buchangebot eben nicht nur um Literatur von Frauen handelt, sondern um feministische Frauenliteratur bzw. um Literatur von und für Lesben. Weiterhin betrachten wir uns als eine politische Buchhandlung.«[73]

Auch der ***Frauenbuchladen in Braunschweig*** sah sich als fester Bestandteil der Frauenbewegung, fügte aber hinzu: »Aber auch Frauen, die eher wenig mit Feminismus ›am Hut haben‹, kommen wegen der guten Beratung und der netten Atmosphäre in den wirklich beeindruckend großen Laden.«[74] Zusammenarbeiten gab es mit dem Frauenkultur- und Kommunikationszentrum SPINSTERS.

1981 wurde nach langen Vorüberlegungen der ***Frauenbuchladen in Kassel*** gegründet. Die Initiative ging von drei Frauen aus, die zu der Zeit im linken Buchhandel in Kassel gearbeitet hatten, außerdem waren Frauen dabei, die einen Büchertisch an der Gesamthochschule organisierten. Sie begannen organisatorisch als Verein, da sie als Grundkapital für eine GmbH 50.000 DM benötigt hätten. Dazu hatten sie sich vorher andere Buchladenkollektive angesehen und fanden dies für sich passend.[75] Geld brauchten sie natürlich trotzdem, und sie erhielten Darlehen von einzelnen Frauen, »erstmal unbegrenzt, mindestens für ein Jahr und unverzinslich«.[76]

Ihr Plan für den Frauenbuchladen war: »Wir wollten einen Laden, in dem Frauen sich treffen können, der als Anlauf- und Informations-

73 Hagazussa: feministische und lesbische Literatur in Bremen. In: *Virginia Frauenbuchkritik,* Heft 18 vom März 1995, S. 18.

74 FrauenBuchLaden. Fast achtzehn Jahre alt und kollektivistisch wie am ersten Tag: Der Braunschweiger Frauenbuchladen. In: *Virginia Frauenbuchkritik,* Heft 17 vom Oktober 1994, S. 17.

75 Frauenbuchladen Arkadia: Es geht nicht um die Bücher, S. 10.

76 Ebd.

stelle für die Kassler Frauen (und nicht nur für die aus der Bewegung) dienen sollte,

- der ein breites Sortiment an Frauenbüchern, Zeitschriften etc. hat
- der Gruppen und Projekten die Möglichkeit bietet, sich darzustellen
- der Lesungen und Ausstellungen anbietet
- der bei frauenpolitischen Aktionen mitmacht oder dazu Stellung nimmt.«[77]

Sie stimmten auch darüber ab, ob Männer in den Laden durften oder nicht; eine knappe Mehrheit entschied sich dafür, dass der Laden ausschließlich für Frauen sein sollte.

Anfangs waren 15 Frauen an dem Projekt beteiligt, wie auch bei anderen Frauenbuchläden sollten alle Arbeiten von allen gemacht werden. Ausnahme war nur die Buchführung. Dabei war es nicht möglich, Löhne zu bezahlen. Wenn Gewinne erwirtschaftet wurden, dann wurde das Geld in den Laden gesteckt.

»Die Bücher haben nie im Mittelpunkt des Projektes gestanden; sie sind der Punkt, um den herum eine Gruppe von Frauen den Arbeitszusammenhang mit Frauen ausprobieren und kennenlernen will.«[78]

In Oldenburg hieß der Frauenbuchladen Anfang der achtziger Jahre ***die zunehmende mond*** und schloss bereits nach einem guten Jahr. 1990 wagten einige Frauen unter dem Namen ***Violetta – eine buchhandlung für frauen*** einen Neuanfang in einem kleinen Laden mit Kaffee-Ecke. Sie sahen ihre Buchhandlung als »ort, wo – in worte gefaßt, gedruckt, gebunden – frauenwelten wirklich wird durch die frau, die sie liest, wirk-lich in unserem sprechen über oder auch mit ihren bildern ... miteinander.« Und sie betonten die Bedeutung des Ortes: »wir brauchen diesen ort, wo frauen – vielfältig und unterschiedlich

77 Ebd.
78 Ebd., S. 11.

– einander begegnen können; einen ort, aus dem frauen sich bewegen.«[79] Ab 2004 nannte sich der Frauenbuchladen ***Calendula und Violetta.***

Nach der Wiedervereinigung gab es ab 1991 auch Frauenbuchläden im Osten des Landes, von denen ***Tian*** in Leipzig der erste war. Die ***Pusteblume*** Buchhandlung für Frauen und Kinder in Dresden folgte 1993. Der Laden bestand aus drei Räumen: Im ersten gab es Belletristik und Geschenke, im zweiten – Frauenzimmer genannt – waren Sachbücher von Feminismus bis Esoterik zu finden und das dritte war das Kinderzimmer mit Kinderbüchern. Die damalige Inhaberin Cornelia Maul betont in ihrer Selbstdarstellung die Zusammenarbeit mit dem Frauenzentrum Sowieso und dem Frauenbildungszentrum.[80]

Nach einer langen Pause wurde 2013 in Berlin ***FEMBooks*** gegründet, die erste Internetbuchhandlung für feministische und emanzipatorische Literatur. Geplant war zwar eine Buchhandlung mit Ladengeschäft in Berlin, die jedoch nicht zustande kam, auch der Webshop wurde 2023 wieder geschlossen. Es gibt nur noch einen Lagerabverkauf.[81]

Weitere elf Jahre vergingen, bis Monica Tschanz 2024 in Berlin mit ihrer ***FrauenLesbenBuchhandlung*** einen Neustart wagte. Diese liegt gleich neben dem Frauenkulturzentrum Begine und ist Untermieterin im Ladenlokal des Frauenreiseunternehmens *Frauen Reisen – Frauen unterwegs.* Somit ist die Buchhandlung bestens in der Frauenbewegung und deren Projekten vernetzt.

79 Violetta – ein buchhandlung für frauen – in oldenburg. In: *Virginia Frauenbuchkritik,* Heft 10 vom März 1991, S. 7.

80 Botschaften, die ihre Ziele erreichen. Der Frauenbuchladen in Dresden. In: *Virginia Frauenbuchkritik,* Heft 23 vom Oktober 1997, S. 26.

81 https://www.fembooks.de/

Österreich und Schweiz

Auch in Österreich gab und gibt es Frauenbuchläden. In Wien begann es von 1975 bis 1977 mit Büchertischen im Frauenzentrum. Helga Widtmann, die dort mitgearbeitet hat, erinnert sich: »Vier Frauen aus dem Frauenzentrum haben eine Ges.m.b.H. gegründet, um ein ***Buchcafé für Frauen*** zu eröffnen, um sowohl Bücher anzubieten als auch eine Kontaktmöglichkeit außerhalb des Frauenzentrums. In den ersten Jahren hat sich ein Kollektiv aus ca. 7 Frauen herausgebildet, ab 1996 hat sich das Kollektiv aufgelöst und eine Frau, d. h. ich, hat die Buchhandlung mit einer weiteren Buchhändlerin und Aushilfen, d. h. für wenige Stunden Angestellte, weiterbetrieben. Anfangs war eine Buchhändlerin dabei, später haben mehrere Frauen die BuchhändlerInnenprüfung gemacht, und wir haben auch selber ausgebildet, allerdings nur eine Frau.«[82]

Die Frauen haben sich einen Kollektivlohn bezahlt. Die Auswahl der Bücher im Kollektiv zu treffen, wurde schnell auf zwei Frauen begrenzt. Sie wollten ein möglichst breites Sortiment anbieten und verschiedene Strömungen der Frauenbewegung abbilden, wobei sich auch ein Lesbenschwerpunkt herausbildete.

Einen zweiten Frauenbuchladen in Österreich gab es in Graz: die Feministische Buchhandlung ***Berta – Bücher und Produkte***, die von 2007 bis 2011 existierte und von Leni Kastl geführt wurde.[83]

Heute gibt es in Wien die ***Buchhandlung ChickLit*** für feministische Unterhaltung. Diese entstand, nachdem sich die Redaktionsfrauen der vom Verein zur Förderung feministischer Projekte von 1980 bis 2011 herausgegebenen ***AUF – Eine Frauenzeitschrift***, dazu entschlossen hatten, die Zeitschrift einzustellen. »Der Verein betreibt jetzt als neues Projekt die feministische Buchhandlung ChickLit. Hier findet Ihr

82 Mail von Helga Widtmann an die Autorin vom 11. August 2024.
83 Ebd.

feministische/lesbische Theorie, feministische und LGBTIQ-Romane, Graphic Novels, Kinder- und Jugendliteratur und diverse andere kleine Abteilungen.«[84]

Den ersten ***Frauenbuchladen*** in der Schweiz gab es ab 1974 in Basel. Alleinige Inhaberin war Annemarie Pfister. Bis Herbst 2001 war er in der Anzeige der Frauenbuchläden in der *Virginia* noch als solcher gelistet, doch als Annemarie Pfister 2019 in Rente ging und den Laden weitergab, war er schon lange kein Frauenbuchladen mehr.

In Zürich wurde 1976 der zweite Schweizer Frauenbuchladen von Regula Schenk gegründet. »Der Frauenbuchladen war aber nicht nur ein Ort, wo frau Bücher kaufen konnte, sondern auch eine Art Frauenzentrum: Es gab Kaffee und ein Kanapee, wo Treffen stattfanden, und nicht wenige Projekte und Netzwerke nahmen an diesem Ort ihren Anfang. Die Betreiberinnen des Frauenbuchlandens verschickten jeweils Bücherkataloge an Interessentinnen in der ganzen Schweiz – aber immer ohne Absenderin: Es wurde nicht von allen gern gesehen, dass Frauen feministische Literatur lasen.«[85] 1982 wurde der Buchladen von Ulla Balzer übernommen, ab 1998 gab es auch ein Online-Angebot, er musste aber 2001 wegen Konkurs schließen.[86]

Den nachweislich dritten Frauenbuchladen gab es in Bern, geführt von Irene Candinas, zwischen 2002 und 2010.[87]

Das Angebot

Auch wenn in den Frauenbuchläden der Verkauf von Büchern an erster Stelle stand, so gab es in allen auch ein breites Angebot an anderen Produkten aus der Frauenbewegung: Schallplatten (später CDs) von

84 http://chicklit.at/de

85 Die RosaRoten Seiten. Das Verzeichnis der Zürcher Frauenräume, 2015, S. 17. Zitiert nach: https://l-wiki.ch/Frauenbuchladen_Z%C3%BCrich

86 https://l-wiki.ch/Frauenbuchladen_Z%C3%BCrich

87 Die Angaben habe ich der Anzeige der Frauenbuchläden in diesem Zeitraum in der *Virginia Frauenbuchkritik* entnommen. Abweichungen sind daher möglich.

Künstlerinnen aus der Frauen-/Lesbenbewegung, erst noch aus den USA (wie Chris Williamson und Alix Dobkin), später zunehmend auch aus Europa (wie Ova) und vor allem aus Deutschland (wie Flying Lesbians, Schneewittchen, Carolina Brauckmann mit ihren wunderbaren Lesbengesängen, Ausserhalb), Schmuck (teilweise importierten Frauen Doppeläxte aus Griechenland), Buttons, Plakate, Sticker, Postkarten, Kalender (wie der *Frauenkalender*, *Tag für Tag*, *Lesbenkalender*, *Wir Frauen*, später kamen noch die Wandkalender aus verschiedenen Verlagen dazu), zahlreiche feministische lokale Zeitungen (wie die *Tarantel* aus Bielefeld und die *Mathilde* aus Darmstadt), Programme von feministischen Kongressen sowie Sommerunis in Berlin, Frauenwochen, Lesbenwochen. Auch gebrauchte Bücher und internationale Literatur (also Bücher in anderen Sprachen, vor allem englische, aber auch teilweise französische) wurden in einigen Läden verkauft. In späteren Jahren nahmen einige Buchhandlungen auch Naturkosmetik in ihr Sortiment auf. Diese zusätzlichen Angebote waren in den verschiedenen Buchläden jeweils sehr unterschiedlich.

Zum Angebot schreibt Catrin Weber vom Bielefelder Buchladen: »Mit der Esoterik, Astrobüchern etc. haben wir uns schwer getan, selber lesen wollten wir die nicht (alle), waren uns aber damals schon bewusst darüber, dass die Inhalte problematisch sein konnten und eine gewisse Nähe zum rechten Gedankengut oft kein Vorurteil war, sondern Realität. Daher haben wir diese Sparte runtergefahren.«[88] Das gilt ganz sicher nicht für alle Frauenbuchläden, da die Schwerpunkte und Ansätze wie auch in der Frauenbewegung sehr verschieden waren.

Vor allem aber waren die Frauenbuchläden Treffpunkte, an denen es Informationen über die Frauenbewegung gab. Nicht nur über lokale Initiativen und Projekte, sondern auch über anstehende Frauenwochen, Lesbenwochen, Sommerunis oder was auch immer gerade in

88 Catrin Weber: Erinnerungen von Catrin Weber.

anderen Städten organisiert wurde. In eine andere Stadt zu kommen, bedeutete oft, erst einmal in den Frauenbuchladen zu gehen, denn dort gab es in der Regel alles Wissenswerte. So haben wir bei unserem ersten Amsterdam-Besuch einen Übernachtungsplatz gefunden, der nur für Frauen war. Offiziell angekündigt war dieser nie, aber immer voll.

Einmal im Jahr trafen sich die Buchladenfrauen überregional »im Frauenlandhaus Zülpich oder Anraff, um uns auszutauschen, Bücher zu diskutieren und zu aktuellen Themen Stellung zu nehmen, sei es durch Veranstaltungen oder Schaufenster«.[89]

Als schöne Kooperation zwischen den Frauenbuchläden erinnert sich Ulrike Janz vom Bochumer Frauenbuchladen an die von den Tübinger Buchladenfrauen geplante gemeinsame Fahrt mit 30 Frauen aus Tübingen zur Internationalen Feministischen Buchmesse in Barcelona.[90]

Für Neulinge der nächsten Generation scheint der Einstieg dort allerdings etwas schwierig gewesen zu sein. So schrieb mir Catrin Weber vom Bielefelder Frauenbuchladen: »Wir sind in dieser Zeit 2 x zum Frauenbuchladentreffen gefahren, mir hat es dort meistens nicht gefallen, ich fand diese Treffen elitär und anstrengend, selten gute Momente dort gehabt. Aber wir waren auch sehr jung mit Mitte 20, die meisten dort waren älter und auch erfahrener …«[91]

Zusammenfassend schrieb mir Ulrike Janz: »Ich finde nach wie vor, dass wir als Frauenbuchläden eine großartige und enorm wichtige Arbeit geleistet haben; und ein ganz wichtiger Teil der feministischen Bewegung(en) waren. Und auch das Netzwerk zwischen Frauenbuchläden, Frauenverlagen und weiteren ›FrauenbuchFrauen‹ wie Dich war gesellschaftlich/politisch bedeutsam – persönlich für jede von uns,

89 Ilona Bubeck: Lesbisch-literarischer Spiegel, S. 225.
90 Mail von Ulrike Janz an die Autorin vom 30. März 2024.
91 Catrin Weber: Erinnerungen von Catrin Weber.

die aktiv dabei war, sowieso. Das Wissen darum ist bei den jungen Feministinnen heute, sowie ich es wahrnehme, weitgehend verloren gegangen.«[92]

Die Situation heute

Die Bielefelder Journalistin Dora Hartmann bezeichnete 1989 Frauenbuchläden noch »als nicht mehr wegzudenkende Erscheinung«[93], wies aber bereits darauf hin, dass zunehmend »Politik heute an die Macherinnen delegiert«[94] wird: »Die einst mühsam erkämpften Enklaven des Fortschritts werden schlicht konsumiert. Allerdings nicht einmal wirklich verläßlich, denn dann hätten diese Projekte weniger finanzielle Sorgen. Daß Frauenbuchläden zur Normalität des Alltags gehören, belegt nur scheinbar deren gesicherte Existenz. Daß dieser Alltag für solche Projekte mörderisch sein kann, muß immer wieder erinnert werden.«[95]

Diese Konsumhaltung, die nicht nur, aber auch Frauenprojekte betrifft, hat meines Erachtens seither noch zugenommen. Teilweise fanden Frauen den Weg in den Frauenbuchladen zu weit und kauften Bücher lieber gleich dort, wo sie gerade waren.

Und so sind von den etwa 50 Frauenbuchläden heute auch nur noch drei in Deutschland übriggeblieben: *Thalestris* in Tübingen, *Laura* in Göttingen und *Xanthippe* in Mannheim. Neu dazugekommen ist seit August 2024 die *FrauenLesbenBuchhandlung* in Berlin.

Es hat die unterschiedlichsten Gründe, warum Frauen in diesen Projekten aufgehört haben. Vor allem sind es finanzielle Ursachen gewesen. Soweit ich das überblicke, waren an den Gründungen zudem nur relativ wenige Buchhändlerinnen beteiligt. Die Buchläden wurden

92 Mail von Ulrike Janz an die Autorin vom 30. März 2024.
93 Dora Hartmann: Mit Niveau und nur für Frauen, S. 211.
94 Ebd., S. 212.
95 Ebd.

somit oft von Frauen ohne jegliche Vorkenntnisse in der Buchbranche gegründet, die zwar für die Frauenbewegung und für feministische Bücher brannten, aber ihre Perspektive war es nicht, davon zu leben. Viele konnten und wollten auf Dauer nicht (länger) unbezahlt arbeiten bzw. wollten oder mussten mehr verdienen. Oft studierten Frauen noch oder machten eine andere Ausbildung, aber es war nicht unbedingt ihr Berufswunsch, Buchhändlerin zu werden. Bei einigen wurde es das während ihrer Arbeit dort, etliche Frauen konnten dort auch eine Ausbildung machen, während andere in andere Berufe wechselten.

Auf den ersten Blick – der auf die reinen Zahlen – sieht dies nicht gerade wie eine Erfolgsgeschichte aus. Auf den zweiten Blick – und der richtet sich auf die Buchhandlungen im Allgemeinen – sieht es schon ganz anders aus. Denn seit der Hochzeit der Frauenbuchläden in den 1980er Jahren haben ja nicht nur die meisten Frauenbuchläden schließen müssen – wobei auch noch einmal gesondert nach den Gründen geschaut werden muss –, sondern auch zahlreiche andere unabhängige Buchhandlungen. Die Branche hat sich seither stark verändert: In den Innenstädten haben sich überall einige wenige Buchhandelsketten breitgemacht und seit Mitte der 1990er Jahre können Bücher online bestellt werden. Auch hier gibt es eine starke Marktkonzentration auf vor allem einen Anbieter. Das bedeutet für unabhängige Buchhandlungen, dass ihre Situation, die vorher bereits durch die geringen Gewinnmargen auf Bücher nicht einfach war, noch schwieriger geworden sind, so dass die Frage im Raum stand und steht, ob die kleinen – also die unabhängigen – Buchhandlungen aussterben.

Auswirkungen hat das bereits seit Langem auf die angebotenen und verkauften Bücher. In den Filialen der Ketten sind vor allem die Bestseller zu finden, möglichst gleich am Eingang in großen Stapeln ausgelegt. Der Einkauf wird zentral erledigt, unabhängige Verlage – zu denen auch die Frauenverlage zählen – werden dabei nicht berücksichtigt. So wird der Marktanteil für die Unabhängigen – sowohl Verlage als auch Buchhandlungen – immer kleiner, der Verkauf immer schwieriger. Auf der anderen Seite wird das Angebot eben immer beschränkter, da überall die gleichen Bücher ausliegen, und den Sortimenten fehlt es an Tiefe.

»Ob Männer oder keine entscheiden wir alleine«

Zu den Tabus der Frauenkollektive, über die Sibylle Plogstedt in ihrem Buch *Frauenbetriebe* schreibt, gehören auch Männer. »Männer als die Träger der geschlechtlich dominierten Macht. Als die Vertreter und Verantwortlichen des Patriarchats. Männer als diejenigen, die von der Arbeit der Frauen nutznießen. Männer als Gewalttätige, vor denen Frauen geschützt werden müssen.«[96] Und als Reaktion darauf wurden Räume von Frauen nur für Frauen geschaffen, zum einen als Freiraum und zum anderen, um eine eigene Kultur zu entwickeln.

Umstritten war – wie auch in anderen Frauenprojekten –, ob Männer Zugang zu den Frauenbuchläden haben sollten oder nicht. Die Antwort fiel bei unterschiedlichen Projekten zu verschiedenen Zeiten unterschiedlich aus. Männern, die bisher daran gewöhnt waren zu bestimmen und zu dominieren, fiel es gelinde gesagt schwer zu akzeptieren, dass es nun Orte gab, zu denen sie keinen Zutritt hatten. Manche wollten sich auch nicht damit abfinden und ließen ihrer Aggressivität freien Lauf. Im üblichen Mansplaining kamen Sprüche wie: »Ich bin ja für die Ziele der Frauenbewegung, aber nur, wenn ihr keine Männer rausschmeißt«, wie die Buchladenfrauen aus Bielefeld zitierten und fortfuhren: »Zuckerbrot und Peitsche. Teile und HERRsche, das alte HERRENspiel – von dem sie die Spielregeln bestimmen wollen. Nun hat sich also einer die Mühe gemacht und uns eine Art patriarchalische Unterweisung in Sachen Feminismus auf die Fensterfront gesprüht. ›Ihr Frauen dieses Ladens bewegt euch in faschistoid-männ-

96 Sibylle Plogstedt: *Frauenbetriebe,* S. 99.

licher Weise nach hinten. Ich dachte, die Frauenbewegung geht neue Wege!›«[97]

Und klar, gleich kam der heute noch übliche Diskriminierungsvorwurf, »ihr habt gelernt, viel schlimmer zu diskriminieren als euch Männer diskriminieren«[98] – Verständnis gleich null. Diesen Vorwurf kennen Feministinnen, die sich als Frauen zusammenschließen, in Kombination mit dem Vorwurf der Rechtslastigkeit bis heute. Das ist wirklich nicht neu.

Bereits ein Jahr zuvor, also 1983, hatte es Drohungen vom sogenannten NSDAP Gau Solingen an mehrere Frauenbuchläden gegeben. So erhielt der Wiesbadener Frauenbuchladen *Sappho* die Nachricht »Kauft nicht bei Juden und Lesben«, *Lillemors* in München »Dachau mach die Tore auf, Münchner Lesben kommen im Dauerlauf«, während *Dröppel(fe) mina* in Wuppertal angekündigt wurde, dass der Laden am 26. Oktober brennen solle. »Die Wuppertalerinnen reagieren mit Gegenwehr und ca. 150 Frauen bewachen an dem besagten Abend den Laden. Der Anschlag bleibt aus. Die *EMMA* erstattet Anzeige und bekommt folgende Antwort von der Polizei: ›Die rechtsgerichteten Gruppierungen neigen zu verbalen Rundschlägen, konkrete Aktionen sind selten.‹«[99]

Bei dieser Nicht-Reaktion sollte es dann bleiben. Dass »konkrete Aktionen« inzwischen keineswegs mehr selten sind (falls sie es je waren), wissen wir inzwischen schon länger.

Aber zurück zu der Frage »Männer in Frauenbuchläden«. In Wiesbaden durften Männer anfangs in den Laden, aber mit der Einschränkung, »sie nicht zu beraten, nicht mit ihnen zu diskutieren und sie nicht an Lesungen teilhaben zu lassen – sie sollten lediglich ihre Bücher kaufen, bezahlen und wieder gehen.«[100]

97 Die Buchladenfrauen: Ladenbeschmutzer.
98 Ebd.
99 https://frauenmediaturm.de/neue-frauenbewegung/lesbenbewegung-1983/
100 Anke Schäfer: Autonomie – aber wie?, S. 152.

Aber wie Anke Schäfer, die diesen Frauenbuchladen mitgegründet hatte, weiter schreibt, machte sie die entsprechenden Erfahrungen mit diesem Entschluss, »wie Männer uns in unseren Räumen ihre Strukturen aufzwängten (derentwegen wir doch in die Frauenzentren gezogen waren) und wie Frauen sich in einem Frauenbuchladen verhalten, in den Männer Zutritt haben. Männer wollten uns erzählen, was wir ihrer Meinung nach richtig oder falsch, gut oder schlecht machten, sie nahmen die Einrichtung des Frauenbuchladens für sich in Anspruch und bewerteten sie entsprechend. Kamen Männer mit ihren Freundinnen, nahmen sie ihnen die Bücher aus der Hand, die die sich gerade herausgesucht hatten, und wählten für sie ›geeignete‹ Lektüre zum Kauf aus. Gespräche mit ihren Begleiterinnen waren in Gegenwart der Männer nicht möglich. Hatte sich die Freundin schließlich zum Kauf entschlossen, zückte *er* das Portemonnaie, um zu bezahlen. Andere Kundinnen, die vorher alleine im Laden waren, veränderten ihr Verhalten – bis hin zur Körper- und Mienensprache –, sobald ein Mann hereinkam. Er konnte sich bewundernder Blicke sicher sein: Denn wenn ein Mann den (vermeintlichen) Mut aufbrachte, in einen Frauenbuchladen zu gehen, dann mußte die Frau, die zu ihm gehörte, ja das Große Los gezogen haben.«[101]

Autonomie musste auch von Frauen erst einmal gelernt werden.

Nach drei Jahren Diskussionen und Auseinandersetzungen über dieses Thema (und natürlich auch anderen) im Wiesbadener Kollektiv brach dieses auseinander. Zum zweiten Kollektiv gehörten sieben Lesben, die den Laden nur noch für Frauen öffneten. Dieser Entschluss führte natürlich wiederum zu Diskussionen mit Kundinnen, die wissen wollten, warum keine Männer mehr in den Laden durften und ihnen Männerfeindlichkeit vorwarfen. Trotzdem fühlte sich das Ladenkollektiv ein Stück weit autonomer an, da sie sich darüber einig waren, dass

101 Ebd. S. 153.

sie keine Dienstleistungen für Männer mehr verrichten wollten. Nach über einem Jahr wurde der Buchladen wieder genauso häufig besucht wie vor der Entscheidung. Einige Kundinnen blieben weg, dafür kamen andere hinzu.

Ähnliche Erfahrungen gab es im Bochumer Frauenbuchladen, den Frauen dort war es wichtig, ein ganz klares Profil zu haben. Wie Ulrike Janz dazu feststellt: »Es hat sich im Grunde auch gezeigt: Die Läden, die für Männer offen sind, sind ökonomisch auch nicht in einer besseren Situation wie wir. Köln ist offen (und ist in der Krise). Kassel nicht und denen geht es als Frauenbuchladen mit am besten. Es gibt also keinen Zusammenhang« zwischen der Entscheidung, ob Männer in den Laden dürfen, und dem wirtschaftlichen Wohlergehen.[102]

Auch in München hatten Männer anfangs Zutritt zum Frauenbuchladen Lillemors, aber die Gründerinnen merkten auf Dauer, »dass sie sich nur aus reinem Voyeurismus für den Laden interessierten«[103] und untersagten ihn daraufhin ab 1978.

Als Lillemors 1987 den Förderpreis für Frauenforschung und Frauenkultur der Stadt München erhielt, wurde dies zum Politikum: »Der damalige CSU-Politiker Peter Kripp kritisierte, dass der Buchladen diese Ehrung nicht verdient habe, da er mit seinem Zutrittsverbot für Männer das gesellschaftliche Miteinander erschwere[104]. Bei einer Versammlung des Münchner Stadtrats wurde die Ehrung vorerst aufgehoben. Es folgte ein Rechtsstreit, der 12 Monate dauerte.«[105] Diesen gewannen die Frauen von Lillemors und durften die Ehrung völlig zu Recht behalten.

Die Entscheidung gegen den Zutritt von Männern wurde geändert, als der Laden in die Barerstraße zog, was die Buchladenfrauen

102 Sibylle Plogstedt: *Frauenbetriebe*, S. 106 f.
103 Sabina Zollner: Feministische Irritationen.
104 Bei solchen Äußerungen frage ich mich immer, was die CDU eigentlich dafür tut, den Frauen das Zusammenleben mit Männern zu erleichtern.
105 Sabina Zollner: Feministische Irritationen.

allerdings als pragmatische Entscheidung sahen. »Jeden Mann auf die Regel hinzuweisen, ging den Mitarbeiterinnen irgendwann auf die Nerven«, so Gollbach.[106] So dürfte es in Folge auch anderen Frauenbuchläden ergangen sein.

Der Bielefelder Buchladen war an sich männerfreie Zone, aber natürlich gab es Ausnahmen. So z. B. für Vertreter oder, wie Catrin Weber sich erinnert, »der Nachbar mit einer Reinigung kaufte bei uns seine Bücher, er bestellte und holte sie ab, er wollte uns dadurch unterstützen, da waren wir ganz entspannt.«[107]

Die Frauen vom Tübinger Frauenbuchladen *Thalestris* schreiben dazu:

»Wir wollen einen Raum in Tübingen schaffen (und: offenhalten), in dem Frauen sich in aller Ruhe treffen können, mit sich alleine oder mit anderen irgendwas machen, Informationen und Hilfen weitergegeben werden.

Wir wollen uns wohlfühlen – und nicht nur dort arbeiten – genau wie die, die man in einem Ladengeschäft ›Kundin‹ nennen würde. (...)

Und für das Miteinander-Sprechen und das Miteinander-Umgehen halten wir's für notwendig, daß die Jungs draußen bleiben. Wir haben Angst, daß sie unseren Laden doch zum Ladengeschäft, zum Verkaufsraum machen.«[108]

Zudem waren sie verständlicherweise nicht an den alten Debatten über Haupt- und Nebenwidersprüche interessiert. Und schlossen mit den Worten:

106 Ebd.

107 Catrin Weber: Erinnerungen von Catrin Weber.

108 Für die Buchladengruppe 1/9 der Buchladengruppe: Feministinnen und Männer oder: was soll ein Frauenbuchladen, der nur für Frauen geöffnet ist, anderes sein als ein Ärgernis. In: *Tübinger Frauenblatt*, März 1980, S. 47 f.

»Wir wollen was mit Frauen und für Frauen tun.
Wenn die Jungs Angst davor haben – warum eigentlich?
Wenn es Euch Angst macht – warum eigentlich?«[109]

In einigen anderen Städten waren die Frauenbuchläden jedoch auch für Männer offen. So war der Frauenbuchladen in Frankfurt von Anfang an auch für Männer geöffnet, was wohl auch damit zusammenhing, dass ein Großteil der Frankfurter Frauenbuchladen-Gründerinnen aus der Frauengruppe kam, »die seit 1971 im ›undogmatischen‹ Revolutionären Kampf (RK) einen eigenen Ansatz verfolgte. Andere sind innerhalb der Uni-Spontis, der Sozialistischen Hochschul-Initiative (SHI), in einer Frauengruppe gewesen.«[110] Nur vereinzelt hatten sie sich im Weiberrat und dann im Frauenzentrum engagiert, »dort allerdings weniger in den Selbsterfahrungsgruppen«[111], wie Ulrike Helmer, spätere Verlegerin des gleichnamigen Verlages, betont, die damals noch im Frauenbuchladen arbeitete. Auch weist sie darauf hin, dass andere Frauenbuchläden weit weniger Kontakte zu Linken haben.

Die Frauen des Buchladens in Mannheim weisen hingegen inzwischen sogar ausdrücklich darauf hin, dass Männer willkommen sind, auch wenn Frauen 90 Prozent ihrer Kundschaft stellen, »und wer einmal die (Hemm-)Schwelle überschritten hat, komme immer wieder«, meint die Inhaberin und Chefin Yvonne Wenzel.[112]

109 Für die Buchladengruppe 1/9 der Buchladengruppe: Feministinnen und Männer oder: was soll ein Frauenbuchladen, der nur für Frauen geöffnet ist, anderes sein als ein Ärgernis. In: *Tübinger Frauenblatt,* März 1980, S. 48.
110 Ulrike Helmer: Frauenbuchläden in Frankfurt und anderswo, S. 154.
111 Ebd.
112 Veronika Licher: Xanthippe: Generationenwechsel im Frauenbuchladen.

Druck und Vertrieb in Frauenhand
Frauenliteraturvertriebe und -druckereien

Nicht nur die Verlage und Buchhandlungen sollten in Frauenhand bleiben bzw. erst einmal kommen, sondern auch die Druckereien und Buchvertriebe. So gab es beispielsweise den ***Viva-Frauendruck*** (1976), die erste Frauendruckerei, die aus der Frauenbewegung heraus entstanden ist[1], und den ***Diana Frauendruck*** in Berlin (ca. 1977). Frauendruckereien in anderen Städten sind mir aus Deutschland keine bekannt. In der Schweiz hat es die ***Genopress Frauendruckerei*** in Winterthur gegeben (ca. 1980 bis 1999). Einige der von ihnen gedruckten Plakate sind online im eMuseum[2] zu finden.

Im Januar 1976 wurde der erste ***Frauenbuchvertrieb,*** der FBV, in Berlin gegründet, der sich um die Auslieferung von Büchern innerhalb von West-Berlin kümmerte. Es ging darum, sich stärker von Männern unabhängig zu machen. Die Bücher aus den neuen Frauenverlagen sollten nicht von »Männervertrieben« verbreitet werden.[3]

Der ***Frauenliteraturvertrieb*** in Wiesbaden wurde von Anke Schäfer gegründet mit der Absicht, von Frauen geschriebene und verlegte Bücher zu vertreiben, um diesen die Chance zu geben, in den Buchhandel lieferbar zu sein. Sie verstand unter Frauenliteratur »Literatur von Frauen, die die herkömmliche Rolle der Frau nicht manifestiert«[4].

Es gab zahlreiche Einzelveröffentlichungen, die es ohne diesen nicht in die Buchhandlungen geschafft hätten. Dazu gehören beispielsweise das heute immer noch sehr stark nachgefragte Buch von Marianne Wex, *›Weibliche‹ und ›männliche‹ Körpersprache als Folge pa-*

1 Christa Müller: Viva: Frauendruck Repro & Entwurf. In: *Courage. Berliner Frauenzeitung.* 1976, Heft 0, S. 8–9.
2 eMuseum: Museum of Design Zurich. Archive of the Zurich University of the Arts. www.emuseum.ch
3 https://frauenmediaturm.de/neue-frauenbewegung/chronik-1976/
4 N. N.: Frauenliteraturvertrieb hat das Lager aufgeräumt.

triarchalischer Machtverhältnisse von 1979, dessen Preis antiquarisch bis heute immer weiter in die Höhe geht. Aber auch eines der ersten Bücher zu sexueller Gewalt gegen Mädchen von Leila Sebbar gehört dazu, *Gewalt an kleinen Mädchen*, erschienen 1980 im Feministischen Buchverlag, sowie die Bücher des Amazonen Frauenverlags[5]. Auch die *EMMA* wurde zeitweilig über den FLV ausgeliefert, ebenso wie der autonome Frauen- und Lesbenkalender *Tag für Tag*.

Nicht alle Frauenverlage brachten ihre Bücher bei diesem Vertrieb unter, vor allem die neueren und professionelleren nicht, wodurch der Vertrieb auf Dauer nicht tragbar war.

Vor allem war aber auch der Anspruch des Frauenliteraturvertriebs an Autonomie nicht umzusetzen. Nach der Gründung 1978 versuchten sie, Frauenbücher nur an Frauenbuchläden zu vertreiben. Ihr angedachtes Ziel dabei war, dass »Frauen *ihre* Literatur ausschließlich in *ihren* Buchläden kaufen und die Frauenbuchläden damit wirtschaftlich stärken sollten«.[6] Aber sie merkten nach einem halben Jahr, dass dieser Versuch nicht funktionierte: »Die Frauen strömten nicht in die Frauenbuchläden, die Frauenbuchläden bestellten unsere Titel nicht in Massen, die Bücher blieben in den Regalen des Vertriebs liegen.«[7] Und so mussten sie ihr Konzept ändern, um weiter existieren zu können. Dies führte zwar dazu, dass sie nach drei Jahren den ersten bezahlten Arbeitsplatz finanzieren konnten, aber andererseits auch dazu, dass diese Bücher in allen Buchhandlungen zu bekommen waren und Frauen es nicht mehr nötig fanden, dafür in die Frauenbuchläden zu gehen.

Beim Berliner Frauenbuchvertrieb am Mehringdamm gab es beispielsweise Bücher vom Amazonen Frauenverlag[8], aber auch solch

5 Wie *Monique Wittig aus deinen zehntausend Augen, Sappho* von 1984.
6 Anke Schäfer: Autonomie – aber wie?, S. 155.
7 Ebd.
8 Wie beispielsweise Jane Jule: *Bilder und Schatten* von 1979 und Nancy Myron und Charlotte Bunch (Hg.): *Erinnerungen an Frauen*.

wichtige Bücher wie die vom LAZ herausgegebene Textsammlung *Frauenliebe. Texte aus der amerikanischen Lesbierinnenbewegung*, sowie *Vergewaltigung: Weibliche Schuld – männliches Vorrecht? Eine Aufklärungsschrift* von Ruth Schlötterer, die im Selbstverlag erschien. Auch die Beiträge zur 2., 3. und 4. Sommeruniversität von und für Frauen von 1977, 1978 und 1979 wurden von ihnen vertrieben wie auch beispielsweise die Zeitschrift *Die schwarze Botin*.

Dennoch waren die Frauenbuchvertriebe für einzelne Frauen wichtig, denn nur so konnten Bücher, die selbst verlegt wurden, in größerem Umfang in die Buchhandlungen gelangen. So schreibt beispielsweise Gabriele Meixner über die Verbreitung des Buches *Frauen denken anders* von Erika Wisselinck, das diese im Selbstverlag (Sophia Verlag) veröffentlichte und das ein Selbstläufer wurde: »Hilfreich für die Verbreitung selbst verlegter Bücher sind die beiden damals bestehenden Frauenbuchvertriebe; sie gibt ihr Buch zu Anke Schäfers ›Frauenliteraturvertrieb‹ nach Wiesbaden.«[9]

Der Frauenbuchvertrieb in Wiesbaden musste seine Arbeit nach 16 Jahren 1994 einstellen, »rechtzeitig genug, bevor ein Konkurs dem Projekt ein Ende bereitet hätte«[10], wie im *Börsenblatt des deutschen Buchhandels* festgehalten wurde.

Um 1989 gab es auch einen ***Frauenmusikvertrieb,*** der nicht nur Musik – von klassischer (Fanny Hensel, Clara Schumann, Hildegard von Bingen) bis zu Musik aus der Frauenbewegung (Chris Williamson, Alix Dobkin, Ova) – anbot, sondern auch Noten und Bücher.[11]

Frauendruckereien waren in anderen Ländern wie beispielsweise den Niederlanden stärker verbreitet als in Deutschland. Dort wurden sie Anfang der 1980er Jahre im Zuge einer nationalen Kampagne ge-

9 Gabriele Meixner: »Wir dachten alles neu«, S. 200.
10 N. N.: Frauenliteraturvertrieb hat das Lager aufgeräumt.
11 Information aus der Anzeige in der *Virginia Frauenbuchkritik*, Heft 7 vom Oktober 1989, S. 22.

gründet, in der es darum ging, dass Frauen häufiger in sogenannten Männerberufen arbeiten konnten. Dies geschah mit dem Slogan »Een slimme meid is op haar toekomst voorbereid« – ein kluges Mädchen ist auf ihre Zukunft vorbereitet. Viele Frauen konnten zu dieser Zeit keine Anstellung finden und wollten sich so ihre eigenen Arbeitsplätze schaffen, für die es damals auch staatliche Gelder gab. So beispielsweise die Frauen, die 1982 Vrouwendrukkerij ***De Doordrukster*** in Den Bosch gründeten.[12] Ihr Ziel war außerdem die Verbreitung von feministischen und linken Ideen. Während sie anfangs noch über das Arbeitsamt finanziert wurden, erwies sich das Projekt jedoch auf Dauer als nicht haltbar. Der Gewinn musste schnell wieder in den Betrieb gesteckt werden, da die Apparate zu schnell veralteten. Daher musste die Druckerei 1988 wieder geschlossen werden.[13]

In Leeuwaarden druckte ***Sapphistry,*** ein ehrenamtliches Kollektiv von sieben Lesben, von 1979 bis 1986 ausschließlich Werke von Lesben und Feministinnen.

In Amsterdam gab es von 1978 bis 1991 die Vrouwendrukkerij ***Virginia,*** gegründet von Carla Brünott und Liesbet Zikkenheimer. Dort wurden nicht nur Plakate gedruckt, beispielsweise für das Frauencafé *Saarein,* sondern auch Werke von Luce Irigaray. Ihnen gelang der Übergang vom Kollektiv zu einem lohngebenden Betrieb, allerdings druckten sie auf Dauer nicht alleine für Frauen.

Das einzige Projekt, das bis heute noch existiert, ist ***Atalanta*** in Utrecht. Begonnen 1979 als Druckerei und Verlag, war es anfangs ein Kollektiv von vier Frauen, von denen bis heute noch zwei unter diesem Namen weiterarbeiten: Weia Reinboud und Rymke Wiersma. Ihnen ging es im Wesentlichen um das Verbreiten ihrer eigenen Ideen – die von feministisch über anarchistisch und antikapitalistisch bis zu vegan

12 Marjo Andriessen: Vrouwendrukkerij De Doordrukster.
13 Ebd.

reichen. Teilweise sind die Bücher von Hand geschrieben, teilweise mit einem eigenen Schriftentwurf namens Atalanta von Weia Reinboud. Aus technischen Gründen drucken sie jedoch bereits seit 1987 nicht mehr, sondern konzentrieren sich seitdem mehr auf das eigene Schreiben.[14]

14 Inge Frank van Vught: Vlinders kom uit je kokon!

Auch die anderen wollen ein Stück vom Kuchen

Den Konzernverlagen entging die Aufmerksamkeit der Frauen für Bücher von Autorinnen natürlich nicht und so wollten sie auch gerne ein Stück vom Kuchen. So gab es seit 1982 zahlreiche Frauenreihen in größeren wie kleineren Verlagen. Verlegt wurden eher Bücher, die die Gesellschaft nicht ernsthaft in Frage stellten, sondern eine zusätzliche Stimme hören ließen bzw. die Situation von Frauen in Sachbüchern beschreiben. Teilweise wurden die Autorinnen, die in diesen Reihen veröffentlicht wurden, ins allgemeine Programm aufgenommen (bekanntestes Beispiel ist Toni Morrison, deren erster Roman *Sehr blaue Augen* in der Reihe *neue frau herauskam*), teilweise erschienen sie sofort dort wie beispielsweise der Bestseller *Frauen* von Marilyn French. Wie Antje Kunstmann schreibt: »Die großen Verlage haben auch nicht geschlafen und inhaltlich schnell die gleichen Felder besetzt. Gegen diese Konkurrenz konnten sich nur wenige behaupten.«[1] »Inhaltlich« bezog sich allerdings nur auf die Verkaufszahlen im Ausland, der Kontakt zur Frauenbewegung war hierbei irrelevant – wie sich auf Dauer zeigte. »Die gleichen Felder« bezieht sich somit auf Werke von Frauen, von ihnen wurde mehr veröffentlicht, manche Autorinnen wurden endlich übersetzt oder hierzulande bekannter – aber eben vor allem durch die Frauenbuchläden, deren Spezialisierung es war und ist, auf genau diese Bücher aufmerksam zu machen.

Natürlich können sich größere Verlage Übersetzungen eher leisten, so dass wichtige Bücher aus anderen Sprachen eher von diesen veröffentlicht werden konnten. Aber natürlich suchten sie nur aus, was bereits im Ausland erfolgreich war und nicht zu radikal-feministisch. So wurden beispielsweise die Romane von Rita Mae Brown übersetzt,

1 Antje Kunstmann: Gezielter Zufall, S. 132.

nicht aber deren lesbisch-feministischen Essays. Allerdings verkaufen sich natürlich nette, unterhaltsame Katzenkrimis auch erheblich besser als theoretische Werke.

Auch Bücher, die aus der Frauenbewegung in Deutschland entstanden und die Frauenrolle radikaler in Frage stellten, statt nur den Ist-Zustand zu beschreiben, wie *Häutungen* von Verena Stefan, wären Mitte der 1970er Jahre sicher nicht von Konzernverlagen veröffentlicht worden – auch wenn das Buch heute im S. Fischer Verlag lieferbar ist.

Antje Kunstmann hatte bereits die Reihe *Materialien zur Frauenemanzipation* im Raith Verlag herausgegeben. Nach der Insolvenz des Verlages gründete sie 1976 zusammen mit dem Verleger Peter Weismann einen Verlag: Sein Teil war ein Jugendbuchverlag, ihrer der ***Frauenbuchverlag.***

Eins ihrer allerersten Bücher war der Karikaturenband *Weißt Du, daß Du schön bist?* von Marie Marcks, die dem Verlag auch weiter treu blieb.

Nach dem Ausscheiden von Peter Weismann1990 führte Antje Kunstmann die beiden Programme zusammen und nun unter ihrem Namen weiter: Antje Kunstmann Verlag, der ein allgemeines Programm anbietet. In der Verlagsgeschichte ist nachzulesen: »Programmatisch in diesem Sinne waren für die 70er und 80er Jahre die Romane und Erzählungen von Alice Walker, Fay Weldon und Helke Sander. Sie reflektieren die Aufbruchsstimmung dieser Jahre, vor allem die der Frauen – feministisch, undogmatisch und amüsant.«[2] Daraus wird die Einschätzung des Verlags deutlich: Damals war der Aufbruch der Frauen wichtig, inzwischen sind es andere Themen.

Im Hamburger Argument Verlag gab und gibt es verschiedene Reihen, die sich mit feministischen Themen beschäftigen, darunter die

2 https://www.kunstmann.de/verlag/verlagsgeschichte/c-62

Reihe ***Frauenformen,*** die von 1980 bis 1991 erschien, und die ***Coyote-Texte zu feministischer Wissenschaft*** von 1995 bis 1999.

Seit 1988 erscheint dort die Frauenkrimireihe ***Ariadne*** mit feministischem Anspruch, wie eine Anzeige von 1995 in der *Virginia Frauenbuchkritik* deutlich zeigt: »Eine Million Ariadne Krimis: Aus den Bausteinen für eine feministische Kultur wurde eine ganze Metropole. Ariadne dankt allen, die an dieser Stadt mitgebaut haben.«[3] Hier ging es also durchaus um Feminismus und Frauenkultur, es wurden Krimis verlegt, die in anderen Ländern häufig in Frauenverlagen erschienen. Als Beispiel seien hier die ersten Krimis von Val McDermid, die Reihe um Lindsay Gordon, genannt, die nicht nur bei der britischen Women's Press erschienen, sondern deren Inhalte sich auch auf die Frauenbewegung bezogen. In *Das Nest* aus dieser Reihe geht es beispielsweise um ein Frauenfriedenscamp, das offensichtlich dem von Greenham Common angelehnt ist. Aber auch die Krimis von Autorinnen wie Barbara Wilson und Katherine V. Forrest haben einen deutlichen Bezug zur Frauen- bzw. Lesbenbewegung.

Als die ersten Ariadnes erschienen, gab es immer gleich drei Bände, darunter ein Lesbenkrimi, ein historischer und eine zeitgenössische Autorin. Auf Dauer fielen die historischen weg. Danach war zunächst noch an der Nummerierung der Bände erkennbar, welche von Lesben waren, doch auch diese erscheinen inzwischen nicht mehr.

Inzwischen versteht der Verlag die Romane der Ariadne-Reihe als Politkrimis und Noir, in denen es um die dunklen Seiten der Wirklichkeit geht. Die Reihe wird als »Gegengewicht zur noch immer patriarchal dominierten Erzählhoheit« und als »Ort für kluge, relevante und oft innovative Kriminal- und Verbrechensromane von deutschsprachigen und internationalen Schriftstellerinnen«[4] beschrieben.

3 Anzeige in der *Virginia Frauenbuchkritik,* Heft 20 vom Oktober 1995, S. 19.
4 https://live.legege.han-solo.net/belletristik/

In der Reihe erscheinen inzwischen hochkarätige Autorinnen wie Denise Mina, Dominique Manotti und Liza Cody. 2024 ist Band 1276 der Reihe erschienen, ein Krimi von Sara Paretsky. Auffällig ist, dass hier auch wichtige deutschsprachige Krimiautorinnen zu finden sind wie Monika Geier und Christine Lehmann, die in der Krimiszene wahrgenommen und ausgezeichnet werden.

Neben den Krimis gab es von 1992 bis 1997 auch die ***edition ariadne*** mit Autorinnen wie Marge Piercy, Rosie Scott und Barbara Wilson, deren Bücher dann in die Reihe *Literaturbibliothek* des Verlags aufgenommen wurden, in der meist, aber nicht ausschließlich Bücher von Frauen, beispielsweise Romane von Herbjørg Wassmo, erscheinen.

Anfangs als Sachbuchreihe konzipiert, gab es ab 1975 im Fischer Taschenbuchverlag die Reihe ***Die Frau in der Gesellschaft,*** von 1977–2003 herausgegeben von Ingeborg Mues. Hier erschienen zunächst »Frühe Texte von Frauen«, historische Texte über Psychologie, Musik und Frauen gegen den Krieg. Danach widmete sich die Reihe aktuellen Themen und Autorinnen, wie beispielsweise von Senta Trömel-Plötz, Ursula Scheu und Ingrid Strobl. Bis in die 1980er Jahren wurden dort auch die Taschenbuchausgaben von Titeln verlegt, die ursprünglich in Frauenverlagen erschienen waren, beispielsweise von Jutta Heinrich und May Ayim. Dann widmete sich die Reihe verstärkt belletristischen Werken, die oft nichts mehr mit Feminismus zu tun hatten, sondern eher rollenbestärkend waren, wie die von Hera Lind *(Ein Mann für jede Tonart)* und Eva Heller (*Beim nächsten Mann wird alles anders*), bei denen bereits am Titel deutlich wird, dass Männer im Vordergrund stehen.[5]

Ab November 1977[6] gab Angela Praesent im Rowohlt Verlag 20 Jahre lang die Reihe ***neue frau*** heraus, die 1997 dann in die »All-

5 https://www.fischerverlage.de/ftv/historie/html/1975.html
6 https://www.rowohlt.de/verlage/ueberuns/chronik-1970-1995

gemeine Reihe« aufgenommen wurde. Sie wollte erzählende Texte aus den Literaturen aller Länder vorlegen, »deren Thema die konkrete sinnliche und emotionale Erfahrung von Frauen und ihre Suche nach einem selbstbestimmten Leben ist. Die monatlichen erscheinenden Bände wenden sich an alle, die mit Spannung verfolgen, wie sich die Beziehung der Geschlechter und das Selbstverständnis der Frau wandelt.«[7]

In dieser Reihe erschienen rund 250 Bände. Wichtige Autorinnen waren beispielsweise Alice Walker[8], Toni Morrison, Tove Jansson, Charlotte Perkins Gilman und Doris Lessing. Es waren größtenteils Schriftstellerinnen, die bereits in anderen Ländern Erfolge verzeichnen konnten, die in der Reihe *neue frau* auf den deutschsprachigen Markt kamen.

Daneben erschien im Rowohlt Verlag ab 1978 auch die von Susanne von Paczensky herausgegebene Reihe ***rororo Frauen aktuell*** als Segment der »aktuell«-Reihe[9]. Im Vorspann zu jedem Band war zu lesen: »Wir gehen davon aus, daß der Kampf um Menschenrechte notwendig auch ein Kampf um Frauenrechte sein muß. Wir wissen, daß Frauen speziellen Formen der Unfreiheit und Ungerechtigkeit unterworfen sind, daß ihre Beteiligung am politischen Handeln auf besondere Hindernisse stößt. Diese Hindernisse sichtbar zu machen, wo möglich abzubauen – durch Erfahrungsberichte, Erklärungsversuche und Lösungsvorschläge – ist Ziel von ›frauen aktuell‹.« Die Themen waren sehr breit gefächert und reichten von Gewalt in der Ehe und Vergewaltigung über die Situation von Frauen in anderen Ländern bis hin zu historischen Aufarbeitungen.

7 Text im Vorspann, der in den Bänden der Reihe zu finden ist.

8 *Die Farbe Lila* und zwei Gedichtbände. Weitere Bücher von ihr erschienen im Münchener Weismann Verlag Frauenbuchverlag.

9 Der vermutlich letzte Band erschien 1997.

Im Georg Olms Verlag gibt es seit 1987, angefangen mit dem Roman *Die Honigmonate* von Caroline Auguste Fischer (1764–1842), die von Anita Runge herausgegebene Reihe ***Frühe Frauenliteratur in Deutschland.*** Bisher sind darin 25 kleine, gebundene (teils Doppel-) Bände erschienen, in denen Werke von Autorinnen wie Caroline Auguste Fischer, Therese Huber (1764–1829) und Friederike Helene Unger (vermutlich 1741–1813) veröffentlicht wurden. Eine sehr löbliche Serie, die vermutlich nach wie vor zu wenig wahrgenommen wird, da erst jetzt durch die Suche nach einem weiblichen Kanon mehr ältere Autorinnen gelesen werden.

Daneben gab es noch kleinere Reihen in den meisten Taschenbuchverlagen. Hier seien nur die Reihentitel genannt: Knaur: ***Frauen & Literatur,*** Lübbe: ***Frauen,*** Ullstein: ***Die Frau in der Literatur,*** Otto Maier Verlag Ravensburg: ***Mädchen und Frauen,*** Verlag neue kritik: ***apropos.***

Die meisten dieser Reihen existierten nur so lange, wie die Frauenverlage als Konkurrenz gesehen wurden. Schließlich ging es den Konzernverlagen im Wesentlichen um Umsatz und nicht um die Inhalte. Es gibt jedoch einige Autorinnen, deren belletristische Werke auch weiterhin veröffentlicht wurden.

In den letzten Jahren gibt es es allerdings auch wieder Neugründungen: so 2021 des Ecco Verlags, ein Imprint von Harper Collins.

Der ***Ecco Verlag*** wurde unter dem Motto »Was wir lesen wollen« gegründet. Er sieht sich in der Tradition des US-amerikanischen Literaturverlags Ecco Press – der wiederum nicht speziell mit Literatur von Frauen zu tun hat.

Verlegen möchte der Ecco Verlag »ausschließlich Bücher von Frauen, deutschsprachige Stimmen ebenso wie internationale Debüts und etablierte Autorinnen«[10]. Es geht ihnen um Bücher, »die in unse-

10 https://www.eccoverlag.de/

ren Bücherregalen noch fehlen und die wir selbst lesen wollen«[11] – Ankündigungen, die uns von Frauenverlagen wie dem AvivA Verlag und der edition fünf verdächtig bekannt vorkommen. Erschienen im ersten Jahr noch fünf Bücher, scheint es in diesem (2024) keins zu geben. Erst für Januar 2025 ist das nächste angekündigt – ein einzelner Titel. Und auch der Rowohlt Verlag startete 2024 wieder mit einer neuen Reihe namens ***Entdeckungen,*** die von Magda Birkmann und Nicole Seifert herausgegeben wird und in der bisher 10 Bände von Autorinnen in unregelmäßigen Abständen erschienen sind. Hingewiesen wird dabei auf die mangelnden Rezensionen und die fehlende Berücksichtigung von Schriftstellerinnen in der Literaturgeschichte sowie der Kanonisierung der Literatur. Dies wird jedoch wieder einmal mehr als »vergessen« bezeichnet statt als mangelnde Wertschätzung und aktives Herausschreiben von Autorinnen aus der Literaturgeschichte. Gerade der Rowohlt Verlag stand vor Beginn dieser Reihe in der Kritik, weil dort kaum noch Werke von Schriftstellerinnen erschienen.

Zum Italien-Auftritt bei der Frankfurter Buchmesse 2024 gab Klaudia Ruschkowski unter dem Titel ***Perlen*** Werke bedeutender italienischer Autorinnen im S. Marix Verlag, einem Imprint des Verlagshaus Römerweg, heraus. Ob diese Reihe weitergeführt wird, ist unklar. Ganz neu seit 2024 ist die ***Edition Europastraße*** im Verlag Friedrich Mauke, benannt nach der E40, der längsten aller Europastraßen, die von Calais in Frankreich bis in den Osten Kasachstans führt, mit dem Motto: Literatur, die verbindet. Es sollen Werke ausschließlich von Schriftstellerinnen aus den Ländern veröffentlicht werden, durch die diese Straße führt, »Bücher, die im jeweiligen Land von besonderer Bedeutung sind: weil sie wichtige Themen ansprechen, weil sie provozieren und vor allem, weil sie Literatur sind«[12].

11 Ebd.
12 https://www.mauke-verlag.de/edition-europastra%C3%9Fe

Auffällig hierbei ist, dass es sich dabei um Literatur von Frauen handelt. Diese ist inzwischen deutlich sichtbarer geworden – auch wenn sie nach wie vor weniger rezensiert wird, weniger im Schulunterricht vorkommt, von Universitäten ganz zu schweigen, also meist weniger wichtig genommen wird.[13] Aber sie ist vom Buchmarkt nicht mehr wegzudenken.

13 S. hierzu die Pilotstudie »Sichtbarkeit von Frauen in Medien und im Literaturbetrieb« auf http://frauenzählen.de/

Aufregend international – Feministische Buchmessen

Nach Gründung der ersten feministischen Verlage in den 1970er Jahren gab es bald internationale Treffen. Die 1. Internationale Konferenz Feministischer Verlage wurde von der Frauenoffensive initiiert und fand im Oktober 1978 in München statt. Die 30 Teilnehmerinnen kamen aus fünf Ländern und planten bei diesem ersten internationalen Treffen bereits weitere Vernetzungen und Koproduktionen.[1]

Im gleichen Jahr folgte die 1. Internationale Pressekonferenz auf der Frankfurter Buchmesse mit unterschiedlichen Frauenverlagen, die gemeinsam ihre Bücher präsentierten.

Die First International Feminist Book Fair, also die erste internationale feministische Buchmesse, wurde vom 7. bis 15. Juni 1984 in London ausgerichtet. Lennie Goodings, Verlegerin von Virago Press, stellte dazu fest: »Es ist für die Kraft der Bewegung bezeichnend, dass 1984, dem pessimistischsten aller Jahre, die First International Feminist Book Fair stattfindet: eine Veranstaltung, die die Selbstverständlichkeit, Stärke und Mut hat, zu einer Feier aufzurufen.«[2]

Die grundsätzlichen doppelten Ziele der Feminist Book Fairs fasst Karen Nölle so zusammen: Die Feministischen Buchmessen sollten »dazu beitragen, daß Feminismus, Schriftstellerinnen, Bücher von und über Frauen und ihre Verlage, zum Beispiel über das Vorhandensein in Bibliotheken und Buchgeschäften, zu einem festen Bestandteil des zentralen Erziehungssystems und der Geschäftswelt werden. Und den Internationalismus der Frauenbewegung unterstreichen, indem die Messe zu einer Plattform gemacht wird, auf der alle in der Bücherwelt und der Kultur allgemein aktiven Frauen Ge-

1 https://frauenmediaturm.de/78_14_fz_treffen_1_1/
2 Lennie Goodings: *A Bite of the Apple*, S. 135.

legenheit zum Austausch von Meinungen haben, debattieren und Kontakte knüpfen können.«[3]

Was eine Buchmesse feministisch macht, erklärte Susan Hawthorne, Verlegerin des australischen feministischen Verlags *Spinifex* und Mitorganisatorin der Messe in Melbourne 1994 mit etwa 20.000 Besucherinnen: »Bei einer konventionellen Buchmesse stehen die kommerziellen Interessen im Vordergrund. Feministinnen dagegen haben politische Anliegen. Netzwerke zwischen den feministischen Verlagen werden geknüpft. Autorinnen aus der ganzen Welt treffen zusammen, Bücher werden nicht nur verkauft, ihre Inhalte werden auch diskutiert ...«[4]

1. IFBF London 1984

Als ich von der feministischen Buchmesse in London hörte, war für mich sofort klar, dass ich dort hinfahren wollte. England war sowieso mein »Bücherland«. Und überhaupt: Frauen – Bücher – Feminismus – International. Das war für mich die perfekte Kombination – und es war großartig. So viele Feministinnen, so viele Bücher, Austausch über Landesgrenzen hinweg.

Die heutige Co-Verlegerin der *Spinifex Press*, Renate Klein, war an der Vorbereitung beteiligt. Sie arbeitete zu dieser Zeit an ihrer Doktorarbeit über internationale Frauenstudien an der London University und erinnert sich:
»Die Idee, die erste feministische Buchmesse zu organisieren, kam von den feministischen Verlagen. Anfang der 1980er Jahre gab es bereits die zwei unabhängigen Kleinverlage Onlywomen Press und Sheba Press, sowie die beiden großen Women's Press (finanziert von Naim

3 Karen Nölle-Fischer: Frauen als Schöpferinnen, Vermittlerinnen und Konsumentinnen, S. 30.

4 Eva Gläser: Wir brauchen nicht nur Bücher sondern auch Orte, S. 20.

Attallah) und Virago (gegründet von der Australierin Carmen Callil, aber seit 1982 finanziert von Chatto). 1983 kam auch Pandora Press dazu.

Die Anzahl der veröffentlichen feministischen Bücher wurde immer größer, aber die Buchläden schafften sie nicht an unter dem Motto ›Feminism does not sell‹. Die Idee war, mit der Buchmesse zu zeigen, dass das Publikum einen großen Appetit auf solche Bücher hatte.

Das Organisationskomitee war riesengroß, alle feministischen Verlage waren vertreten sowie auch Autorinnen und Journalistinnen. Urvashi Butalia, die damals bei Zed Books arbeitete, aber im Herbst 1984 zusammen mit Ritu Menon Kali for Women in Indien gründete, war auch dabei. Ich erinnere mich an einen großen Tisch und sehr lange Meetings. Die Hauptarbeit wurde eindeutig von der Women's Press geschultert, mit der Australierin Carol Spedding als Koordinatorin und Ros de Lanerolle, der Direktorin von Women's Press, in den Hauptrollen. Teilfinanziert wurde die Messe vom Greater London Council (GLC), bevor er von Margaret Thatchers Regierung abgeschafft wurde. Ein anderes Ziel der Buchmesse war es zu zeigen, dass feministische Verlage auch international erfolgreich waren, wie zum Beispiel die Frauenoffensive in Deutschland, die mit ihrem eigenen Stand an der Buchmesse teilnahm.

Die Buchmesse war ein Riesenerfolg! Ich sehe immer noch die lange Schlange von Frauen vor mir, die geduldig in Covent Garden warteten, bis sie in die überfüllte Halle hineingehen konnten. Es war ein großartiger Coup, dass wir einen so zentralen Veranstaltungsort mieten konnten. Die vielen Cafés und Restaurants in Covent Garden waren ein weiterer Bonus, da wir uns nicht um Essen und Trinken kümmern mussten. Der Bücherverkauf an der Buchmesse wurde von Sisterwrite gemacht, dem ersten feministischen Buchladen in Islington, London. Aber auch der neue, acht Tage vor der Buchmesse eröffnete Frauenbuchladen Silver Moon an der Charing Cross Road erhielt viele Besucherinnen von der Messe, da er nur fünf Minuten von Covent Garden entfernt war.

Die vielen Veranstaltungen waren alle ausverkauft und berühmte Schriftstellerinnen wie Adrienne Rich, Suniti Namjoshi und Audre Lorde, aber auch englische Schriftstellerinnen wie Zoë Fairbairns lasen aus ihren Büchern.

Zusammen mit Lennie Goodings von *Virago* machte ich Pressearbeit, ohne dafür Instruktionen erhalten zu haben. Aber es muss alles gut gegangen sein, denn es gab nur gute Berichte über die Messe.

Ob die Buchmesse auch finanziell erfolgreich war, weiß ich nicht mehr. Aber mit mehr als 20.000 Besucherinnen war es garantiert kein Fiasko.«[5]

Es gab 91 Ausstellende: Verlage, Buchhandlungen, Kollektive, Vertriebe und Zeitschriften aus der ganzen Welt. Eingeladen waren nicht nur britische Autorinnen wie Susie Orbach, Pat Barker und Eva Figes, sondern Schriftstellerinnen aus der ganzen Welt wie Marge Piercy und Lisa Alther aus den USA, Urvashi Butalia aus Indien, Nawal el Saadawi aus Ägypten und Dacia Maraini aus Italien, um nur einige zu nennen.[6]

»A Celebration of Lesbian Writing« war in London eine der Hauptveranstaltungen, an der etwa 300 Frauen teilnahmen.[7]

Wie Urvashi Butalia sich erinnert: »Ich werde diese völlige Überschwänglichkeit nie vergessen ... ebenso wie die Solidarität der Frauen aus dem Verlagswesen. (...) – es schien, als ob die ganze Welle und das Potential der internationalen Frauenbewegung für uns da war, so dass wir sie sehen konnten.«[8] Es waren sowohl Vertreterinnen der radikalen feministischen Bewegung vertreten als auch der Mainstream-Verlage, die eine Marktlücke sahen, die sie füllen wollten.

5 Erinnerungen von Renate Klein für dieses Buch.
6 Lennie Goodings: *A Bite of the Apple*, S. 135, 136.
7 Feminist Book Fair Group (ed.): *2nd International Feminist Book Fair*, S. 22.
8 Lennie Goodings: *A Bite of the Apple*, S. 137.

2. IFBF Oslo 1986

Ohne diese erste Feministische Buchmesse hätte auch die zweite in Oslo vom 21.–27. Juni 1986 nicht stattgefunden, wie sich deren Organisatorinnen Elisabeth W. Middlethon und Elisabeth Bjelland erinnerten. Sie hatten die erste verpasst und hatten sich für die zweite in London anmelden wollen, von der sie dachten, dass sie im nächsten Jahr wieder dort stattfinden würde. Aber ihnen wurde gesagt, dass dies nie geplant gewesen sei. Es sollte eine zweijährliche Veranstaltung an wechselnden Orten werden. An sich wollten Inderinnen die Planung übernehmen, aber dies war aufgrund von politischen Problemen nicht möglich. Die Frauen aus Oslo blieben aber beharrlich und fragten immer wieder nach, bis sie die erschöpfte Frage aus London erhielten, warum sie es nicht selber machten. Elisabeth W. Middlethon und Elisabeth Bjelland – beide von der Norwegian University Press – entschieden sich daraufhin spontan, die Messe in Oslo zu organisieren. An dieser nahmen etwa 150 Verlage aus mehr als 30 Ländern teil und fast 100 Autorinnen aus der ganzen Welt.[9]

Neben Veranstaltungen zu norwegischer Literatur gab es beispielsweise auch einige zu zeitgenössischen chinesischen und sowjetischen Autorinnen, zu Fantasy und Science-Fiction und eine Empfehlungsliste von Büchern.

Da die Veranstaltung »A Celebration of Lesbian Writing« in London so erfolgreich war, wurden in Oslo zwei Veranstaltungen zu Lesbenliteratur organisiert. In der Vorbereitungsgruppe war unter anderem die Schriftstellerin Gerd Brantenberg, von der in Deutschland bereits zwei Werke im Verlag Olle und Wolter erschienen waren: *Die Töchter Egalias* (1980) und *Mädchenwelten* (1982). Ab der Neuauflage der *Töchter Egalias* 1982 erschienen ihre Bücher dann im Verlag Frauenoffensive.

9 Elisabeth W. Middlethon & Elisabeth Bjelland: How it all happened. S. 5

Merkwürdig wenige Titel – nur fünf, vier englischsprachige und einer aus den Niederlanden – wurden jedoch in die Empfehlungen aufgenommen[10], obwohl ungefähr doppelt so viele auf die Seite gepasst hätten, die es zu dieser Zeit ja durchaus bereits gab.

Aus Deutschland nahmen teil: Argument, Kreuz Verlag, Verlag Gudula Lorez, Frauenliteraturvertrieb, Orlanda Frauenverlag, Frauenoffensive, Frauenbuchverlag, Frauenbuchladen München, Verlag Neue Kritik, Buntbuch Verlag, die Journalistin und Autorin Astrid Matthiae, Express Editions und Lev Roitman Verlag.

Zudem hatte die Frankfurt Ausstellung und Messe GmbH einen Stand, an dem sie mehrere deutsche Verlage und Initiativen vertrat, darunter das Feministische Frauen-Gesundheitszentrum, den Konkursbuchverlag, den Margot Lang Verlag, den Lilith Frauenbuchladen und Verlag und den Gisela Meussling Verlag. Aus der Schweiz waren der Arche Verlag, der Rauhreif Verlag, der Ala Verlag, ILO Publishing und ISIS dabei.

Es ist jedoch vor allem beeindruckend zu lesen, aus welchen Ländern außerhalb Europas Verlage vertreten waren. Neben den USA waren dies noch die UdSSR, China, Japan, Peru, Neuseeland, Kenia, Zimbabwe, Indien, Brasilien, Marokko und Chile.

Die Übersetzerin Karen Nölle erinnert sich: »Die Buchmesse in Oslo, Mittsommer 1986, war berauschend gewesen, nicht ohne Konflikte, aber quirlig, lebendig, die Podien bewegt, nicht nur jede Sprecherin von dem, was sie selbst sagen wollte, sondern von dem, was von den Schwestern aus anderen Ländern und Erdteilen zu ähnlich gelagerten Problemen gesagt wurde. Wir hatten miteinander zu reden und zu streiten.«[11]

10 Feminist Book Fair Group (ed.): *2nd International Feminist Book Fair*, S. 73.

11 Karen Nölle-Fischer: Frauen als Schöpferinnen, Vermittlerinnen und Konsumentinnen, S. 30.

Sie verglich die folgende Messe in Montreal mit der in Oslo und schrieb mir dazu: »In Oslo war das anders gewesen. Vielleicht weil es erst die zweite Messe war, vielleicht weil Mittsommer in Oslo einen ganz eigenen Zauber entfaltete, ich werde nie vergessen, wie wir bei Mittsommerfeuern am Fjord mit Frauen aus Afrika zusammensaßen, die so selbstverständlich international agierten, wie es für Deutsche damals kaum denkbar war.

An den Nordhängen blühte noch der Flieder, an den Südhängen schon die Rosen, alles spross so üppig.

Für mich persönlich war Oslo Freiheit pur – die Zwillinge gerade zwei, ich zum ersten Mal länger allein unterwegs. Schon im Flugzeug traf ich per Zufall eine Frau, die mich in eine Wohnung einlud, die jemand ihr für die Messe überlassen hatte. Für die erste Nacht oder so lange, wie es praktisch war. Dann traf ich Sara Maitland, die ich übersetzt hatte – (meine erste Übersetzung, *Die Träume der Päpstin Johanna* bei Nikolai und Medea, war 1985 erschienen) und sie stellte mich Ruthie Petrie vor, die als Virago-Lektorin dabei war, und ich zog zu den Engländerinnen in die Wohnung. Ähnlich erzählten es andere. Es war alles so leicht. Und wir so entschlossen, Dinge auch wirklich freier zu machen als üblich.

Noch von der Uni geprägt, war ich entschlossen, die Rechte von Essays von Autorinnen zu erwerben, deren Denken ich als wegweisend empfand – und daraus eine Anthologie zusammenzustellen, die sozusagen als ideale Grundlage zur Einführung in die feministische Literaturwissenschaft dienen konnte. (Lustigerweise konnte ich den Text von Gayatri Spivak letzten Winter bei der Gastprofessur in Berlin tatsächlich bestens gebrauchen.)

Ich zog also von Stand zu Stand, erkundigte mich nach Rechten und unterhielt mich angeregt mit den Verlegerinnen. Endlich Gesprächspartnerinnen, wie ich sie schon lange ersehnte. Der Raum war nicht groß, vielleicht waren es fünfzig Ausstellerinnen aus Europa, USA, mehreren afrikanischen Ländern und Indien. Am zweiten Tag sprach mich Gerlinde Kowitzke vom Verlag Frauenoffensive an (da war ich natürlich noch gar nicht gewesen – ich wollte ja ausländische Rechte ...): Überall wo ich hinkomme, warst du schon und hast nach den interessantesten Titeln gefragt, sagte sie. Wer bist du?

Die Frage war berechtigt. Ich gehörte ja nirgends dazu, hatte acht Jahre in Aachen an der Uni unterrichtet, war ein Jahr in Berkeley tief in die Women's Studies eingetaucht, und nun frisch als freiberufliche Übersetzerin unterwegs (und als Mutter von drei Kindern, die jüngeren zweijährige Zwillinge, war ich in keiner Szene präsent).

Ich erzählte es ihr, sie ließ sich das Projekt beschreiben und sagte: das Buch machen wir bei uns. So entstand die Anthologie *Mit verschärftem Blick*, in manchem dilettantisch, aber von der Auswahl her doch von anhaltendem Wert. Ich war dann gut zehn Jahre eng mit der Frauenoffensive verbunden, bin mit Hilke und Gerlinde nach Montreal, Barcelona und Amsterdam gereist, habe ein paar Bücher rausgegeben, ein paar übersetzt und war in der Außenredaktion an der Auswahl des Programms beteiligt.

Auf so einfache Weise ein Projekt untergebracht habe ich selten.«[12]

3. IFBF Montreal 1988

Wieder war geplant, dass die nächste Feminist Book Fair in Indien, genauer gesagt in New Delhi stattfinden sollte, wo Urvashi Butalia und Ritu Menon vom Verlag Kali for Women sie organisieren wollten. Aber auch diesmal kam es wieder anders: Die dritte Feminist Book Fair fand in Kanada statt, genauer gesagt vom 14.–19. Juni 1988 in Montreal. Präsidentin war dort die Schriftstellerin Nicole Brossard, die bei der Eröffnungsveranstaltung, an der rund 500 Frauen teilnahmen, feststellte:

12 Mail an die Autorin vom 11. April 2024.

»Seit es sie gibt, hat die Internationale Feministische Buchmesse es uns möglich gemacht, unser Wissen miteinander zu teilen und auf den neuesten Stand zu bringen. Sie hat Freundschaft und Solidarität entstehen und sich erneuern lassen. Und vor allem anderen erzeugt sie die Energie, die das Denken möglich macht, das unsere Motivation, Konzentration und Kreativität anspornt.«[13]

Diesmal waren 212 Autorinnen aus 55 Ländern, 270 Verlegerinnen und einige Übersetzerinnen vertreten.[14] Aus der Bundesrepublik hatte der Verlag Frauenoffensive einen Einzelstand und der Frauenliteraturvertrieb von Anke Schäfer aus Wiesbaden einen Gemeinschaftsstand, an dem verschiedene andere Verlage ausstellten.

Bei den Einladungen hatte der Schwerpunkt diesmal auf Lateinamerika gelegen und auf den französischsprachigen Teilen Mittelamerikas und Afrikas. »Für die Québecerinnen, Angehörige der französischsprachigen Minderheit Kanadas, war es von Bedeutung, daß die englische beziehungsweise amerikanische Sprache nicht so selbstverständlich im Mittelpunkt des Geschehens stünde. Einige US-Amerikanerinnen und englischsprachige Kanadierinnen fühlten sich infolgedessen nicht genügend berücksichtigt. (...) Letztlich war die vorwiegende Sprache doch amerikanisch. Es wurde simultan in französisch und spanisch übersetzt.«[15]

Aber das sollte nicht das einzige Problem sein, wie Traude Bührmann weiter schreibt: »Eine Gruppe schwarzer englischsprachiger Lesben und Feministinnen riefen in der Vorbereitungsphase zum Boykott der Messe auf, da sie nicht mit einbezogen worden waren. Auch während der Messe äußerten sie sich zum rassistischen Verhalten der weißen Frauen. Einige heterosexuelle Frauen verließen die Vorbereitungs-

13 Hilke Schlaeger: Erinnerung – Macht – Strategie.
14 Traude Bührmann: Lesbenpräsenz auf der 3. Internationalen Feministischen Buchmesse, S. 94.
15 Ebd.

gruppe, weil die Lesben eine andere Sprache sprachen. Ihre Stimmen wären zu vordergründig.«[16]

Vor allem indigene Frauen kamen hier zu Wort, die sich unter anderem gegen den Trend von weißen Frauen wandten, »in der indianischen Mythologie, in der indianischen Geschichte die Allheilmittel für sich zu suchen«, und wiesen darauf hin, dass diese Kultur zerstört sei. Einige Kritik wurde offensichtlich aufgegriffen: So kündigte die weiße Schriftstellerin Anne Cameron, die durch ihr Buch *Töchter der Kupferfrau* weltweit bekannt wurde, an, dass sie in der Zukunft »keine indianischen Materialien mehr als Grundlage ihres Schreibens benutzen werde«[17]. Und die Teilnehmerinnen der Buchmesse schickten ein Protesttelegramm an die kanadische Regierung, nachdem die kanadische Polizei ein Reservat der Mohawks in der Nähe von Montreal unter fadenscheinigen Gründen überfallen hatte.[18]

Wie Hilke Schlaeger, Verlegerin der Frauenoffensive, schreibt, hatte die Messe in Montreal mehr als in London oder Oslo »den Charakter einer Weltfrauenkonferenz[19] im kleinen. Hunderte von Workshops, Lesungen, Diskussionen, dazu Tanz, Musik, Theater, Kino von Frauen für Frauen.«[20] Und sie erinnert sich an die großen Themen der Messe: »›Erinnerung‹, ›Macht‹, ›Strategien feministischen Bewußtseins‹; dazu die inzwischen von internationalen Frauenkonferenzen bekannten Auseinandersetzungen zwischen den Frauen der ersten und der dritten Welt, die vermeintlichen oder tatsächlichen Zurücksetzungen, Unter- und Überschätzungen und die dazugehörigen Flugblätter und Merkzettel. Das alles ließ manchmal den Eindruck entstehen, die Buchmesse

16 Ebd.
17 Traude Bührmann: Lesbenpräsenz auf der 3. Internationalen Feministischen Buchmesse, S. 95.
18 Ebd.
19 Auch Traude Bührmann spricht in ihrem Bericht davon, »daß die Messe eher einer Konferenz als einem geschäftlichen Ereignis geglichen hätte«, S. 98.
20 Hilke Schlaeger: Erinnerung – Macht – Strategie.

selber sei auch nur eine der Randerscheinungen einer feministischen Großveranstaltung.«[21]

Besonders beeindruckt war sie von der Vielfalt der feministischen Verlagsszene: »Das gilt nicht nur für den englischsprachigen Raum, der dominiert wird von den Schwestern aus USA. Das gilt für die armen Länder Schwarzafrikas, in denen mit Büchern von Frauen gegen den Verlust der kulturellen Identität der Frauen gekämpft wird. Für Lateinamerika, wo Frauen sich mit den Mitteln der Literatur gegen den alltäglichen Machismus im allgemeinen und gegen die Kriminalisierung von lesbischen Frauen im besonderen zur Wehr setzen. Für Asien, wo vor allem in Indien, Japan und auf den Philippinen Frauen aus ihren Rollen ausbrechen.«[22]

Einen ganz anderen Eindruck hinterließ die Messe jedoch bei Karen Nölle: »(...) die Buchmesse fand statt auf dem Gelände einer Universität, die Stadt blieb von dem Ereignis unberührt; es gab Begegnungen, aber mir war, als wären sie amerikano-zentriert, als schotte sich die Messe von der Stadt, Amerika gegen den Rest der Welt (leider mit dem Bewußtsein, für andere mitsprechen zu dürfen) und jede Podiumssprecherin gegen ihre Mitrednerin ab. Nicht Austausch, sondern Mitteilungen über den Stand der Dinge. Zum Mitprotokollieren. Das eigentlich Anregende waren die Gespräche mit Autorinnen und Verlegerinnen an den Messeständen. Feminismus auf einer Insel?«[23]

Auch Karen Nölle betonte, dass es dort viel um Positionen ging: »Dürfen nicht-indigene über Indigene schreiben? Die Frauen gingen sehr hart mit einer weißen Kanadierin um, die ›Indianer‹-Geschichten schrieb, mit großem Erfolg[24]. Eine der Wortführerinnen war die neuseeländische Schriftstellerin und Māori-Aktivistin Cathie Dunsford.

21 Ebd.
22 Hilke Schlaeger: Erinnerung – Macht – Strategie.
23 Karen Nölle-Fischer: Frauen als Schöpferinnen, Vermittlerinnen und Konsumentinnen, S. 30.
24 Anne Cameron, s. oben.

Appropriation war auch damals schon ein großes Thema, nebst der Möglichkeit, zwar selbst nicht diskriminiert werden zu wollen, aber möglichst andere zu maßregeln oder auszuschließen. Grenzziehungen.

Meine lustigste Erinnerung: an einem Stand, wo ich für die Frauenoffensive um Vorschläge bat, was sich ins Deutsche zu übersetzen lohnen würde, wollten sie mit mir als Hetera nicht sprechen. Da bin ich Gerlinde holen gegangen und hab die Frauen unter sich reden lassen.«[25]

Trotz aller Kritik, die Traude Bührmann benennt, kam sie letztendlich doch zu einem positiven Eindruck: »Es beeindruckte mich zu erleben, daß allen Lesben und Frauen in ihrer Verschiedenartigkeit, aus ihrer unterschiedlichen Geschichte heraus, der Raum gegeben wurde, sich auszudrücken, gehört zu werden. Die vorwiegende Stimmung, die sich durch die Abschiedsstunden zog, war die, daß die meisten bereichert nach Hause fuhren, bereichert um das Wissen, daß in vielen Teilen und Winkeln der Welt am selben Strang gezogen wird, sich das lesbisch-feministische Netz verdichtet.«[26]

Am Ende ging es wieder um die Frage, wo die nächste Messe stattfinden sollte. Wie schon in London und Oslo war darüber gesprochen worden, sie in Indien – jetzt kamen noch die Philippinen hinzu – stattfinden zu lassen, »um die Bedeutung der Frauen in der Dritten Welt zu unterstreichen«[27]. Frau war sich darüber einig, dass sie nicht zweimal am gleichen Ort stattfinden sollte und auch durchaus außerhalb von Europa und Nordamerika. Aber die Befürchtung bestand, dass sie dann weniger zur Kenntnis genommen würde. Hilke Schlaeger fasst es so zusammen: »Selbst die beste Organisation nutzt am Ende nichts, wenn

25 Persönliche Mitteilung an die Autorin vom 12. April 2024.
26 Traude Bührmann: Lesbenpräsenz auf der 3. Internationalen Feministischen Buchmesse, S. 99.
27 Hilke Schlaeger: Erinnerung – Macht – Strategie.

zwar die Bücher zu den Frauen, aber die Frauen nicht mehr zu den Büchern kommen.«[28] Die Diskussionen hierüber lassen sich erahnen.

4. IFBF Barcelona 1990

Aus diesem Grund fand die vierte Feministische Buchmesse auch wieder in Europa statt, und zwar in Spanien: vom 19. bis 23. Juni 1990 in Barcelona.

»An den ersten beiden, den Fach-Tagen, waren die Vorträge und Podiumsgespräche vornehmlich verlegerischen Fragen gewidmet: Frauen als Verlegerinnen – Verlagsgrößen, Wirtschaftlichkeit und Wachstum, Arbeitsformen, Zusammensetzung des ›Personals‹ oder Kollektivs. Es berichteten in erster Linie Verlage aus den Ländern der Nordhalbkugel, die allerdings an dem üblicherweise mit dieser Region verbundenen Reichtum nur bedingt teilhaben – so ging es denn um Erfolgs- oder Überlebensrezepte und inhaltliche Integrität, sich Einlassen auf den Markt, Nischen und machbare Kompromisse. Ein Informations- und Haltungsaustausch, der bei jedem internationalen Treffen wieder anstehen dürfte.«[29]

In einer Veranstaltung zu »Frauenverlage international und Wirtschaftsfragen von Verlagen in der Dritten Welt« wurden die Unterschiede sehr deutlich: Während sich Frauenverlage in westlichen Ländern bemühten, ihren Absatz über die Frauenbewegung hinaus zu fördern, war das in Ländern der damals noch »Dritten Welt« genannten Ländern nicht möglich. Dort konnten sich die Frauen einfach keine Bücher leisten. Abnehmer waren dort im Wesentlichen Bibliotheken, veröffentlicht wurde mit Hilfe von Stipendien. Unter Frauen wurden oft Kopien geteilt.

28 Ebd.

29 Karen Nölle-Fischer: Frauen als Schöpferinnen, Vermittlerinnen und Konsumentinnen, S. 30.

»An die Adresse der Frauenverlage der reichen Länder richteten die Verlegerinnen der Dritten Welt die Forderung nach Solidarität und nach Phantasie auf der Suche nach Mitteln und Wegen, es möglich zu machen, daß Bücher und Schriftstellerinnen beispielsweise nicht von großen westlichen Verlagen übernommen, sondern daß die Produkte von den Ländern selbst vertrieben werden können und etwaige Gewinne auch an die Ursprungsländer und Produzentinnen gehen.«[30]

Ein schwieriges Thema für Kleinverlage mit Minderheitenpublikum in einer sich konzentrierenden Verlagslandschaft, wie Karen Nölle feststellte. Geklärt werden konnte es auf dieser Messe nicht und es spielt bis heute eine Rolle: »Für Debatten ein weites Feld.«[31]

Die öffentlichen Veranstaltungen mit internationalen Größen des Feminismus fanden in überfüllten Sälen statt, aber wirkliche Diskussionen gab es dort nicht. Sie hatten »doch eher den Charakter von Ritualen – Anlässen, bei denen bekannte Kataloge abgebetet wurden. (...) Dabei hätten kontroverse Debatten über ›Feministische Literatur und Kulturkritik‹, ›Feminismus, religiöser Fundamentalismus und multi-kultureller Laizismus‹ und ›Politik, Frieden und Ökologie‹ gerade unter den hervorragenden eingeladenen Sprecherinnen ganz sicher Stoff zum Nachdenken geboten.«[32] Stattgefunden haben diese Diskussionen sicher unter den Teilnehmerinnen außerhalb der Veranstaltungen. Internationale Schriftstellerinnen, die an dieser Messe teilgenommen haben, waren beispielsweise Fatima Mernissi, Cristina Peri-Rossi, Vandana Shiva, Petra Kelly, Angela Carter und Nawal El Saadawi.

Positive Erinnerungen hat Susan Hawthorne an Elana Dykewomon, deren Buch *Sarahs Töchter* in der Übersetzung von Andrea Krug im Verlag Krug & Schadenberg auch auf Deutsch erschienen ist. Sie machte

30 Ebd., S. 31.
31 Ebd.
32 Ebd.

mich auf dieses Zitat der Autorin aus der Dokumentation der Messe aufmerksam:

»Wir können keine Lesbenliteratur ohne Lesbenverlage haben. Wir können keine Lesbenverlage ohne eine starke lesbische Community und Leserinnen haben. Wir können einen utopischen Wunsch für die neue Lesbe haben, aber alles ist davon abhängig, wofür du dein Geld ausgibst und wen du liebst. Wir brauchen beides heute, dein Geld und deine Liebe.«[33]

Zu einem wirklichen Austausch kam es jedoch in den Arbeitsgruppen von Spezialistinnen, »ausgefeilte Gedanken wurden vorgetragen, Positionen standen gegeneinander. Gruppen formten sich, die über die Jahre in Kontakt bleiben werden.«[34]

Und so kommt Karen Nölle am Ende doch noch zu einer positiven Einschätzung: »Für mich sind diese Begegnungen unverzichtbarer Teil einer Messe, bei der es um Geschäft und Inhalt geht. Durch andere Redeweisen, unterschiedliche Gewichtungen einen fremden Blick auf eigenes Denken lenken zu können, ist ein Geschenk für jede Beteiligte, von dem auf lange Sicht auch die Verlage nur profitieren können.«[35]

5. IFBF Amsterdam 1992

Nachdem ich drei Messen verpasst hatte, freute ich mich sehr auf die nächste, lebte ich doch damals in Utrecht, nur etwa 30 Kilometer von Amsterdam entfernt. Das Gästezimmer in unserer WG war voll mit Besuch aus Deutschland. Wir pendelten täglich, hatten gute und intensive Gespräche untereinander – aber wurden auch sehr enttäuscht.

Für Martina Sander war die Feminist Book Fair in Amsterdam die erste, an der sie teilnahm und über die sie anschließend im *Ariadne*

33 Elana Dykewomon. In: *Debats, Debates ...*, S. 168.
34 Karen Nölle-Fischer: Frauen als Schöpferinnen, Vermittlerinnen und Konsumentinnen, S. 31.
35 Ebd.

Forum schrieb: »Da ist der Kontakt mit Verlegerinnen anderer Länder, mit denen es schon so lange Briefwechsel gibt, die wir aber nie persönlich getroffen hatten; dann die Vielfalt der politischen Ideen; der Stand der verschiedenen Länder hinsichtlich ihrer sozialen und ökonomischen Situation; schließlich ist der internationale Klatsch nicht zu vergessen (...) doch gibt es längst eine Art Interessengemeinschaft, die die kleinen politischen und persönlichen Fehden überragt und regelmäßig Kontaktpflege betreibt, was uns sehr beeindruckte. Auch die Auseinandersetzungen, die offiziell auf dem Podium ausgetragen wurden, waren von jener kulturellen Vielfalt, die die Atmosphäre der ganzen Messe prägte.«[36]

Ein Renner – damals wie heute – waren die gelb-schwarzen Ariadne-Poster mit der Aufschrift »Lesen statt Putzen«.

Auch für Catrin Weber vom Bielefelder Frauenbuchladen war es die erste International Feminist Book Fair und sie war begeistert: »Das tollste Erlebnis war die feministische Buchmesse in Amsterdam, daran kann ich mich noch gut erinnern, das war echt toll, so viel tolle Frauen/Bücher, Lesben ..., das war damals sehr inspirierend ...«[37]

In meiner Erinnerung war diese Messe jedoch zu stark von Konzernverlagen geprägt, die zu viel Raum einnahmen, auch wenn die feministischen Verlage natürlich anwesend waren.

Traude Bührmann hatte über die vorherigen Messen, bei denen es durchaus Unterschiede gab, geschrieben: »Allen gemeinsam war jedoch so etwas wie eine Richtung, mehr oder weniger autonom, mehr oder weniger separat, auf jeden Fall war eine Parteilichkeit mit lesbisch-feministischen Visionen zu spüren, mit dem, woraus die erste feministische Buchmesse geboren wurde«.[38] In Amsterdam herrschte jedoch ein anderer Geist: »Türsteher, Ordnungshüterinnen, Stechuhren

36 Martina Sander: Feministische Vielfalt in Amsterdam, S. 47.
37 Catrin Weber: Erinnerungen von Catrin Weber.
38 Traude Bührmann: Women's words, women's worlds, S. 16.

sollten für einen reibungslosen Ablauf sorgen, die unberechenbaren Momente und Äußerungen zwischen vorauskalkulierten Minuten erstickt werden. Veranstaltung folgte auf Veranstaltung, es war keine Zeit für öffentliche Diskussionen, geschweige denn ein Austragen von Kontroversen oder Konflikten. Wortabklatsch statt Austausch.«[39]

Auch kritisiert Traude Bührmann, dass viele Teilnehmerinnen nicht an der Eröffnungsveranstaltung teilnehmen konnten, weil die Verlage nur jeweils eine Eintrittskarte für eine Person bekamen, während sie einem ausgewählten Publikum von Prominenten und Persönlichkeiten der Stadt offenstand. Aber schlimmer noch: »Als sich die Ministerin für Kultur, eine Sponsorin der Buchmesse, in ihrer Rede ausdrücklich gegen radikale Feministinnen und separatistische Lesben aussprach, blickten sich einige Zuhörerinnen irritiert an, glaubten, sie hätten sich verhört, es sei ein Übersetzungs- oder technischer Fehler.«[40]

Kurzum: Die Messe in Amsterdam war nicht nur für mich, sondern für viele eine Enttäuschung. Ein großer Erfolg hingegen war sie für Marianne Verhallen, die Inhaberin des Antiquariats Vrouwenindruk aus Amsterdam, das ich – was ich damals noch nicht ahnte – vier Jahre später übernehmen sollte.[41] Marianne fuhr immer wieder in den Laden, um Nachschub an Büchern zu holen. Am Ende der Messe hatte sie gut die Hälfte ihres Vorrats verkauft.

In Amsterdam gab es mehrere Vorschläge für den Ort, an dem die nächste Messe stattfinden sollte. Als ein möglicher Ort war München im Gespräch, aber die Frauen der Frauenoffensive zogen ihr Angebot zurück, als sie vom gut ausgearbeiteten australischen Plan hörten, den Susan Hawthorne erarbeitet hatte, und unterstützten diesen. Sicher hat auch eine Rolle gespielt, dass es nach langen Diskussionen zum ersten Mal eine Messe auf der Südhalbkugel geben sollte, was längst

39 Ebd.
40 Ebd.
41 Mehr hierzu in Doris Hermanns: Bücherleidenschaft und Entdeckungslust.

überfällig war. Ich freute mich riesig, endlich wieder einen mehr als guten Grund zu haben, nach Australien zu fahren.

6. IFBF Melbourne 1994

Zwei Jahre sind keine lange Zeit, um solch ein internationales Treffen zu organisieren, schrieb mir Susan Hawthorne.[42] Aber die Vorbereitungsgruppe hatte es geschafft: Die *6th International Feminist Book Fair* fand vom 27. bis 31. Juli 1994 in Melbourne statt, und es war die erste mit einem Schwerpunkt. Diesmal sollten indigene, asiatische und pazifische Literatur und Verlage im Mittelpunkt stehen. Viele Autorinnen bekamen dort zum ersten Mal die Möglichkeit, ihre Arbeiten einem Publikum, das aus der ganzen Welt angereist war, vorzustellen.

Wie üblich gab es zunächst zwei Tage, an denen die Messe für Fachpublikum geöffnet war – was recht breit gefasst war und neben Autorinnen, Verlegerinnen und Buchhändlerinnen auch für Bibliothekarinnen, Lehrerinnen und andere Erzieherinnen galt. Themen waren dort beispielsweise elektronische Veröffentlichungen, Übersetzungen, internationale Rechte, internationale feministische Verlage, Bedrohungen von feministischem Publizieren, Indigene Verlage, Verlegen von mündlichen Traditionen und internationale Vertriebe. Die nächsten drei Tage waren dann Publikumstage, an denen Bücher aus der ganzen Welt gekauft werden konnten, und es gab ein Literaturfestival, bei dem es um Themen wie Ökologie, Feminismus und indigene Politik ging, Frauen und Krieg, Cyberspace, Cartoons, Nationalismus und Fundamentalismus, Lesbenkrimis, Migration, Behinderungen, Literatur der First-Nations-Autorinnen, Storytelling und vieles mehr.

Die Messe wurde mit einer »Healing and Welcoming Ceremony« eröffnet, die mit Lisa Bellear und Destiny Deacon, zwei Koori-Frauen von der Organisationsgruppe, sowie der Yuroke Aboriginal Women's Group

42 Mail an die Autorin vom 13. April 2024.

abgestimmt wurde. Die IFBF fand auf Bunurong/Wurundjeri Land statt, und Welcome to County-Zeremonien sind vor Veranstaltungen in Australien üblich, um den Aboriginals Respekt zu erweisen, auf deren Land sie sich befinden. Eva Gläser schreibt dazu: »Die Buchmesse findet schließlich auf dem Grund und Boden von Aboriginesfrauen statt. Sie leben in diesem Kontinent seit 50.000 Jahren. 200 Jahre Kolonisation genügten, so Maureen Watson, das Land zu verschmutzen, die eingeborenen Frauen unsichtbar zu machen.«[43]

Die indigene australische Schriftstellerin und Aktivistin Maureen Watson machte deutlich, dass es eine westliche Mentalität sei, alles schriftlich festzuhalten. »Das Recht auf Land ebenso wie Gedichte.«[44] Und fuhr fort: »Wir haben unser eigenes Verständnis von Sprache, Natur und Land. Begriffe wie Land und Nation kennen wir erst, seitdem die Engländer zu uns kamen. Das Gesetz kommt vom Land selbst, nach unserem Verständnis, das Land ist die Mutter von allem. Es braucht uns nicht. Wir brauchen es.«[45]

Es nahmen etwa 120 Autorinnen teil, die aus den unterschiedlichsten Ländern kamen. Neben Autorinnen aus Europa, den USA und Australien sowie zahlreichen First-Nation-Autorinnen waren beispielsweise Farida Akther aus Bangladesh, Ama Ata Aidoo aus Ghana, Merlinda Bobis und Ninotchka Rosca von den Philippinen, Urvashi Butalia und Suniti Namjoshi aus Indien, Tsitsi Dangarembga aus Simbabwe, Keri Hulme, Cathie Dunsford, Beryl Fletcher und Patricia Grace aus Neuseeland, Hilda Lini und Grace Mera Molisa aus Vanuatu, Chailing Palacios von den Nördlichen Marianen, Alifa Rifat aus Ägypten, Wang An-yi aus China, Fawziya Abu-Khalid aus Saudi-Arabien und Miriam Tlali aus Südafrika anwesend. Aus Deutschland waren unter anderem Traude Bührmann, Sigrid Markmann und Verena Stefan angereist.

43 Eva Gläser: Wir brauchen nicht nur Bücher sondern auch Orte, S. 20.
44 Zitiert nach: Eva Gläser: Wir brauchen nicht nur Bücher, sondern auch Orte, S. 20.
45 Ebd.

Nicht allen Autorinnen war es möglich zu kommen, so wurde der Autorin Duong Thu Huong einen Tag vor Beginn der Messe von der vietnamesischen Regierung mitgeteilt, dass sie nicht wieder nach Vietnam einreisen dürfe, wenn sie das Land verlassen würde.

Wie wichtig es war, die Stimmen dieser Frauen zu hören, beschreibt Eva Gläser in ihrem Bericht über die Messe in der *Virginia Frauenbuchkritik*: »Literatur ist in Vanuatu ein Privileg. Schreiben ein Luxus. Publizieren unmöglich.« Die pazifische Autorin Grace Mera Molisa erstaunte mit ihren Schilderungen nicht wenige der Zuhörerinnen. Wer weiß schon genau, wo Vanuatu liegt und welche Anliegen und Fragen die Frauen in diesem Land haben? Ähnlich dürfte es vielen Frauen, die nicht mit Australien vertraut waren, auch mit Storytelling gegangen sein. In Deutschland inzwischen weitgehend als Marketinginstrument missbraucht, ist es dort das traditionelle mündliche Geschichtenerzählen der First Nations. Eva Gläser schreibt zum Schwerpunktthema, dass es nicht nur durch die Präsenz vieler asiatischer, pazifischer und indigener Autorinnen markiert wurde, »sondern auch in der Art, wie diese ihre Literatur präsentierten. Neben der für westliche Besucherinnen vertrauten Form der Lesung konnte frau aber auch die traditionelle Form des Geschichtenerzählens genießen. Dieses ›Storytelling‹ muß direkt erlebt werden, Gestik und Mimik der Vortragenden gehören untrennbar dazu. Wie können diese Traditionen in unserer heutigen technologisierten Welt bewahrt bleiben? Die Gefahr der Reduzierung bei der Transkription in die Schriftsprache kam in vielen Diskussionen zur Sprache.«[46]

Else Laudan von Ariadne erinnert sich nicht nur an den dortigen Gemeinschaftsstand der deutschsprachigen Frauenverlage (versorgt von Anke Schäfer), sondern merkt an: »Überhaupt gehören die vielen Begegnungen für mich zum Schönsten auf dieser Messe. Bei asiati-

46 Ebd., S. 20.

schen und pazifischen Autorinnen fand ich keine Krimis, dafür aber um so mehr Entschlossenheit, trotz widrigster Bedingungen in ihren Ländern einen Raum für Frauenkultur zu erstreiten.«[47]

Und sie fasst zusammen: »Wie kaum ein anderes Ereignis des Literaturbetriebs schafft es die alle zwei Jahre an wechselndem Ort stattfindende International Feminist Bookfair, eine Stimmung begeisterten Überschwangs in mir hervorzukitzeln. (...) Das macht die einzigartige Mischung aus umfassend internationaler Frauenkultur und der von der Gewißheit geprägten Atmosphäre, daß jede Anwesende eine ›Schwester im Geiste‹ ist.«[48]

In Melbourne waren zahlreiche Verlage, Klein- und Kleinstverlage aus Deutschland vertreten. Nicht von allen waren Frauen dorthin gereist, viele wurden von Anke Schäfer vom Verein zur Förderung und Verbreitung von Frauenliteratur an einem Gemeinschaftsstand für deutschsprachige Frauenliteratur vertreten, so dass neben den Büchern der Frauenoffensive und dem Orlanda Frauenverlag unter anderem auch Bücher von den Verlagen Gisela Meussling, Venus Falling, Kore, Krug & Schadenberg sowie Morgana präsentiert werden konnten.

Vertreten waren aber – anders als bei früheren feministischen Buchmessen – auch zahlreiche Verlage aus Asien.

Probleme gab es vor allem mit der Finanzierung, da ursprünglich gemachte Zusagen nicht eingehalten wurden. Fast hätte die Direktorin der Messe, Jane Sloane, aufhören müssen, da es unklar war, ob sie bezahlt werden konnte. Zum Glück kamen die Gelder im letzten Moment aber doch noch. Auch auf der Messe selbst war es schwierig: Diejenigen, die sich für eine Veranstaltung angemeldet hatten, meinten, keinen Eintritt bezahlen zu brauchen – und das waren viele, während andere durch einen Hintereingang hereinkamen und nichts bezahlten. Beides

47 Else Laudan: Heißer Winter im Juli: »Femibook« 1994. In: *Ariadne Forum* Heft 3, S. 39.
48 Ebd., S. 38.

führte zu finanziellen Verlusten.[49] Am Ende fehlte Geld, um Rechnungen bezahlen zu können, und einige Frauen aus der Vorbereitungsgruppe mussten einspringen.

Wie gesagt: Autonomie will gelernt sein. Frauen nicht auf ihren Kosten sitzen zu lassen auch.

Auch wenn die Messe sich im Laufe der Jahre professionalisierte, die Intention war geblieben. Wie Gerlinde Kowitzke anmerkte: »Fünfzig Prozent sind die Messe, die anderen fünfzig Prozent die Diskussionen, die Netzwerke, die hier gegründet werden.«[50]

Durch die internationale Zusammenarbeit gab es immer wieder Übersetzungen von Büchern, die für diese Zeit wichtig waren: Klassikerinnen der Frauenbewegung wie *Häutungen* von Verena Stefan wurden auf Niederländisch, Französisch, Englisch, Norwegisch und Dänisch veröffentlicht, *Die Scham ist vorbei* von Anja Meulenbelt auf Deutsch, Dänisch, Englisch, Norwegisch, Griechisch, Finnisch, Slowenisch und Türkisch. Durch die Afroamerikanerin Audre Lorde wurde die Schwarze Frauenbewegung in Deutschland[51] angestoßen, und ein erstes Buch über Schwarze Frauen in Deutschland wurde, wie auch Lordes Bücher, 1986 im Orlanda Frauenverlag veröffentlicht: *Farbe bekennen. Afro-deutsche Frauen auf den Spuren ihrer Geschichte*. Auch einige Werke der jüdischen US-amerikanischen Dichterin Adrienne Rich wurden unter anderem sowohl in deutschen wie auch niederländischen feministischen Verlagen herausgebracht, ebenso wie die Autobiografie der südafrikanischen Aktivistin Ellen Kuzwayo, Werke von Monique Wittig und Klassikerinnen wie *Das Buch von der Stadt der Frauen* der französischen Schriftstellerin und Philosophin Christine de Pizan.

49 Die Informationen zu den Finanzen stammen von Susan Hawthorne aus einer Mail an die Autorin vom 13. April 2024.

50 Eva Gläser: Wir brauchen nicht nur Bücher sondern auch Orte, S. 21.

51 Auch in Großbritannien hatte sie großen Einfluss, ebenso wie in den Niederlanden, wo auch einige ihrer Bücher im feministischen Verlag Sara erschienen.

Aber es gab jedoch nicht nur Übersetzungen, sondern auch gemeinsame Planungen, wie beispielsweise das von Susan Hawthorne und Renate Klein herausgegebene Buch *Australien der Frauen*, das in deren feministischem Verlag Spinifex Press in Australien erschien, das in deutscher Übersetzung in der Reihe *Reise & Kultur* in der Frauenoffensive herauskam. Die gemeinsame Buchpräsentation beider Verlage fand im Juli 1994 auf der Feministischen Buchmesse in Melbourne statt. Zudem gab es noch eine von der Feminist Press in den USA veröffentlichte Fassung dieses Buches.[52]

Auch der erste Roman der Cowrie-Serie der neuseeländischen Autorin Cathie Dunsford wurde in Melbourne präsentiert. Mehrere Bände der Serie wurden später ins Deutsche übersetzt, davon zwei im Christel Göttert Verlag[53], die Autorin hatte zahlreiche Veranstaltungen in Deutschland und in den Niederlanden.

Vorschläge für Übersetzungen kamen auch von Frauen, die Bücher in anderen Sprachen lasen. Als Beispiel sei hier Regine Elsässer, Mitbegründerin des Frauenbuchladens in Mannheim, Scout und Übersetzerin, genannt. Sie fand einen Roman der Dänin Bente Clod so wichtig, dass er übersetzt werden sollte, und übernahm diese Aufgabe gleich selbst. Das von ihr übersetzte Buch *Sieben Sinne. Der Roman aus der Frauenbewegung* erschien 1982 im Medea Frauenverlag.[54]

Renate Klein erinnert sich noch an alle Buchmessen außer der in Oslo, bei der sie nicht war: »Sie waren total spannend, zeigten, wie international Feminismus war und wie viele interessante Frauen und Lesben sich beteiligten. Die Buchmessen trugen auch maßgebend dazu bei, dass meine private Büchersammlung wuchs. Das sind alles sehr schöne Erinnerungen!«[55]

52 Ich danke Renate Klein für diesen Hinweis.
53 *Lied der Selkies* und die überarbeitete und ergänzte Neuauflage von *Manawa Toa*, beide übersetzt von Karin Meißenburg.
54 Ebba D. Drolshagen: Regine Elsässer, S. 21.
55 Mail von Renate Klein an Doris Hermanns vom 17. März 2024.

Zusammenfassend schreibt Karen Nölle – und dem kann ich mich nur anschließen: »Die Aufbruchsstimmung damals, unsere Entschlossenheit, uns international untereinander zu verbinden und das, was uns verband, stärker in den Fokus zu nehmen als das Trennende, die Offenheit der Gespräche: alle lernten sich erst kennen!, machten wirklich Hoffnung. Es fühlte sich an wie eine Welle, die Schwung holt und losrollt.«[56]

Aber leider rollte diese Welle nach Melbourne nicht mehr weiter, egal, wie wichtig wir sie alle fanden. Die US-amerikanische Krimiautorin Barbara Wilson, deren Romane um die lesbische Globetrotterin Cassandra Reilly[57] auch auf Deutsch erschienen, ließ in »Tatort Feministische Buchmesse«[58] die Messe während der Glasnost-Zeit 1989 im russischen Wladiwostok stattfinden – nach Auckland und Manila. Die nächste war dann für Tierra del Fuego geplant. Es wäre so schön gewesen … aber in der Literatur ist Vieles möglich, was in der Realität leider nicht stattfindet. So war die Messe in Melbourne leider die letzte, auch wenn eine weitere in Brasilien geplant war. Warum diese nicht stattgefunden hat, ließ sich leider nicht mehr klären.

Diesen internationalen Austausch vermisse ich bis heute sehr!

56 Mail von Karen Nölle an die Autorin vom 11. April 2024.

57 In deutscher Übersetzung erschienen ihre Romane und Erzählungen zwischen 1991 und 2000 bei Ariadne im Argument Verlag.

58 Erschienen in: Barbara Wilson: *Belladonna. Neun Reisen mit Cassandra.* Übersetzt von Sigrid Sengpiel. Hamburg, Ariadne im Argument Verlag, 1997.

Aus dem einen entsteht das andere: Frauenbuchwochen und mehr

Bereits im Herbst 1984, also kurz nach der ersten Feminist Book Fair, gab es in Großbritannien die erste ***Feminist Book Week*** mit Veranstaltungen in vielen Städten des Landes. Renate Klein schreibt dazu: »Maßgebend dabei war Gail Chester, die im Women's Research and Research Centre (WRRC) arbeitete und auch bei der Buchmesse schon dabei war. WH Smith[1], eins der größten Buchhandelsunternehmen mit Filialen in allen Innenstädten in Großbritannien, druckte gratis tausende Kataloge mit Anzeigen der feministischen Verlage und einer Liste der ›Feminist Top 20s‹: die besten 20 feministischen Bücher des Jahres. Die Feminist Bookweek, an der viele alternative Bücherläden teilnahmen, war so erfolgreich, dass sie bald verdoppelt wurde als ›Feminist Book Fortnight‹. Das waren jährliche Veranstaltungen bis 1991.«[2]

In Großbritannien wurde die Idee der ***Feminist Book Fortnight*** (FBF) 2018 wieder neu aufgenommen, wobei sich ausdrücklich auf die Inspiration der Frauenbewegung berufen wurde. Nach einer Pause von 27 Jahren ging es also weiter. Es war die Buchhändlerin Jane Anger vom radikalen Five Leaves Buchladen, die sie aus Frustration über die mangelnden Fortschritte im feministischen Publizieren seit den 1980er Jahren anstieß.[3] Heute ist die FBF eine jährliche Veranstaltung, die von unabhängigen Buchhandlungen organisiert wird, um feministische und radikale Bücher zu feiern und wird als Ort angesehen, die Pluralität des Feminismus zu unterstützen.

Als es in den Niederlanden Mitte der 1980er Jahre einen starken Umsatzeinbruch bei den Frauenbuchläden gab, da immer mehr andere

1 WHSmith ist eines der führenden Buchhandelsunternehmen in Großbritannien. Weltweit betreiben sie über 800 Filialen an Flughäfen, Bahnhöfen, Autobahnraststätten und in Krankenhäusern sowie über 600 Ladengeschäfte in britischen Innenstädten.

2 Mail von Renate Klein an die Autorin vom 17. März 2024.

3 https://feministbookfortnight.wordpress.com/a-short-history/

Buchhandlungen auch feministische Bücher anboten, reagierten 1985 15 Frauenbuchläden darauf mit einer ***Vrouwenboekenweek*** – also einer Frauenbuchwoche –, die bis 1989 jährlich stattfand.[4]

Zur Gelegenheit der ersten Vrouwenboekenweek gab die Gruppe Schwarzer Frauen das Buch *Zwart aan zet* heraus, eine Anthologie mit Geschichten, Gedichten, Zeichnungen und Fotos von Schwarzen Frauen.[5]

Die Vorbereitungsgruppe der Frauenbuchwoche gründete anschließend die ***Vrouwenboekenkrant*** (Frauenbuchzeitung) *Surplus*[6], die Schwesterzeitung der *Virginia Frauenbuchkritik*[7], um ein breiteres Publikum auf Bücher von Frauen aufmerksam zu machen. Gemeinsam arbeiteten sie 1993 an einer Ausgabe der *Virginia*, als die Niederlande und Flandern Gastland auf der Frankfurter Buchmesse waren. Denn wie die Redaktion schreibt: »Wir fanden zudem, es sei höchste Zeit, daß Frauen anfangen, überregional, d.h. grenzüberschreitend zusammenzuarbeiten, und einander etwas von ihren nationalen Vorlieben und Abneigungen zu vermitteln.«[8] So gab es auf zehn Seiten Rezensionen von damals in Übersetzung auf dem deutschen Markt erschienenen niederländischen und flämischen Titeln, die von den Niederländerinnen geschrieben wurden. Ebenfalls in dieser Ausgabe enthalten war ein Interview mit Astrid Roemer, die 1999 den LiBeraturpreis erhielt und von der erst 2023 und 2024 wieder zwei Romane in deutscher Übersetzung (von Bettina Bach) erschienen. Daneben vermittelte ein Informationskasten »Indonesien und die Niederlande« historischen Hintergrund, von dem hierzulande wohl die wenigsten wissen.

4 Hedy d'Ancona e. a.: *Vrouwenlexicon*, S. 407.
5 Mirjam Hemker e. a.: *Lesbo-encyclopedie*, S. 220.
6 *Surplus* existierte von 1987 bis 2002.
7 Zur *Virginia Frauenbuchkritk* s. S. 186 ff.
8 *Surplus* stellt vor: Schriftstellerinnen aus den Niederlanden und Flandern. In: *Virginia Frauenbuchkritik*, Heft 15, S. 9.

In den Jahren 1989 und 1991 gab es auch die ***Australian Feminist Book Fortnight.*** Diese wurde jedoch eingestellt, da sie von den gleichen Frauen organisiert wurde wie die Feminist Book Fair in Melbourne 1994. Alles gleichzeitig war dann doch zu viel des Guten.

Auch in Australien gab es noch einmal einen Neustart, allerdings nicht aus der Buchbranche, sondern von der YWCA[9]. Die ***Feminist Book Week***[10], die 2020 und 2021 online stattfand, wollte auf den Sexismus, die unbewusste Voreingenommenheit und Ungleichheit zwischen den Geschlechtern, die im Verlagswesen und in den Medien immer noch weit verbreitet sind, aufmerksam machen sowie auf Autorinnen und die Vielfalt des Storytelling. Es scheint allerdings bei diesen beiden Wochen geblieben zu sein.

In Deutschland gab es nur sehr vereinzelt regionale Buchwochen, die Werke von Frauen zum Thema machten.

So fand im November 1985 die ***Bielefelder Frauenliteraturwoche*** im dortigen FraZe[11] statt. Dort gab es beispielsweise Lesungen von Jutta Heinrich, die uns damals alle mehr als beeindruckt hat, und eine Verlagsvorstellung des im Jahr zuvor gegründeten Daphne Verlags, bei dem Susanne Amrain vorrechnete, warum die Bücher von unabhängigen Verlagen teurer sind als die von Konzernverlagen. Aber es fanden auch zahlreiche Diskussionen statt, u. a. zu der Frage, ob wir Romane lesen wollen, die unser tägliches Leben in der Frauenbewegung betreffen. Die Antwort war eher nein: Das wäre langweilig, da wir das ja kennen – was der üblichen Vorstellung widerspricht, dass Frauen sich gerne mit den Protagonistinnen von Romanen identifizieren möchten. Beim Lesen geht es ja auch gerade darum, andere Erfahrungen, andere Kulturen, andere Länder kennenzulernen. Andererseits: Wenn wir

9 Die Young Women's Christian Association. YWCA; deutsch: Christlicher Verein Junger Frauen, CVJF.

10 https://www.ywca.org.au/feminist-book-week/

11 Bielefelder Frauenkulturzentrum.

unsere eigene Geschichte(n) nicht aufschreiben, macht es keine, und sie gehen verloren.

1988 fand eine ***Frauenbuchwoche*** in Kassel statt, bei der Fragen gestellt wurden wie: »Hat sich mit der ›Neuen Frauenliteratur‹ ein neuer, weiblicher Sprachgebrauch innerhalb dieses Genres entwickelt? Ist Frauenliteratur gekennzeichnet durch gemeinsame ›weibliche‹ Schreibeigentümlichkeiten? Was überhaupt ist eigentlich ›Frauenliteratur‹?«[12] Es ging um Schriftstellerinnen wie Marlen Haushofer, Marguerite Duras und Anna Rheinsberg, um Christa Reinig als lesbische Schriftstellerin, um autobiografisches Schreiben, um Lesbenliteratur, und der Orlanda Frauenverlag wurde vorgestellt.

Ein Jahr später fand in Bremen ein vom Bremer Frauenbuchladen Hagazussa organisierter ***Lesben-Literatur-Monat*** statt, um Fragen wie diesen näherzukommen: »Lesen wir überhaupt die Literatur, die bei uns im Lesbenregal steht? Warum lesen einige lieber Romane und Erzählungen geschrieben von heterosexuellen Autorinnen und mit ebensolchen Inhalten? Was ist überhaupt Lesbenliteratur? Was verstehen wir unter ***literarischer Qualität***? Oder lehnen wir solche Bewertungen als patriarchal grundsätzlich ab? Wie soll die Lesbenliteratur sein, die wir uns wünschen? Und: Was lesen andere Lesben?«[13] Deutlich war auf jeden Fall, dass es zu wenig Lesbenliteratur gab.[14] Das Interesse an den Veranstaltungen war groß, wobei es Lesungen wie auch Vorträge gab. Es ging um die Klassikerin aus der Weimarer Republik, *Der Skorpion,* von Anna Elisabet Weirauch[15], um Annemarie Schwarzenbach, um den damals kurz vorher gegründeten Lesbenverlag ÄTNA, um Schwarze Lesbenlyrik und vieles andere mehr. Die Ergebnisse wurden in dem Band *die Welt neu erfinden. Über das Schreiben und Lesen von*

12 Dokumentation der Frauenliteraturwoche 1988 Kassel, S. 1.

13 Die Hagazussa-Frauen im Vorwort von Frauenbuchladen Hagazussa e.V. (Hg.): *die welt neu erfinden,* S. 5.

14 S. hierzu das Kapitel zu Frauenbuchläden.

15 https://www.fembio.org/biographie.php/frau/biographie/anna-elisabet-weirauch/

Lesbenliteratur festgehalten, der ein Jahr später erschien. Die Hagazussa-Frauen schreiben im Vorwort: »Da alle am Lesbenliteraturmonat Beteiligten inzwischen weitergedacht, -gesponnen und -gearbeitet haben, sind nur noch wenige Beiträge dieses Buches identisch mit denen, die im letzten Jahr während des Lesbenliteraturmonats vorgetragen wurden. Offenbar hat die Veranstaltungsreihe auch einen Stein ins Rollen gebracht.«[16] Aber nicht nur das, was schriftlich festgehalten wurde, war wichtig, es waren auch wie üblich die Gespräche, die am Rande stattfanden.

Mehr Kontinuität möchte eine AG der BücherFrauen mit der ***Feministischen Buchwoche***[17] schaffen. Diese fand erstmals vom 6. bis 14. Mai 2023 mit 48 Veranstaltungen statt, nicht nur in verschiedenen Orten, sondern teilweise auch online. Sie setzt sich zum Ziel, Autorinnen und ihre Werke sichtbarer zu machen. Hingewiesen wurde dabei auf die Pilotstudie »Frauen zählen« über die »Sichtbarkeit von Frauen in Medien und im Literaturbetrieb«[18]. Sie hat aufgezeigt, dass in allen Medien – außer in Frauenzeitschriften – Bücher von Männern häufiger und ausführlicher besprochen werden, und zwar zu zwei Dritteln. Männer schreiben mehr über Männer, vor allem werden Genres wie Sachbücher und Krimis von Autoren wie Kritikern vereinnahmt: Auf fünf von Autoren geschriebene Bücher kommt ein Buch einer Autorin.[19]

Dem soll die Feministische Buchwoche entgegenwirken. Die Auftaktveranstaltung fand am 6. Mai 2023 in der Feministischen Bibliothek MONAliesA in Leipzig statt, bei der es nach einem einleitenden Vortrag von mir zur Sichtbarkeit von Autorinnen eine Podiumsdiskussion zu Frauen in verschiedenen Genres gab, an der die Autorinnen Isabel Rohner (Krimi), Barbara Fischer (Fantasy) und Julia Zejn (Graphic

16 Die Hagazussa-Frauen im Vorwort von Frauenbuchladen Hagazussa e. V. (Hg.): *die welt neu erfinden,* S. 5.

17 https://www.buecherfrauen.de/branchendebatte/fembuwo

18 Diese und weitere Informationen der Studie sind zu finden auf http://frauenzählen.de/

19 http://frauenzählen.de/

Novel) teilnahmen, die Verlegerin des AvivA Verlags, Britta Jürgs, moderierte. Bei der Abschlussveranstaltung am 14. Mai 2023 in Berlin im Frauenkulturzentrum Begine stand das Thema Frauen und Gesundheit im Mittelpunkt. Petra Bentz vom Feministischen Frauengesundheitszentrum Berlin stellte wichtige Bücher zu den Themen Frauenkörper und -wissen, Gesundheit, Wechseljahre, Menstruation und Frauenheilkunde vor. Unter dem Motto »Feministisch lesen« gab es bundesweit eine Woche lang Lesungen, Vorträge, Diskussionen, Verlags- und Buchvorstellungen.

2024 fand die Feministische Buchwoche vom 4. bis 12. Mai zum zweiten Mal statt. Die Eröffnungsveranstaltung fand in einem Frauenarchiv statt, und zwar im Kölner FrauenMediaTurm, wo die Historikerin Berit Schallner einen Vortrag zum Thema »Frauengeschichte bewahren« hielt und anschließend durch das feministische Archiv führte. Bei der Abschlussveranstaltung in Hannover gab es ein literarisches Speed-Dating.

Für 2025 ist die dritte Feministische Buchwoche vom 3. bis 11. Mai geplant. Die Eröffnungsveranstaltung findet diesmal im Frauenarchiv belladonna in Bremen statt.

Zudem gibt es verschiedene Zusammenschlüsse von Autorinnen (leider, soweit ich weiß, keine mehr von Frauenverlagen), wie beispielsweise die *Mörderischen Schwestern*[20] (das German Chapter der *Sisters in Crime,* seit 1996) und das Autorinnennetzwerk *Herland*[21], das sich für feministische Kriminalliteratur stark macht.

In Österreich hat sich 2019 der Verein IG Feministische Autorinnen gegründet. Dieser hat sich zum einen die Förderung feministischer Autorinnen, feministischen Haltungen und Aktionen sowie Literatur und Kunst im Allgemeinen zum Ziel gesetzt, zum anderen die Förde-

20 https://www.moerderische-schwestern.eu/start/
21 https://herlandnews.com/

rung des (öffentlichen) Interesses an der Arbeit von feministischen Autorinnen, die einen sprach- bzw. gesellschaftskritischen Zugang voraussetzt.[22]

Im Zusammenhang mit der Öffnung der europäischen Grenzen, dem Schengener Abkommen von 1985, kam auf der IFBF in Barcelona 1990 die Idee zu einer europäischen Zusammenarbeit auf, und Vorschläge wurden diskutiert: »Möglichkeiten europaweiter Kooperationen bei einzelnen Buchprojekten mit länderübergreifenden Themen, für eine feministische Literaturzeitschrift oder eine alljährlich stattfindende feministische Buchmesse nach dem Vorbild der ›Feminist Book Fortnight‹, die für die Verbreitung von und das Interesse an feministischen Themen einiges hat tun können – zum Beispiel weil es ihr gelungen ist, jeweils für die Dauer der Messe landesweit über 500 Buchläden und 200 Büchereien dafür zu gewinnen, feministische Bücher im Schaufenster auszustellen und Lesungen mit Feministinnen zu veranstalten.«[23]

Die Reaktionen waren auf der Messe bereits verhalten, eine Umsetzung sollte durch die Verlage erfolgen – was aber letztendlich leider nicht geschah.

Heute gibt es einen neuen internationalen Ansatz, der diesmal aus den Niederlanden und Flandern kommt: Fixdit[24]! Fixdit ist ein Autorinnenkollektiv, das sich seit 2020 für mehr Diversität im literarischen Kanon und in der literarischen Welt einsetzt. Durch Aktionen, Essays, offene Briefe, Podcasts, Veranstaltungen und Gespräche will Fixdit das Bewusstsein über Geschlechterungerechtigkeiten in der Literatur vergrößern und den Kanon mit Werken von Autorinnen erweitern. An-

22 https://igfem.at/

23 Karen Nölle-Fischer: Frauen als Schöpferinnen, Vermittlerinnen und Konsumentinnen, S. 30.

24 https://fixdit.nu/ – eine besonders schöne Internetadresse, da sie bedeutet, dass es sofort in Ordnung gebracht werden soll.

gefangen haben sie mit dem Manifest *Optimistische woede*[25], das inzwischen die fünfte Auflage erreicht hat. Im Februar 2004 gab es in unterschiedlichen Zusammenstellungen zwei Veranstaltungen mit ihnen im Literarischen Colloquium Berlin, weitere sind europaweit geplant. Es bleibt abzuwarten, ob sich daraus wie geplant eine europäische Zusammenarbeit entwickelt.

Es brodelt also an verschiedenen Stellen, und es wird sich zeigen, ob und was daraus auf Dauer entstehen wird – ob sich diesmal langfristig etwas ändert oder ob es bei vereinzelten Veranstaltungen bleiben wird.

25 Deutsch: Optimistische Wut. Das Manifest ist 2022 im Verlag De Geus erschienen.

»Virginia – eine wunderbare Zeitschrift«[1]

Rezensionszeitungen

Ab Mitte der 1970er Jahre wuchs das Angebot der Bücher aus den Frauen- bzw. Lesbenverlagen stetig. Nur wurden sie in der Regel nicht rezensiert, so dass ihnen eine breitere Öffentlichkeit fehlte. Um dies aufzufangen, wurde 1986 die ***Virginia Frauenbuchkritik*** von der Buchhändlerin Anke Schäfer und der Journalistin Hinrike Gronewold in der Küche des Daphne Verlags nach dem Vorbild der US-amerikanischen *Women's Review of Books* gegründet. Benannt wurde sie nach der britischen Schriftstellerin, Literaturkritikerin und Essayistin Virginia Woolf, die in den 1970er-Jahren von der Frauenbewegung wiederentdeckt wurde.

Die Reaktion auf die erste Ausgabe war groß, wie die beiden Herausgeberinnen im Editorial des zweiten Heftes schrieben: »Die erste VIRGINIA wurde mit Begeisterung begrüßt von allen lesefreudigen Frauen, allen Frauenbuchläden und vielen anderen Buchhandlungen, der Presse, allen Frauenbuchverlagen und einigen anderen Verlagen. Wir ahnten schon, daß die Nachfrage groß werden würde, aber diese enorme Resonanz hatte uns doch überrascht.«[2]

Der Aufmacher der ersten Ausgabe – ein Zitat der Schriftstellerin Christa Reinig – machte bereits das Programm der Zeitung deutlich: »Feminismus ist mein politisches Selbstverständnis«.

Ziel sollte nicht »Plattform einer bestimmten feministischen Richtung (...) sein, sondern ein Forum vielfältiger Perspektiven«[3].

1 N. N.: Frauenliteraturvertrieb hat das Lager aufgeräumt.

2 Hinrike Gronewold und Anke Schäfer: Editorial, *Virginia Frauenbuchkritik,* Heft 2 vom März 1987, S. 2.

3 Editorial der *Virginia Frauenbuchkritik,* Heft 9 vom Oktober 1990, S. 2.

So wurde auch bei der Podiumsdiskussion zum Abschluss des Bremer Lesbenliteraturmonats 1988 festgehalten: »Mit der *Virginia* ist ein neues und wichtiges Medium geschaffen worden, auch die Bücher kleinerer Frauen- und Lesbenverlage einem größeren Publikum bekannt zu machen.«[4]

Auf meist 32 – in einigen Ausnahmefällen waren es 48 – Seiten wurden vornehmlich Bücher aus den Frauenverlagen besprochen und es gab die Rubrik »Frauenbuchläden stellen sich vor«, daneben ab der 3. IFBF in Montreal auch Berichte von den Internationalen Feministischen Buchmessen sowie eine mehrseitige Liste mit Neuerscheinungen und Neuauflagen. Wichtig war von Anfang an, auch auf historische Autorinnen aufmerksam zu machen, wie zum Beispiel auf Fanny Lewald, Madame de Grafigny, Olympe de Gouges und Ethel Smyth. Auch auf die Frauen-Veranstaltungen, die früher während der Frankfurter Buchmesse stattfanden, wurde hingewiesen.

Im Editorial der 6. Ausgabe wurden die Funktionen der Rubrik »Neuerscheinungen – Neuauflagen« erklärt:

> »**Den LeserInnen,** die keine Möglichkeit haben, sich in einer Buchhandlung zu informieren (sei es, daß keine solche am Ort ist oder diese nur wenig Frauenbücher führt), sind die letzten Seiten der VIRGINIA erste wichtige Information über Neuheiten.
>
> **Den Buchhandlungen,** die ein ausgesuchtes Frauenbuchsortiment fahren, erleichtert die Rubrik ›Neuerscheinungen – Neuauflagen‹ die Bestellauswahl – wenngleich wir nicht alles, was von Frauen neu erscheint und neu aufgelegt wird, aus Platzgründen aufnehmen können.
>
> **Für die Verlage** ist die Sparte eine willkommene kostenlose Werbemöglichkeit. Ihre von Frauen geschriebenen Titel wer-

4 Lea Morrien: Lesbenliteratur mit verschärftem Blick, S. 90.

> den dann aufgenommen, wenn sie an die Redaktion regelmäßig ihre Novitätenvorschau und auch möglichst gleich die Rezensionsexemplare schicken.
>
> **Unsere Rezensentinnen** endlich, suchen sich aus VIRGINIA's Neuerscheinungsliste die Bücher heraus, die sie besprechen möchten.«[5]

Obgleich immer noch gerne Vorschläge gemacht werden können, liegt heute jedoch die Planung der Ausgaben und die Entscheidung darüber, welche Bücher rezensiert werden, bei der Redaktion.

Beim Durchblättern der alten Ausgaben fällt auf, dass einige Rezensentinnen bereits seit vielen Jahren für die *Virginia* schreiben. Selbst die Mitgründerin Hinrike Gronewold schreibt nach einigen Jahren Pause inzwischen wieder gelegentlich Besprechungen. Hilke Schlaeger, die für die ersten Ausgaben noch rezensierte, als sie in Berlin beim Rundfunk arbeitete, wurde später eine der Verlegerinnen des Verlags Frauenoffensive. Die Übersetzerin Gabriele Haefs schreibt bereits seit der 2. Ausgabe und bis heute regelmäßig, während andere wie die Historikerin Carolina Brauckmann (seit Heft 4) und die Musikwissenschaftlerin Eva Rieger (seit Heft 5) sporadisch Rezensionen beitragen. Gleichzeitig kommen auch regelmäßig jüngere Frauen zu Wort. Ihnen allen sei an dieser Stelle ganz herzlich gedankt!

Aufgelockert wurden die Ausgaben vom zweiten bis zum achten Heft durch Karikaturen von Julia (ihr Nachname wurde nicht genannt), einer damals 18-jährigen Schülerin, die nach dem Abitur Kunst studieren wollte.

Anfangs war die *Virginia* noch sehr mit dem Wiesbadener Frauenbuchladen verbunden, genauer gesagt mit Anke Schäfer[6], die einen Anzeigentausch darüber machte. Verlage, die eine Anzeige schalteten,

5 Editorial der Ausgabe Nr. 6 vom März 1989, S. 2.
6 Zu Anke Schäfer s. S. 194 f.

schickten ihr als Gegenleistung Bücher, die sie dann im Frauenbuchladen verkaufte. »Genial« fand sie dies damals.[7] Heute ist dies mit rasant gestiegenen Papierpreisen undenkbar – abgesehen davon, dass die Zeitschrift nicht mehr von einer Mitarbeiterin eines Frauenbuchladens gemacht wird.

Seit langem wird die Zeitung weitgehend durch Anzeigen finanziert; sowohl die Redaktion als auch die Rezensentinnen arbeiten unentgeltlich. In der ersten Ausgabe 1986 findet sich noch eine halbseitige Anzeige der Frauenbuchläden – 32 waren es damals in Deutschland, zwei in der Schweiz und einer in Österreich. Zudem wurden im Wesentlichen große Anzeigen von Frauenverlagen geschaltet. So gab es anfangs neben kleineren beispielsweise ganzseitige der Frauenoffensive sowie halbseitige vom Daphne Verlag, Zeichen + Spuren, dem Orlanda Frauenverlag und den *beiträgen zur feministischen theorie und praxis*.

Auffällig ist im Rückblick, dass in den frühen Ausgaben noch zahlreiche Konzernverlage inserierten, um auf Titel beispielsweise mit der Werbung »Auf Frauen eingestellt« (Beck'sche Reihe) aufmerksam zu machen. Außerdem waren darunter Verlage wie J. B. Metzler, dtv, Arche, Argument (schon vor der Ariadne Krimireihe), Klett-Cotta, S. Fischer, Rowohlt, Suhrkamp und Goldmann.

Hingewiesen wurde in jeder Ausgabe auf den Frauenbuchversand von Anke Schäfer in Wiesbaden, die dafür sorgte, dass Frauen ihre Bücher dort – lange vor der Existenz von Online-Buchhandlungen – bestellen konnten, vor allem, wenn sie auf dem Land wohnten und keine Buchhandlung in der Nähe hatten.

Neben Büchern wurde auch für die Feministischen Frauenbildungs- und Ferienhäuser sowie den Frauenmusikvertrieb geworben. Letzteres war für die Frauenbuchläden wichtig, da sie auch Musik von Frauen

7 Zitiert nach Sibylle Plogstedt: *Frauenbetriebe*, S. 63.

verkaufen. Vertrieben wurde die Zeitung durch den Frauenliteraturvertrieb in Wiesbaden und war in allen Frauenbuchläden erhältlich sowie einigen anderen – vornehmlich linken – Buchhandlungen.

Ab Nr. 5 schrieb die Sprachwissenschaftlerin Luise F. Pusch Glossen (auch einige Rezensionen), die erste noch unter »Luise Pfusch« zur Frage »Schreiben Männer anders? oder Der lange Weg zur Müdigkeit«[8], in dem sie die Riege der Autoren und Kritiker in einem »Tagungsbericht aus Bad Schmoll« auf gewohnt wortgewandte Weise beschreibt: »Daß auch Männer schreiben, und zwar viel zu viel, ist traurige Gewißheit. Ob sie aber anders schreiben als Frauen – diese Frage nach dem ›männlichen Ästhetick‹ läßt den postmodernen Mann nicht mehr zur Ruhe kommen.«[9]

Ab Heft 9 übernahm die Literaturwissenschaftlerin Dr. Renate Kroll die Redaktion bis zum Heft 29, während Anke Schäfer weiterhin als Herausgeberin und Verlegerin fungierte.

Als Anke Schäfer zum 1. Juli 1994 den Frauenliteraturvertrieb aufgab, wurde in einem Artikel im *Börsenblatt* bei den weiteren Arbeiten, die sie noch fortsetzt, auch die *Virginia* erwähnt: »›Virginia‹, eine wunderbare Zeitschrift mit Frauenbuchkritiken«[10], was darauf hinweist, dass die *Virginia* nicht nur in Frauenbuchkreisen bekannt war, sondern auch in der Buchbranche allgemein wahrgenommen wurde.

Im gleichen Jahr wies die *Virginia* darauf hin, wie wenige Frauen bis dahin mit dem Friedenspreis des Deutschen Buchhandels ausgezeichnet worden waren. Seit 1978 – damals war es Astrid Lindgren – war der Preis nicht mehr an eine Frau gegangen. Auf zwei Seiten machten Frauen aus dem Umfeld der *Virginia* elf Vorschläge[11], die von Hanna Krall über Ruth Klüger und Ruth Liepman bis zu Maryse Condé

8 In: *Virginia Frauenbuchkritik*, Heft 5 vom Oktober 1986, S. 28.
9 Ebd.
10 N. N.: Frauenliteraturvertrieb hat das Lager aufgeräumt.
11 Friedenspreis des Deutschen Buchhandels. In: *Virginia Frauenbuchkritik*, Heft 16 vom Mai 1994, S. 20 f.

und Herta Müller reichten. Keine von ihnen hat den Preis inzwischen erhalten – auch wenn Herta Müller seitdem mit dem Literatur-Nobelpreis geehrt wurde –, aber es wurden seitdem zumindest etwas mehr Frauen ausgezeichnet. 2012 zogen dann die BücherFrauen mit 15 Vorschlägen nach.[12]

Den ersten großen Wechsel gab es bei der *Virginia Frauenbuchkritik* – nach einer Pause im Frühjahr 2001 – ab Heft 30 im Herbst 2001. Ab dieser Ausgabe erschien die *Virginia* im Christel Göttert Verlag, Herausgeberin blieb Anke Schäfer, die sich diese Aufgabe mit Christel Göttert teilte. Und es gab eine neue Redaktion: die Verlegerin Britta Jürgs, ich als (damalige) Antiquarin und die IT-Beraterin Susanne Webel, die in dieser Zusammenstellung bis heute arbeitet. Die Leipziger Malerin Antje Olowaili sorgte von Heft 31 bis Heft 49 für die Illustrationen.

Seit 2002 gibt es den Internet-Auftritt der Virginia. Auf der Website sind allerdings nur die allgemeinen Angaben zu finden sowie das Editorial, das Inhaltsverzeichnis und die Neuerscheinungs-/Neuauflagenliste und gelegentlich weitere Literaturlisten zu bestimmten Themenbereichen, nicht jedoch die Rezensionen.

In der gedruckten Ausgabe wurden neue Rubriken eingeführt: ab Heft 30 die Krimi-Kurzrezensionen sowie ab Heft 32 die Mädchenbuch-Rezensionen von Andrea Duphorn. Seit 2004 gibt es in jeder Herbst-Ausgabe einen Schwerpunkt-Artikel über die Autorinnen des jeweiligen Gastlandes der Frankfurter Buchmesse.

Ab Heft 50 stand wieder Verlagswechsel an. Nach einer Pause im Herbst 2011 erscheint die *Virginia* seit Frühling 2012 im AvivA Verlag, Herausgeberin ist jetzt Britta Jürgs. Illustriert wurde die Zeitung von Heft 50 bis Heft 58 von Stephanie Hanel.

Bei der Durchsicht der alten Ausgaben ist ersichtlich, dass die Anzeigen der Frauen- und Lesbenverlage kleiner wurden und manche auf

12 https://www.buecherfrauen.de/wir-buecherfrauen/geschichte

Dauer auch wegfielen. Einige Verlage existieren nicht mehr, andere können sich regelmäßige Anzeigen leider nicht mehr leisten.

In jeder Ausgabe finden sich Rezensionen und Lesetipps aus einem vielfältigen Spektrum, das von Belletristik und Biografien über Sachbücher zu Frauenthemen, Frauenforschung und feministischer Theorie bis zu Krimi-Kurzrezensionen und Mädchenbüchern reicht. Daneben gab es immer wieder auch Nachrufe auf verstorbene Autorinnen (wie Erzsébet Galgóczi, Verena Stefan, Ingeborg Drewitz, Christa Reinig, Christa Wolf und Marlene Stenten), aber auch auf die Krimi-Rezensentin der *Virginia* Andrea C. Busch sowie auf die Gründerinnen Anke Schäfer und Susanne Amrain. Auch Erinnerungen an Jahrestage wie den der Namensgeberin Virginia Woolf und den Karoline von Günderrodes fanden ihren Platz – oft also Frauen, die von den Mainstream-Medien nicht unbedingt wahrgenommen werden. Immer wieder wurden Frauenverlage und Frauenbuchläden porträtiert. Seitdem es weniger Frauenverlage gibt, konzentrieren sich die Rezensionen mehr auf andere unabhängige Verlage, deren Veröffentlichungen in den derzeit immer weniger werdenden Feuilletons und Radiosendungen auch gerne übersehen werden.

Sehr sporadisch wurden auch zwei kontroverse Rezensionen von Büchern abgedruckt, denn es wurden und werden ja keine Einschätzungen vorgegeben. In den letzten Jahren lassen sich auch gelegentlich Zweitbesprechungen von Titeln finden, die ursprünglich in Frauenverlagen herausgekommen sind, die uns wichtig erscheinen und neu aufgelegt wurden, wie beispielsweise von Christine de Pizans *Buch von der Stadt der Frauen*, das erstmals in deutscher Übersetzung von Margarete Zimmermann 1986 im Orlanda Frauenverlag herausgegeben wurde (Besprechung von Renate Kroll in *Virginia* Nr. 2 vom März 1987) und dessen überarbeitete, aktualisierte und erweiterte Neuausgabe 2023 im AvivA Verlag erschien und in *Virginia* Nr. 75 ein zweites Mal besprochen wurde, diesmal von Mechthilde Vahsen.

Von Anfang an erscheint die *Virginia* zweimal jährlich zur Leipziger und zur Frankfurter Buchmesse. Außer auf den beiden großen – und einigen kleineren – Messen ist sie sowohl im Abonnement erhältlich als auch in einigen Buchhandlungen, deren Adressen auf der Website zu finden sind.

WeiberDiwan

In Österreich gibt es die Rezensionszeitung *WeiberDiwan – die feministische Rezensionszeitschrift*, die seit 1995 erscheint. Herausgegeben wird sie von Verein zur Förderung feministischer Literatur und Wissenschaft. Auch hier gibt es drei Frauen in der Redaktion: Miriam Danter, Margit Hauser und Susanne Karr. Rezensionen gibt es zu Wissenschaft und Sachbuch, Belletristik sowie Kinder- und Jugendbuch. Die Ausgaben der letzten Jahre sind auch online zu finden. In ihrem aktuellen Editorial (Frühjahr/Sommer 2024) schreibt die Redaktion: »Die feministischen Perspektiven in den hier vorgestellten Werken bereichern nicht nur die literarische Landschaft, sondern schaffen auch eine notwendige Ergänzung zu dem immer noch dominanten patriarchalen Mainstream. Sie vervollständigen die Beschreibungen der Realität, auch in literarischer Form.«

Die *Virginia Frauenbuchkritik* wie auch der *WeiberDiwan* tragen also seit fast 40 Jahren wesentlich zur Sichtbarkeit von Büchern aus Frauenverlagen, von Autorinnen und von Büchern zu feministischen Themen mit bei.

Zwischenspiel: Ein kleiner Exkurs zu einer Ikone der Frauenbuchladen- und Verlagsszene: Anke Schäfer

Es ist natürlich immer ein wenig problematisch, eine einzelne Frau aus einer Bewegung hervorzuheben. Aber wie sich im Laufe dieses Buches immer wieder zeigt, hat eine Frau eine große Rolle sowohl für die Frauenbuchladen- als auch für die Frauen-/Lesbenverlags-Szene gespielt: Anke Schäfer (1938–2013).[1]

Nicht nur gehörte sie 1976 zu den Gründerinnen des Wiesbadener Frauenbuchladens, sie sorgte auf ganz unterschiedliche Weisen auch immer wieder für die Verbreitung von Frauenliteratur: durch die Mitgründung des Frauenbuchversands 1978, die Mitgründung der *Virginia Frauenbuchkritik* 1986, die Gründung des Vereins zur Förderung und Verbreitung von Frauenliteratur 1988 und die Übernahme des Feministischen Buchverlags 1990. Anke Schäfer warb als Netzwerkerin auch beständig auf allen internationalen feministischen Buchmessen, wo sie für den »Verein zur Förderung und Verbreitung von Frauenliteratur« mit einem »Gemeinschaftsstand Deutschsprachiger Frauenliteratur«[2] vertreten war. Dadurch konnten dort auch Bücher ausgestellt werden, deren Verlegerinnen nicht persönlich anwesend sein konnten. Fehlende Sprachkenntnisse waren für sie kein Problem. In Melbourne nahm sie mich oft an der Hand und brachte mich zu denjenigen, mit denen sie reden wollte, damit ich für sie übersetzen sollte.

1 Ein ausführliches Porträt von Anke Schäfer findet sich auf https://www.fembio.org/biographie.php/frau/biographie/anke-schaefer/

2 Feminist Book Fair Melbourne, 1994. In: *Virginia Frauenbuchkritik,* Heft 16 vom März 1994, S. 31.

Sie war auf der Frankfurter Buchmesse, der Düsseldorfer TOP und bei unzähligen anderen Veranstaltungen für Literatur von Frauen und vor allem auch für Literatur von Lesben.

Nachdem Anke Schäfer bereits 1998 für ihre Aktivitäten zur Öffnung des Büchermarktes für Frauenliteratur als BücherFrau des Jahres[3] ausgezeichnet wurde, erhielt sie 2000 das Bundesverdienstkreuz für ihr frauen- und lesbenpolitisches Engagement, von dem unzählige Frauen bis heute profitieren.

3 Susanne Amrain: BücherFrau 1998: Anke Schäfer.

»Niemand sprach über Frauen. Der Kanon war männlich.«[1]

Zur Sichtbarkeit von Autorinnen

Der feministische Verlag Virago Press wurde 1973 in London gegründet. Anfangs veröffentlichte er sowohl aktuelle Bücher aus der Frauenbewegung – wie beispielsweise Kate Milletts *Sexual Politics* (deutsch: *Sexus und Herrschaft. Die Tyrannei des Mannes in unserer Gesellschaft*[2]) – als auch zeitgenössische Autorinnen wie Angela Carter, Maya Angelou und Margaret Atwood. Mit dem Roman *Frost in May* von Antonia White[3] begann 1978 die Serie *Virago Modern Classics* (VMC)[4], in der vergriffene Romane von Autorinnen mit Vorworten von zeitgenössischen Schriftstellerinnen neu aufgelegt wurden. Die Serie wurde ein großer Erfolg, die Bücher waren überall mit ihrem dunkelgrünen Rücken mit dem angebissenen Apfel deutlich erkennbar. Sie sorgte damit für Sichtbarkeit von Autorinnen, dafür, dass deren Werke lieferbar waren und nicht in Vergessenheit gerieten. Es ging dabei nicht ausschließlich um Bücher von britischen Autorinnen, sondern auch um Schriftstellerinnen aus den USA und aus Deutschland (wie beispielsweise Christa Wolf), vor allem aber um Schriftstellerinnen aus Australien. Einige der Autorinnen, deren Werke neu aufgelegt wurden, lebten zu dieser Zeit noch und konnten dadurch noch späten Ruhm erleben. So erzählt Lennie Goodings, Verlegerin von Virago, in ihrem sehr lesenswerten Buch *A Bite of the Apple: A Life with Books, Writers and Virago*, von verschiedenen Begegnungen mit einigen der Autorinnen, wie beispielsweise Rosamond Lehmann.

1 Lennie Goodings: *A Bite of the Apple*, S. 70.
2 Übersetzung: Ernestine Schlant. München, Desch, 1971.
3 Eine deutsche Übersetzung von Irene Rumler erschien 1983 im Goldmann Verlag unter dem Titel *Maifrost*.
4 Eine vollständige Liste der VMCs findet sich unter https://www.virago.co.uk/imprint/lbbg/virago/page/virago-modern-classic-collection/

Wie sich Lennie Goodings in diesem Buch erinnert: »Ich glaube, dass die berühmte Serie mit den grünen Rücken der Schlüssel für die große Bekanntheit von Virago ist.«[5] Und sie zitiert die Australierin Carmen Callil, Gründerin der Virago Press: »Ich wollte das Leben von Frauen feiern – nicht nur Schmerzen und Leiden. Und die Classics präsentierten eine Geschichte der Frauen. (...) Niemand sprach über Frauen. Der Kanon war männlich. Ich wollte die Literaturgeschichte zurückerobern.«[6]

Lennie Goodings bezeichnet die *Virago Modern Classics* als »trojanisches Pferd«. Menschen hätten Angst vor einer Liste gehabt, auf der ausschließlich Werke von Autorinnen zu finden waren.[7] Doch sie wurden ein großer Erfolg: bei KritikerInnen und RezensentInnen, bei LeserInnen, die die Romane liebten und immer schon auf den nächsten Band warteten, bei denen, die einen neuen – nicht mehr männlich geprägten – literarischen Kanon wollten und einforderten. Und sie waren ein feministischer Erfolg, weil sie LeserInnen eine weibliche literarische Tradition aufzeigten.[8] Robert McCrum spricht gar von einer »feministisch literarischen Revolution, die von Virago angeführt die Lesegewohnheiten einer neuen Generation veränderte«.[9]

Seit 1999 gibt es mit Persephone Books einen zweiten Verlag in Großbritannien, der sich im Wesentlichen auf Neuauflagen von Büchern von Autorinnen des 20. Jahrhunderts konzentriert. Auch diese sind gut an ihren silberfarbenen Umschlägen erkennbar und sorgen für die Sichtbarkeit der Werke von Autorinnen.

5 Lennie Goodings: *A Bite of the Apple*, S. 70.
6 Ebd.
7 Auf der Seite des Podcasts *Die Buch* findet sich inzwischen eine Liste mit den 100 besten Büchern von Frauen, die in ihrem Podcast besprochen wurden. S. https://www.diebuch.at/100-special-die-besten-buecher-von-frauen-aus-100-folgen/
8 Lennie Goodings: *A Bite of the Apple*, S. 72.
9 Robert McCraum, zitiert in: Goodings, S. 240.

Anders als in Großbritannien waren es in Deutschland eher die Frauenbuchläden, die für die Sichtbarkeit der Autorinnen sorgten, nicht einzelne Verlage mit einem gezielten Programm, auch wenn inzwischen Verlage wie AvivA zahlreiche Werke von Autorinnen neu aufgelegt oder erstmals in Buchform herausgebracht haben. So sagte Britta Jürgs in einem Interview: »Ich wollte die Bücher verlegen, die ich anderswo vermisst habe: Bücher über Künstlerinnen und Schriftstellerinnen und Werke vergessener Autorinnen.«[10] Inzwischen sind Autorinnen vom Spätmittelalter bis zur Gegenwart in ihrem Verlagsprogramm zu finden, der Schwerpunkt liegt allerdings nach wie vor auf (meist jüdischen) Autorinnen der 1920er und 1930er Jahre des 20. Jahrhunderts.

Systematischer ging Ulrike Helmer vor, die in ihrem 1987 gegründeten Verlag mit der Veröffentlichung von Klassikerinnen begann. In einem Interview erinnert sie sich: »zu vielen Themen – etwa Frauen in der Geschichte und Literaturgeschichte – gab es kaum ein Buch. Mir fehlte es außerdem an feministischer Theorie, die Kritische Gesellschaftstheorie erweitern konnte.« [11]

Und so erschienen in ihrer *Edition Klassikerinnen* Werke von Autorinnen wie Fanny Lewald, Olympe de Gouges, Malwida von Meysenbug und Sophie von La Roche. Zudem gibt es drei Sammelbände mit Klassikerinnen feministischer Theorie.[12]

Ulrike Helmer berichtet weiter: »Frauenforschung und ›Herstory‹ standen Mitte der Achtziger ganz am Anfang, und die Euphorie des Entdeckens führte leider auch zu Verzerrungen oder fragwürdigen Heroisierungen. Als ich die stark gekürzte Lebensgeschichte der Vormärz-Autorin Fanny Lewald las, fragte ich mich, was da wohl alles gestrichen worden war. Also las ich die Originalausgabe – und hey, die

10 https://blog.buecherfrauen.de/verlegerinnen-unabhaengiger-verlage-britta-juergs/
11 https://blog.buecherfrauen.de/verlegerinnen-unabhaengiger-verlage-ulrike-helmer/
12 https://www.ulrike-helmer-verlag.de/b%C3%BCcher/edition-klassikerinnen/

Fanny Lewald hinter den Auslassungspunkten war eine ganz andere als die im goldenen Rahmen dieses Taschenbuchs! Sie wurde überhaupt erst in der Gesamtschau zugänglich. Da beschloss ich eine ungekürzte Ausgabe ... so startete mein Verlag mit einer kommentierten Neuedition zentraler Werke von Fanny Lewald. Übrigens begann ich im Alleingang, weil niemand mittun wollte, weder andere Frauen noch Verlage, denen ich das Projekt anbot. (...) Die Edition Klassikerinnen wurde übrigens von der Möglichkeit kostenloser Downloads klassischer Texte ad absurdum geführt und fand so ihr trauriges Ende.«[13]

Die andere Ausnahme ist hier die bereits erwähnte Reihe *Frühe Frauenliteratur in Deutschland* im Georg Olms Verlag.

Geplant hatte wohl auch der Verlag Frauenoffensive eine Reihe *Moderne Klassikerinnen*, wie Hilke Schlaeger 1988 in einer Rezension der beiden – wie sie schreibt, bisher darin erschienenen – Bücher *Drei Guineen* von Virginia Woolf und *Der Wolf und die Witwen* von Christa Reinig festhält.[14] Der Text ist allerdings keine klassische Rezension, sondern vielmehr eine Auseinandersetzung mit dem Begriff Klassikerin. Hilke Schlaeger geht es um das »sogenannte geistige Erbe der Frauen, zu dem neben all den anderen Künsten, in denen Frauen tätig waren, und neben der Geschichte, derer Frauen sich immer wieder vergewissern sollten, eben auch die Literatur gehört.«[15] Weitere Titel der *Modernen Klassikerinnen* können im Verlag nicht nachgewiesen werden.

Einen großen Einfluss auf die Nachkriegsliteratur in Deutschland hatte die Gruppe 47, die sich von 1947 bis 1967 traf und sich der Er-

13 https://blog.buecherfrauen.de/verlegerinnen-unabhaengiger-verlage-ulrike-helmer/

14 Eine Veröffentlichung der für Frühjahr 1988 angekündigten Klassikerin *Erzähl mir ein Rätsel* konnte nicht im Verlag Frauenoffensive nachgewiesen werden. Das Buch war allerdings 1980 bereits bei Luchterhand erschienen. 2022 wurde die Autorin in Deutschland »neuentdeckt«. Die beiden Bücher von Woolf und Reinig sind zwar ähnlich aufgemacht, dass sie zu einer speziellen Reihe gehören, ist dabei aber nicht vermerkt.

15 Hilke Schlaeger: Mit Gewinn und Genuß!

neuerung der deutschen Literatur widmen wollte. Wie Nicole Seifert in ihrem Buch über die Gruppe 47[16] aufzeigt, bestand die Gruppe anfangs nicht nur aus ehemaligen Soldaten, also Männern, sondern sie schlossen gezielt sowohl Autorinnen als auch ExilautorInnen aus. Damit legten sie für die Literatur der Nachkriegszeit bereits fest, was als Literatur gelten sollte und was eben nicht. Autoren und Kritiker trafen sich, um ihre Werke vorzulesen. Als später doch die ein und andere Frau hinzukam, wurde vor allem deren Äußeres und ihr Verhalten von ihnen beurteilt – nicht aber ihre Literatur[17]. Dies setzte sich in der Exilforschung fort: Bis zur Frauenbewegung beschäftigte diese sich fast ausschließlich mit den Männern, die ins Exil gegangen waren.

Mitglied der Gruppe 47 war unter anderem der später zum Literaturpapst ernannte Literaturkritiker Marcel Reich-Ranicki, der sich vor allem durch seine zahlreichen Ausbrüche und seine sexistischen Bemerkungen in der Fernsehsendung *Das literarische Quartett* vor allem bei Frauen zunehmend unbeliebt machte. Seine abfällige Meinung zu Marlene Streeruwitz' Debütroman *Verführungen*[18] lautete: »Das Leben einer verlassenen Frau, die noch für zwei Kinder sorgen muss und kein Geld hat, ist traurig. Uns das zu zeigen, uns das zu beweisen, halte ich für ziemlich überflüssig.« Und es ging noch schlimmer: »Das ist ein Skandal, wie sie schreibt. Wen interessiert schon, was die Frau denkt, was sie fühlt, während sie menstruiert? Das ist keine Literatur – das ist ein Verbrechen.« Im Gegensatz zu diesen überflüssigen und arroganten Bemerkungen Reich-Ranickis sprach die Literaturkritikerin Sigrid Löffler von »atemberaubender Prosa« und bezeichnete den Roman von Marlene Streeruwitz in der Sendung als »weiblichen Bildungsroman«.

16 Nicole Seifert: *»einige Herren sagten etwas dazu.«*, S. 14 f.
17 S. Nicole Seifert: »einige Herren sagten etwas dazu.«
18 Die Sendung ist bis heute anzuschauen unter https://www.youtube.com/watch?v=cNjL0BR0pSo.

Wen es interessiert? Ich würde sagen, es interessiert Frauen, die während eines großen Teils ihrer Leben menstruieren, es ist Teil ihrer Lebenswelt – also warum sollten sie nicht darüber schreiben? Ich freue mich sehr darüber, dass es in letzter Zeit häufiger Romane von Frauen gibt, in denen die Menstruation erwähnt wird – hier hat es eine Veränderung gegeben. Frauen schreiben über das, was *ihnen* wichtig ist und halten sich nicht an die Vorgaben von Männern. Auch wenn dies weniger von den »großen Literaturkritikern« wahrgenommen wird, erscheint es mir viel wichtiger, dass Frauen andere Rollenbilder kennenlernen, dass sie erfahren, was Frausein bedeuten kann und dass sie sich deswegen nicht einschränken müssen.

Auch über Nadine Gordimer wetterte Reich-Ranicki auf unsägliche Art und Weise: »Ihre Bücher sind künstlerisch so schwach, dass ich wetten möchte, sie kriegt den Nobelpreis. Zumal sie ja auch noch weiblichen Geschlechts ist.« Wenn Frausein eine Voraussetzung für den Nobelpreis wäre, hätten ihn weitaus mehr bekommen müssen. Es waren seit 1901 von den 117 Ausgezeichneten jedoch erst 18 Autorinnen.[19] Aber so funktioniert Mythenbildung über Frauen.

In solch einer Situation ist es wenig verwunderlich, dass uns heute immer noch viel zu wenige Autorinnen bekannt sind. Schulen und Universitäten richten sich bis heute auf den Kanon, der nach wie vor weitgehend männlich ist.

Eine der Autorinnen, die nach einer einmaligen Teilnahme an einem Treffen der Gruppe 47 teilnahmen, danach jedoch auf weitere verzichteten, ist Christa Reinig. Dass ihr die Richtung der Gruppe nicht gepasst habe, wie Nicole Seifert schreibt, ist für diejenigen, die ihr Werk kennen, nicht erstaunlich. »Bewegte sie sich als Schriftstellerin ohnehin in einer Männerwelt, verstieß sie mit ihrer Entscheidung [sic!] für Liebesbeziehungen mit Frauen fundamental gegen die Grundpfei-

19 https://www.nobelprize.org/prizes/literature/

ler der patriarchalen Gesellschaft. Wo sie eine traditionelle Frauenrolle ablehnte, wurde ihr Werk überwiegend von Männern beurteilt, die daran interessiert waren, dass Frauen aus diesen Rollenmustern nicht ausbrachen.«[20]

Entsprechend wurde dann auch mit ihr umgegangen. In ihrem Falle war es der Verlag, der ihr 1981 einen Schlag versetzte: Christa Reinig hatte bereits länger Werke in der Eremitenpresse – einem Verlag mit Büchern für »literarische Gourmets« (so seine Selbsteinschätzung) – veröffentlicht – bis dort 1981 die Erzählung *Mädchen ohne Uniform* erschien. Der Text ist ein wunderbares Beispiel für Intertextualität, in der sich eine Autorin auf einen Roman einer früheren Autorin bezieht: Reinig schreibt hier – wie später auch in *Die ewige Schule* – eine aktualisierte Fassung des Romans *Das Mädchen Manuela. Der Roman zum Film Mädchen in Uniform* von Christa Winsloe, einer Autorin, mit der sie sich ausgiebig beschäftigt hatte.[21]

Christa Reinig war stolz darauf, nie lektoriert worden zu sein, hatte aber dafür kein Mitspracherecht bei der bildnerischen Gestaltung ihrer Bücher.

Anna Rheinsberg berichtete darüber in der *taz*: »Beim Auspacken der Autorenexemplare aber hat es sie, so schrieb mir Christa Reinig auf Anfrage, umgehauen. Und nicht nur sie traf der Schrecken mit voller Wucht, auch für mich als Leserin gab's gleich eins mit auf's Maul.«[22]

Denn die Erzählung war nun vom Verlag mit pornografischen Bildern verunstaltet worden. Anna Rheinsberg schreibt dazu: »Eine Tatsache, die umso frecher ist, bedenkt man, daß die Reinig hier in unserem

20 Nicole Seifert: *»einige Herren sagten etwas dazu.«*, S. 200.

21 Leider hatte Christa Reinig zu der Zeit, als ich für meine Biografie von Christa Winsloe forschte, ihre Unterlagen nicht mehr. Von Winsloes Nachlassverwalterin Renate von Gebhardt ist mir allerdings bekannt, dass die beiden geplant hatten, den Briefwechsel von Hertha von Gebhardt (Renate von Gebhardts Mutter, Freundin und Erbin von Winsloes schriftstellerischem Nachlass) und Christa Winsloe herauszugeben, wofür sich damals aber kein Verlag fand.

22 Anna Rheinsberg: Die Ohrfeige.

Land als eine der unerbittlichsten Kritikerinnen des Patriarchats gilt (wovon ihr Verlag, dem sie seit langen Jahren die Treue hält, wissen müßte!), und sie sich in ihrer literarischen Arbeit trotz großer Anfeindungen nie hat sanktionieren lassen. Die Stärke Christa Reinigs liegt ja gerade in der Wut, in der beißenden Ironie ihrer Texte, in denen sie erbarmungslos männliches Elend – namentlich Größenwahn, Brutalität, Sexismus und Herrendünkel – persifliert, wie es nur wenige, sehr wenige Schriftstellerinnen in dieser Konsequenz bisher gewagt haben.«[23]

Die Konsequenz von Christa Reinig war daraufhin, zum Boykott ihres Buches aufzurufen: »Frauen sind arme Leute, (...) sie können sich nicht von ihrem Geld ein solches Buch kaufen und die damit verbundene Ohrfeige auch noch bezahlen.«[24]

Als Konsequenz dieses Boykottaufrufs gab es im Bielefelder Frauenbuchladen ein Exemplar, das nur vor Ort gelesen, nicht aber gekauft werden konnte.

Wo sowohl im Feuilleton als auch in den Buchhandlungen der Schwerpunkt auf Männerliteratur gelegt wurde, boten Frauenbuchläden nun endlich auch Autorinnen den Platz, den sie verdienten. Hier stand, was zwar erschienen war, aber im Mainstream kaum beachtet wurde. Und es wurde besprochen, sei es gleich beim Ankauf, bei Lesungen oder in der *Virginia*[25].

In Deutschland wird in letzter Zeit immer mehr auf Autorinnen aufmerksam gemacht, beispielsweise durch die bereits erwähnte Studie ***Frauen zählen*** darauf, dass Autorinnen deutlich weniger wahrgenommen und rezensiert werden und weniger Preise erhalten sowie Stipendien und dass die Voraussetzungen dafür auch nicht auf Frauen ausgerichtet sind, was sich daran zeigt, dass bei Stipendien an anderen Orten nicht an Kinderbetreuung gedacht, geschweige denn dafür

23 Ebd.
24 Ebd.
25 *Virginia Frauenbuchkritik*, s. S. 182–189.

gesorgt wird. Es wird viel diskutiert, und die Probleme kommen in die Öffentlichkeit. Was sich daran ändern wird, wird sich auf Dauer zeigen.

Auch in Deutschland gibt es inzwischen eine Diskussion über den literarischen – und nach wie vor männlich und weiß dominierten – Kanon. Als Gegenreaktion gibt es – initiiert von Sibylle Berg – die Initiative ***Die Kanon***[26]. Diese beschränkt sich nicht nur auf Literatur, sondern umfasst auch die Bereiche Kunst, Musik, Sport, Wissenschaft, Technik und Forschung, Theorie und Politik sowie Wirtschaft.

Auf der Website von Die Kanon heißt es: »Zeit für eine neue Liste, die wir nach intensiven Studien der Lehrpläne und Feuilletons, in denen wir kaum einen der aufgeführten Namen gefunden haben, erstellt haben: Neue Namen mit Ideen und der Kompetenz, die vielleicht etwas zu einem freundlicheren Miteinander in der Welt beitragen können. Oder die auch einfach nur für mindestens die Hälfte der Bevölkerung etwas mehr Relevanz haben. Unser Kanon, um dieses weihevolle Wort zu verwenden, ist unvollständig und subjektiv, wie diese Auflistungen immer sind, aber es ist ein Anfang: »Wenn alte Systeme versagen, ist es vielleicht an der Zeit, etwas Neues auszuprobieren.«[27]

Wo bis vor kurzem kaum Gesamtausgaben der Werke von Autorinnen im deutschsprachigen Raum existierten, gibt es jetzt endlich einen Anfang mit der Publikationsreihe *Bibliothek Wüstenrot Stiftung. Autorinnen des 20. Jahrhunderts:* »2009 haben die Deutsche Akademie für Sprache und Dichtung und die Wüstenrot Stiftung gemeinsam eine Publikationsreihe ins Leben gerufen, die wichtige, zum Teil vergessene Werke deutschsprachiger Literatur wieder zugänglich macht. Seit 2017 geht es dabei um Autorinnen des 20. Jahrhunderts, die Editionen erscheinen unter dem Reihentitel ›Bibliothek Wüstenrot Stiftung. Autorinnen des 20. Jahrhunderts‹.«[28]

26 https://diekanon.org/
27 Ebd.
28 https://wuestenrot-stiftung.de/literatur/

Die Gesamtausgaben sollen auf Dauer in unterschiedlichen Verlagen erscheinen. Bis jetzt gibt es diese von Irmgard Keun und Annette Kolb, beide im Wallstein Verlag, sowie von Hermynia Zur Mühlen im Paul Zsolnay Verlag. Ob hierbei auf Dauer auch Autorinnen in Frauenverlagen berücksichtigt werden, wird sich zeigen.

Was sich auf jeden Fall geändert hat, ist der Forschungsstand. Seit sich die Frauenforschung in den 1970er Jahren immer mehr ausbreitete, nahm auch das Wissen über Frauen zu. Wie Sarah Dunant festhält, die erst später mit historischen Romanen angefangen hat, wäre es nicht möglich gewesen, diese Bücher auch nur 25 Jahre früher zu schreiben: »Die Forschung über Kurtisanen, Klöster, Frauen als Heilerinnen, Visionärinnen, Künstlerinnen und Musikerinnen hatte noch nicht stattgefunden.«[29] In den letzten Jahrzehnten haben Feministinnen und SozialhistorikerInnen viel erforscht und die Leben von bis dahin unbekannten Frauen beleuchtet.

Die Frauenbuchläden haben in einem erheblichen Maße zur Verbreitung und zur Sichtbarkeit der Werke von Autorinnen beigetragen und tun dies noch immer. Und es war und ist jedes Mal eine große Freude, eine neue Autorin zu entdecken, deren Werk gleich mit anderen Frauen geteilt konnte bzw. kann.

Was im deutschsprachigen Raum jedoch leider fehlte, war ein Verlag wie Virago, der auf die Genealogie der Frauenliteratur aufmerksam gemacht hätte. Es erschienen ja durchaus Bücher von Frauen. Aber es gab und gibt keinen Verlag, der sich so kontinuierlich um die frühere Literatur von Frauen kümmerte. Die damals aktuelle verschwand dann auch oft, so dass sie wieder und wieder »neu« entdeckt werden musste. So lasen wir bereits in den 1980er Jahren die Gerichtsreportagen von Gabriele Tergit, deutschsprachige Romane von Barbara Frischmuth über Jutta Heinrich bis Helga M. Novak, neue Autorinnen

29 Sarah Dunant, zitiert in Lennie Goodings: *A Bite of the Apple,* S. 113.

von Alice Walker bis Toni Morrison, die Erzählungen und Romane von Christa Reinig sowieso, aber auch Werke von Margaret Atwood bis Marina Zwetajewa.

Wir sollten endlich aufhören, von »vergessenen« Autorinnen zu sprechen. Die Autorinnen wurden aktiv aus der Literaturgeschichte herausgeschrieben, in der nur zählte, was Männer geschrieben hatten, bis auf die eine, die es nach dem Motto »Ausnahmen bestätigen die Regel« immer geben durfte. Diese wurde aber immer als Ausnahme bezeichnet, damit Autorinnen nicht auf die Idee kommen würden, dass es mehrere geben und sich der Kanon dadurch ändern könnte. Wenn ich aktuell sehe, was als »Neuentdeckung« gilt, kann ich nur sagen, dass wir diese Autorinnen oft bereits in den 1980er Jahren kannten und auch keineswegs vergessen hatten, auch wenn es natürlich löblich ist, dass sie für jüngere Generationen neu aufgelegt werden.

Andrea Gollbach erzählte 2014 in einem Interview, wie sie im Münchener Frauenbuchladen Lillemors literarische Werke aussuchten: »Wir legen den Schwerpunkt auf junge, unbekannte Autorinnen. Antje Rávic Strubel, heute eine prominente Autorin, war vollkommen unbekannt, als wir sie mit ihrem Debütroman *Offene Blende* entdeckten, ebenso Juli Zeh bei ihrem Debüt *Adler und Engel*, bei dem man sich nicht klar war, ob man sie besser ins ältere Jugendbuch oder ins junge Erwachsenenbuch packen sollte. Wen wir auch hatten, bevor die Rezensentinnen sich auf sie gestürzt hatten, war Judith Schalansky.«[30]

Natürlich kam es zu spannenden Wiederentdeckungen. Als wichtigste darf inzwischen Virginia Woolf gelten, die von der Frauenbewegung neu entdeckt wurde und heute weltweit als eine der wichtigsten Autorinnen des 20. Jahrhunderts gilt. Jedes Jahr erscheinen zahlreiche wissenschaftliche Werke zu ihren Texten, gibt es Konferenzen und Ge-

30 https://blog.buecherfrauen.de/fachbuchhaendlerinnen-fuer-frauenliteratur-lillemors-frauenbuchladen-in-muenchen/

sellschaften ihr zu Ehren – auch wenn davon in Deutschland leider wenig zu merken ist.

Auf einer Liste der BBC der 100 besten britischen Romane[31] von 2025 sind gleich zwei Romane von Virginia Woolf unter den ersten fünf Titeln zu finden: auf dem 2. Platz: *To the Lighthouse* (*Zum Leuchtturm*) und auf dem 3. Platz *Mrs Dalloway.* Auf Platz 16 folgt noch *The Waves* (*Die Wellen*) und auf Platz 65 *Orlando.*

In Deutschland wurden ihre literarischen Werke bereits seit den 1950er Jahren im S. Fischer Verlag verlegt, seit 1989 in einer Neuauflage[32] mit wunderbaren Cover-Illustrationen von Sarah Schumann, in der nun auch ihre Essays, Tagebücher und bislang noch nicht übersetzten Werke erscheinen sollten (nicht alle, die geplant waren, sind auch erschienen). Bezeichnenderweise waren ihre »Frauenschriften«[33] – also ihre feministischen Essays *Ein Zimmer für sich allein* und *Drei Guineen* – als letzte geplant.

Hilke Schlaeger schreibt dazu: »Daß Virginia Woolf eine Autorin ist, die sich hinter ihrem Zeitgenossen James Joyce nicht zu verstecken braucht, daran hat in der Tat die Frauenbewegung erinnert. Wenn der Fischer-Verlag das erst heute merkt, trifft das ihn, nicht die Leserinnen. Wahrscheinlicher ist allerdings, daß man bei Fischer das sehr wohl wußte, nur nicht an die Verkaufbarkeit geglaubt hat. Dies aber – das geistige Erbe der Frauen – erst dann auf den Markt zu werfen, wenn eine ausreichende Stückzahl verkaufter Exemplare garantiert scheint – unterscheidet die bürgerlichen von den Frauenverlagen.«[34]

31 Jane Ciabattari. https://www.bbc.com/culture/article/20151204-the-100-greatest-british-novels. Auf der Liste sind insgesamt 36 Titel von Autorinnen zu finden. Auf Platz 1 George Eliot.

32 S. *Virginia Woolf. Ein Lesebuch.*

33 So genannt in dem Virginia-Woolf-Lesebuch, S. 11, das zum Erscheinen der Gesammelten Werke herauskam.

34 Hilke Schlaeger: Mit Gewinn und Genuß! In: *Virginia Frauenbuchkritik*, Heft 4 vom März 1988, S. 10.

Spannend war der Test von Ingrid Strobl, die ihren Verdacht überprüfen wollte: »Eine junge, unbekannte Autorin, die ein Manuskript bei einem Verlag einreicht, einfach so, ohne maßgebliche Leute zu kennen, hat keine Chance und sei sie noch so begabt. Und wenn sie genial ist, dann wird man doch wohl dieses Genie erkennen! Oder?«[35]

Und so bot sie unter dem Pseudonym Marlies Rohrbach die Kurzgeschichte *Ein ungeschriebener Roman*[36] von Virginia Woolf – denn sie fand, dass die Chance, Qualität als solche zu erkennen, groß sein sollte – bei mehreren deutschsprachigen Verlagen zur Veröffentlichung an. Sie schrieb »an die Etablierten, dann an die Linken, dann an die Frauen. Bis auf eine einzige Ausnahme waren die Reaktionen entmutigend bis niederschmetternd«[37]. Die Ausnahme war übrigens Marockh Lautenschlag vom kleinen Medea Frauenverlag: Sie wollte unbedingt mehr dergleichen lesen.[38]

Diese beiden Essaybände von Virginia Woolf gab es allerdings bereits auf Deutsch: *Ein Zimmer für sich allein* erschien erstmalig 1978 in einer Übersetzung von Renate Gerhardt bzw. Wulf Teichmann (Gedichte) in einer Auflage von 5.000 Exemplaren im Berliner Gerhardt Verlag, *Drei Guineen* im gleichen Jahr in der Übersetzung von Anita Eichholz im Verlag Frauenoffensive.

Inzwischen sind Virginia Woolfs Werke rechtefrei und werden gleich von mehreren Verlagen in neuen Übersetzungen verlegt.

Eine wichtige Rolle dürften die Frauenbuchläden auch für die weite Verbreitung von Marlen Haushofers Werken gespielt haben. Ihr Roman *Die Wand*, in dem es um eine Frau geht, die durch eine Katastrophe

35 Ingrid Strobl: Das durchgefallene Genie. In: Ingrid Strobl: *Frausein allein ist kein Programm*, S. 121.

36 Auf Deutsch in der Übersetzung von Herberth und Marlys Herlintschka im Band *Die Dame im Spiegel* erschienen.

37 Ingrid Strobl: Das durchgefallene Genie. In: Ingrid Strobl: *Frausein allein ist kein Programm*, S. 123.

38 Ebd., S. 127. Auch von der Frauenoffensive war eine Absage gekommen, eine schroffe Ablehnung. Leider verrät uns Ingrid Stobl die Absage von Fischer nicht.

radikal von der Zivilisation abgeschnitten wurde und sich nun auf einer Hütte in ihrer Einsamkeit einrichten muss, ist erstmals 1963 erschienen und wurde 1985 bei Ullstein in der Reihe *Die Frau in der Literatur* neu aufgelegt. Es wurde zu einem der wichtigsten Bücher der Frauenbewegung. Auch wenn dies wohl ihr bekanntester Roman war und ist – vor allem inzwischen durch die Verfilmung von 2012 –, lasen wir natürlich auch ihre anderen Werke.

Die bekannteste Autorin, die ihr Buch in einem kleinen Frauenverlag veröffentlicht hat und damit Weltruhm erlangte, ist Keri Hulme[39], die als erste Neuseeländerin mit ihrem Roman *The Bone People*[40] 1985 den renommierten Booker Prize gewann. Der Roman wurde erstmals 1984 in dem kleinen neuseeländischen Frauenverlag Spiral Collectives/Press veröffentlicht, bei dem es sich eigentlich um eine Frauenliteratur- und Kunstgruppe handelte, die in dem Jahr aber auch schon an der 2nd Feminist Book Fair in Oslo teilnahm[41], deren erste Buchpublikation es war. Der Roman wurde im gleichen Jahr mit zwei Preisen ausgezeichnet: als New Zealand Book of the Year (Fiction) und mit dem Mobil Pegasus Award for Māori Literature, nachdem Keri Hulme zwölf Jahre lang versucht hatte, den Roman bei einem Verlag unterzubringen. Inzwischen wird der Roman von mehreren Verlagen in verschiedenen Ländern immer wieder neu aufgelegt.

Weltbekannt ist inzwischen auch die schottische Krimiautorin Val McDermid, deren erste Romane, die Serie um die lesbische Journalistin Lindsay Gordon, in der britischen Women's Press erschienen.[42] Inzwischen wurden ihre Bücher in mehr als 40 Sprachen übersetzt und über 19 Millionen Mal verkauft. Zudem wurden zwei ihrer bisher fünf

39 Mehr zu Keri Hulme s. https://www.fembio.org/biographie.php/frau/biographie/keri-hulme/

40 Deutscher Titel: *Unter dem Tagmond.* 1987 in der Übersetzung von Joachim A. Frank im S. Fischer Verlag erschienen.

41 Feminist Book Fair Group (ed.): *2nd International Feminist Book Fair,* S. 107.

42 Auf Deutsch erschien die Serie ab 1990 als Ariadne Krimi im Argument Verlag.

Serien und ein Roman fürs Fernsehen verfilmt. Mit ihren zahlreichen lesbischen Protagonistinnen, die in vielen, wenn auch nicht allen ihrer Krimis eine Rolle spielen, sorgt auch Val McDermid für eine größere lesbische Sichtbarkeit.

In Deutschland waren es Verena Stefan und Jutta Heinrich, die erst bei der Frauenoffensive veröffentlichten und dort erfolgreich waren, später dann bei anderen Verlagen. Bekannt geworden ist vor allem Alexandra von Grote in den 1980er Jahren mit ihren Filmen *Weggehen um anzukommen*, *Novembermond* und *Reise ohne Wiederkehr*. Ihr erstes Buch *ins gesicht geschrieben. gedichte für lesben* erschien 1980 im Christine Hasenzahl Verlag in München und wurde über den Frauenliteraturvertrieb Hermine Fees in Frankfurt am Main vertrieben, wie auch das nächste Buch ein Jahr später, *Marie. Zwei Liebesgeschichten* (ohne Verlag, gleicher Vertrieb). Zehn Jahre später folgte *Augen, so blau wie das Meer. Eine romantische Erzählung* (1991) im Feministischen Buchverlag in Wiesbaden.

Ab 1998 schrieb Alexandra von Grote, angefangen mit *Die unbekannte Dritte*, Krimis mit der Kommissarin Florence Labelle, die in der Provence spielen und in der Reihe *Die Frau in der Gesellschaft* im Fischer Taschenbuch Verlag erschienen. Ab 2005 folgte die Paris-Krimi-Reihe mit dem Kommissar Maurice LaBréa, drei Bücher dieser Serie wurden auch fürs Fernsehen verfilmt, sowie weitere Romane.[43] Ihre Werke spielen häufig zwischen Deutschland und Frankreich, oft geht es um die Zeit des Nationalsozialismus, anfangs auch um lesbische Beziehungen.

Wesentlich zur zunehmenden Aufmerksamkeit von Autorinnen beigetragen haben natürlich auch die feministischen Literaturwissenschaftlerinnen, die im Zuge der Frauenbewegung zunehmend begannen, sich mit Schriftstellerinnen zu beschäftigen. Bücher, die eine bis

43 www.alexandra-vongrote.de

heute wichtige Übersicht bieten und für Forschungen relevant bleiben, sind beispielsweise Petra Budke und Jutta Schulze: *Schriftstellerinnen in Berlin 1871 bis 1945. Ein Lexikon zu Leben und Werk*[44]; Renate Wall: *Lexikon deutschsprachiger Schriftstellerinnen im Exil: 1933 bis 1945*, und Gisela Brinker-Gabler (Hg.): *Deutsche Literatur von Frauen*[45] in zwei Bänden, die inzwischen nicht mehr neu lieferbar sind.

Die Literaturwissenschaftlerin Martina Wernli, Privatdozentin an der Universität Mainz, stellt fest: »Und das ist einfach nicht die Verantwortung der Frauen, dafür zu sorgen, dass die Autorinnen jetzt irgendwie abgebildet werden in der Literaturgeschichtsschreibung. Das ist eigentlich ganz normale Literaturwissenschaft und Literaturgeschichtsschreibung, dass die eben einen breiten, weiten Horizont hat und sich nicht nur auf eine Gruppe stützt.«[46]

Schön wär's!

Zusammenfassend kann ich mich nur der Einschätzung der Frauen vom Buchhandel Thalestris anschließen: »Ohne den Einsatz der Frauenbuchläden hätten feministische Literatur und Frauenliteratur im allgemeinen nicht ihren Stellenwert auf dem Buchmarkt erreicht, noch die feministische Forschung ihren Platz in den Universitäten.«[47]

44 Erschienen 1995 im Orlanda Frauenbuchverlag in der Reihe: *Der andere Blick: Frauenstudien in Wissenschaft und Kunst.*

45 Erster Band: *Vom Mittelalter bis zum Ende des 18. Jahrhunderts.* Zweiter Band: *19. und 20. Jahrhundert.* Beide erschienen 1988 im Verlag C. H. Beck in München.

46 https://www.deutschlandfunk.de/literatur-von-frauen-nachzaehlen-macht-benachteiligung-100.html

47 https://frauenbuchladen.buchkatalog.de/UeberUns

Von Roswitha bis Christine: Preise für Frauenliteratur

Der Fokus der Veröffentlichungen von Frauen richtete sich mehr und mehr auf von Frauen geschriebene Literatur. Und immer mehr wurde deutlich, dass weit weniger Autorinnen für ihre Werke ausgezeichnet wurden. Größer sind ihre Chancen, wenn sie in ihren Romanen Männer als Hauptpersonen haben, wie sich an Gewinnerinnen des renommierten Booker Prize zeigt.

Auszeichnungen sind wichtig, da sie für deutlich mehr Aufmerksamkeit und Sichtbarkeit sorgen, für mehr Verkäufe, für ein größeres Einkommen, nicht nur im eigenen Land, sondern auch häufig durch Übersetzungen. Dass Autorinnen seltener ausgezeichnet werden, ist inzwischen bekannt. Mit Qualität hat dies rein gar nichts zu tun. Um gegen diesen Missstand anzugehen, wurden in verschiedenen Ländern spezielle Preise für Autorinnen ins Leben gerufen.

In Großbritannien wurde 1996 der ***Women's Prize for Literature***[1] (im Laufe der Jahre in Kombination mit verschiedenen Sponsoren benannt) eingeführt, nachdem 1991 wieder einmal kein Werk einer Autorin auf der Shortlist des Booker Prize zu finden war, obwohl in dem Jahr etwa 60 Prozent der veröffentlichten Romane von Schriftstellerinnen verfasst waren. Es wurde deutlich, dass dies nicht nur für den Booker galt, sondern auch für andere Literaturpreise.

Der Women's Prize wird inzwischen jährlich an eine Autorin für den besten in Englisch geschriebenen und im vorherigen Jahr veröffentlichten Roman vergeben – unabhängig von der Nationalität der Schriftstellerin.

1 https://womensprize.com/prizes/womens-prize-for-fiction/

Als Ergänzung dazu wurde 2023 erstmals der ***Women's Prize for Non-Fiction***[2] vergeben. Es geht hierbei nicht unbedingt um Themen, die speziell Frauen betreffen, sondern ausgezeichnet werden soll herausragende schriftstellerische Leistung, fundierte Recherche, besondere Erzählstimmen und deren Zugänglichkeit, um die fachliche Kompetenz von Autorinnen hervorzuheben.

Für beide Preise gibt es jeweils eine jährlich wechselnde Jury, die aus fünf Frauen besteht.

Wie sich im Laufe der Jahre gezeigt hat, sorgt der Women's Prize for Literature für eine deutlich erhöhte Sichtbarkeit der Romane von Frauen. Der gewinnende Roman wird ausgiebig in der Presse – nicht nur in Fachzeitungen – besprochen, und darüber hinaus wird bereits ab der Longlist über die nominierten Werke berichtet – nicht nur in Großbritannien, sondern beispielsweise auch in Australien.

2024 wurde *Brotherless Night* von V. V. Ganeshananthan sowohl mit dem britischen Women's Prize for Fiction als auch mit dem in diesem Jahr erstmals vergebenen Carol Shields Prize (für Frauen und Nicht-Binäre in den USA und Kanada) ausgezeichnet.

Auch in anderen Ländern gab und gibt es spezielle Literaturpreise für Schriftstellerinnen. So wurde in den Niederlanden von 1985 bis 2005 alle zwei Jahre der ***Anna Bijns***[3] ***Prijs*** abwechselnd für Prosa und Lyrik einer Autorin vergeben. Bis heute gibt es den ***Opzij Literatuurprijs,*** der jährlich von der Frauenzeitung Opzij vergeben wird. Seit 1979 wird er bereits vergeben, bis 2008 hieß er ***Annie Romeinprijs***[4] und wurde alle zwei Jahre ausgelobt.

In Australien existiert seit 2012 der ***Stella Prize,*** der inzwischen allerdings nicht mehr nur für Autorinnen ausgeschrieben wird, sondern auch für »non binary writers«. Dass Preise, die ursprünglich für Frauen

2 https://womensprize.com/prizes/womens-prize-for-non-fiction/
3 Nach der flämischen Dichterin Anna Bijns (1493–1575).
4 Nach der niederländischen Schriftstellerin Annie Romein-Verschoor (1895–1978).

waren, inzwischen für Nicht-Binäre geöffnet wurden, durchaus nicht mehr unbedingt an Frauen gehen, zeigte sich 2024 beispielsweise beim kanadischen Maria Anna Mozart Award für »women and non-binary composers«[5] – als er zum fünften Mal verliehen wurde, ging er nicht an eine Komponistin. Aber Frauen sind ja bekanntlich inzwischen unter dem Deckmantel der Inklusion für alle Arten von Diskriminierung zuständig, auch wenn es sich gegen sie richtet.

Auf der Website des Stella Prize ist zu lesen, dass sie neben dem jährlich ausgelobten Preis, der »Australian women's writing« feiern soll, das ganze Jahr über Aktivitäten zu australischen Autorinnen veranstalten, geschlechtsspezifische Vorurteile im Literaturbetrieb beseitigen und ausgezeichnete Bücher mit LeserInnen in Verbindung bringen wollen.

In Deutschland gibt es drei Literaturpreise für Frauen. Der älteste ist der ***Roswitha-Preis***[6], der bereits seit 1973 eine herausragende literarische Einzelleistung einer Autorin auszeichnet. Er ist nach der ersten deutschen Dichterin Roswitha von Gandersheim (ca. 935 bis nach 973), einer der bedeutendsten Schriftstellerinnen des Mittelalters, benannt und wird von der Stadt Bad Gandersheim vergeben. Bis in die 1990er Jahre stiftete sie die »Roswitha-Medaille«, die am Freitag der Buchmesse im Frankfurter Römer vergeben wurde, ursprünglich an eine deutschsprachige Schriftstellerin. Seit 1996 wurde der Kreis der Infragekommenden erweitert: »Mit dem Preis können jetzt auch bedeutende einzelne Werke aus den Wissenschaften, mit denen sich Roswitha beschäftigte, ausgezeichnet werden – und die Autorin muss nicht unbedingt deutschsprachig sein, sondern Europäerin.«[7] Die Jury besteht hier nicht nur aus Frauen. Die erste Preisträgerin war 1973

5 https://symphonynovascotia.ca/about/maria-anna-mozart-award/

6 https://www.bad-gandersheim.de/portal/seiten/roswitha-literaturpreis-900000189-23910.html

7 Ebd.

Marie Luise Kaschnitz. 2024 erhielt ihn die Schriftstellerin Lucy Fricke. Der Preis ist mit 5.500 Euro dotiert.

Der ***LiBeraturpreis***[8] wurde 1987 von der Initiative LiBeraturpreis im Ökumenischen Zentrum Christuskirche e. V. in Frankfurt am Main ins Leben gerufen, initiiert von Ingeborg Kaestner, die für ihre Arbeit 2001 als BücherFrau des Jahres ausgezeichnet wurde[9]. Wichtig war ihr dabei, »dass sich die Leute dazu bringen lassen, sich diesen Begegnungen auszusetzen, und dass bei uns am Schluss zusätzlich die echte Begegnung steht, indem die Preisträgerin anreist und ihr Werk vorstellt.«[10] Die Preisträgerinnen wurden auf die Buchmesse nach Frankfurt eingeladen und es gab eine Lesung im Frankfurter Literaturhaus. Es war somit eine gute Möglichkeit für die Autorinnen, »sich und ihre Werke auf der internationalen Buchmesse bekanntzumachen.[11] Finanziert wurde damals (Stand 2002) alles ausschließlich aus Mitgliedsbeiträgen und Spenden. Ausgezeichnet wurde jährlich ein herausragender Titel einer Autorin aus Afrika, Asien, Lateinamerika, Ozeanien oder der arabischen Welt in deutscher Übersetzung. Ausgezeichnet wurden häufig Autorinnen, die im Exil leben. Zu ihnen gehören unter anderem Maryse Condé (Guadeloupe), Assia Djebar (Algerien), Raia Alem (Saudiarabien) und Astrid Roemer (Surinam).

Zwei Preisträgerinnen betonen die Wichtigkeit des Preises:
»›Dies ist keine Entwicklungshilfe‹, sagt Patricia Grace aus Aotearoa/Neuseeland. ›Der Preis ermöglicht Begegnung ohne Vorurteile oder schafft Gelegenheiten zur Wandlung vorgeprägter Einstellungen. Es ist ein Preis der Freiheit oder ein Friedenspreis‹.

8 https://www.litprom.de/beste-b%C3%BCcher/liberaturpreis/der-preis-die-jury/
9 S. S. 42, Fußnote 73.
10 Karen Nölle-Fischer: »Lustvoll ist so ein Leben!«, S. 16.
11 Ebd., S. 14.

›Der Roman gewinnt kein Leben‹, betont Carmen Boulosa aus Mexiko, ›ohne das Verständnis des Anderen, des Andersartigen, der nicht so ist wie man selbst.‹«[12]

Von 2013 bis 2023 wurde der LiBeraturpreis vom Litprom e.V.[13] vergeben, deren Geschäftsleiterin Anita Djafari[14] seit 2009 war, die 2016 ebenfalls als BücherFrau des Jahres[15] ausgezeichnet wurde. Wie es mit dem LiBeraturpreis nach der Auflösung der Litprom weitergehen wird, ist derzeit noch nicht deutlich.

Der dritte Preis wird von dem Branchennetzwerk BücherFrauen verliehen. Der ***BücherFrauen-Literaturpreis*** ist nach der Schriftstellerin Christine de Pizan benannt, die als erste Autorin gilt, die vom Schreiben leben konnte. Die Gewinnerinnen erhalten bei der Verleihung eine Statuette, die von der Karlsruher Künstlerin Kassandra Becker gestaltet wurde.[16]

Ausgezeichnet werden sollen alle zwei Jahre Autorinnen, »die mit ihrem Schreiben zur Gleichstellung der Geschlechter und zur Stärkung von Frauen und Mädchen beitragen«[17]. Bislang wurde der Preis zweimal ausgelobt: 2021 an Mely Kiyak für ihr Buch *Frausein* und 2023 an Slata Roschal für ihren Roman *153 Formen des Nichtseins.*

Die Vorschläge der einzelnen Städtegruppen werden bekannt gemacht, ebenso wie die Shortlist. Die Entscheidung, die jeweils auf der Frankfurter Buchmesse bekannt gegeben wird, trifft eine wechselnde Jury, die aus drei Frauen aus der Buchbranche besteht.

Berichtet über diese Preise wird – deutlich im Gegensatz zum *Women's Prize for Fiction* – hauptsächlich in Branchenmagazinen wie dem

12 Ebd., S. 16 f.
13 Die Litprom wurde 1980 anlässlich des Buchmessenschwerpunkts Schwarzafrika gegründet und im Dezember 2024 wegen fehlender Finanzierung leider aufgelöst.
14 Ruth Kumpmann: Anita Djafari.
15 S. S. 42, S. 73.
16 https://www.buecherfrauen.de/buecherfrauen-literaturpreis
17 Ebd.

Börsenblatt des Deutschen Buchhandels und *Buchmarkt*. Aber über Literatur wird in Zeitungen und Zeitschriften ohnehin zunehmend weniger geschrieben, auch in anderen Medien wie Fernsehen und Radio wird immer weniger über Bücher und die Buchbranche berichtet.

Ab 2025 wird der ***Ilse-Schwepcke-Preis*** verliehen, der künftig jährlich an jeweils eine auf Deutsch schreibende und eine auf Englisch schreibende Reiseschriftstellerin vergeben werden soll.[18]

18 https://www.ilseschwepckepreis.de/

Zurück in die Unsichtbarkeit?

Vieles in diesem Buch klingt so, als ob nun alles besser geworden sei, als ob es mehr Sichtbarkeit für Autorinnen bzw. für Frauenleben gibt. Das ist durchaus richtig, aber es macht sich inzwischen auch eine gegensätzliche Tendenz breit: das Verschweigen von Frauen bzw. Frauenprojekten – und zwar auch in der Buchbranche.

Da sind zum einen die Buchhandlungen und Verlage, die früher Frauenbuchläden bzw. Frauenverlage waren, inzwischen ihr Angebot geändert haben, sprich: auch Bücher von Autoren verlegen bzw. verkaufen. Dagegen spricht erst einmal nichts, wohl aber, dass sie ihre Geschichte verschweigen und so tun, als ob es nie ein Frauenprojekt gewesen sei, das aus der Frauenbewegung heraus entstanden ist.

Ein Beispiel: der Milena Verlag, ursprünglich der Wiener Frauenverlag, der sich 1997 in Milena Verlag umbenannte, aber weiterhin ein Frauenverlag war. Erst 2007 änderte sich das Verlagsprogramm. Auf der Verlagsseite ist kein Hinweis auf die Verlagsgeschichte mehr zu finden. Somit präsentiert sich der Verlag zwar weiterhin unter dem Namen Milena, hat aber inzwischen ein völlig anderes Programm, ist also kein Frauenverlag mehr, ohne diese Änderung zu benennen. Jeglicher Hinweis fehlte auch beim 40-jährigen Jubiläum, womit das ursprüngliche Anliegen der Verlagsgründerinnen, Autorinnen von Belletristik und Sachbüchern eine Öffentlichkeit zu bieten, unsichtbar gemacht wird,

Das Unsichtbarmachen zeigt sich auch bei Orlanda. Wie bereits erwähnt, wurde der Orlanda Frauenverlag 2018 aufgrund von Insolvenz aufgelöst.

Nun gründete sich 2017 ein neuer Verlag, der Orlanda Verlag. Ein Hinweis darauf, dass er in Nachfolge des Orlanda Frauenverlags gegründet wurde, ist nicht zu finden. Ein einziger Titel (das bereits oben erwähnte *Farbe bekennen*) aus dem Programm des Orlanda Frauenverlags ist noch im neuen Orlanda Verlag lieferbar. Auch hier ist auf der Webseite nichts zur Verlagsgeschichte zu finden. Allerdings hieß es in einem Artikel im *Börsenblatt*[1], dass sie den Fokus Frauengesundheit und Frauenpolitik erweitert haben. Ihre Programmbeschreibung lautet bis heute »Frauen, Weltkultur, Bewegung«. Die Geschäftsführerin Annette Michael sagte: »Themen wie Migration, Flucht und Diskriminierung von Minderheiten spielen deshalb jetzt eine wichtige Rolle bei uns.«[2]

Da wurde also ein Verlag mit einem fast identischen Namen neu gegründet, was natürlich kein Zufall war, es ist gar von einer »thematisch breiteren Aufstellung« die Rede – und dann werden genau die Themen benannt, mit denen der Orlanda Frauenverlag bekannt geworden ist. »Breiter aufgestellt« hat sich der Verlag insofern tatsächlich, als dass nun auch Kinderbücher sowie Bücher von Autoren veröffentlicht werden. Aber, was in dem Artikel jedoch nicht benannt wird, obwohl genau das ein wesentlicher Punkt ist: Es ist kein Frauenverlag mehr.

Auf diesen Bericht hin reagierte Dagmar Schultz mit einigen ehemaligen Mitarbeiterinnen und einer Autorin des ehemaligen Orlanda Frauenbuchverlags mit einem »Appell gegen die Tendenz, Verlagsgeschichte und Frauengeschichte unsichtbar zu machen«[3]. Völlig zu Recht, denn wie sie schrieben: »Diese Darstellung erfordert eine Richtigstellung. Das Programm des gegenwärtigen Orlanda Verlags ist erfreulich – die Verleugnung der Tradition auf der es aufbaut ist bedauerlich. In den 80er und 90er Jahren hat der Orlanda Frauenverlag Pionierarbeit geleistet mit der Veröffentlichung der belletristischen sowie Sachbuch-Literatur von Schwarzen Frauen und Women of Color in Deutschland und weltweit. Titel zu Rassismus, Antirassismus, Antisemitismus und

1 Sabine van Endert: Der Frauenbuchverlag Orlanda hat sich neu aufgestellt. https://www.boersenblatt.net/news/verlage-news/der-frauenbuchverlag-orlanda-hat-sich-neu-aufgestellt-173923

2 Ebd.

3 Ebd.

der Situation migrierter und rassismuserfahrener Frauen waren ein fester Bestandteil des Programms. Dies ist vielen Menschen bekannt, die die Backlist des Verlages noch immer schätzen. (...)

Wieso kann die Verlegerin des Orlanda Verlags – wenn sie sich schon durch die Verwendung des Namens Orlanda in die Tradition des Orlanda Frauenverlags stellt – nicht öffentlich anerkennen, dass ihr Verlag inhaltlich auf dem Programm des Orlanda Frauenverlags aufbaut und dabei eigene Schwerpunkte setzt? (...)

Wir haben uns als Frauen gegen die Unsichtbarmachung von Frauengeschichte und Frauenarbeit gewehrt. Sowohl aus wissenschaftlichen als auch aus politischen und ethischen Gründen sollten wir Strukturen nicht wiederholen, die Geschichte umschreiben, verzerren, unsichtbar machen. Wir können erfolgreich sein, indem wir uns Anerkennung zollen, nicht jedoch, indem wir uns verleugnen!«

Genau diese Umschreibung findet jedoch seit einiger Zeit vermehrt statt, auch in angeblich feministischen Büchern, deren Literaturlisten nicht weiter zurückgehen als bis in die 1990er Jahre. Es ist erschreckend zu sehen, dass sich Unsichtbarmachung immer weiter verbreitet, nachdem die Frauenbewegung sich gerade für Sichtbarkeit eingesetzt hat.

Wir sollten anerkennen und deutlich machen, auf wessen Schultern wir stehen, auf wessen Arbeit wir aufbauen, die Frauen benennen, ihre Leistungen anerkennen und sichtbar machen – wie es nicht nur bei den Frauenverlagen üblich war, sondern auch bei allen anderen üblich sein sollte.

»Es ist Zeit, sich zu sammeln«

2025 ist es 50 Jahre her, seit in Deutschland der erste Frauenverlag und die ersten Frauenbuchläden gegründet wurden. Zeit für einen Rückblick – und für einen Ausblick.

Wichtig scheint mir, dass es seither immer sowohl die einen als auch die anderen gab, auch wenn die Anfangseuphorie und die Hochphase von Frauenverlagen und Frauenbuchläden sicher vorbei sind.

50 Jahre lang haben unzählige Frauen unermüdlich zu den unterschiedlichsten Themen gearbeitet und darauf aufmerksam gemacht. Seither gab es etwa 50 verschiedene Frauenbuchläden in 40 Städten, in manchen Städten sogar mehrere.

Aber sowohl die Frauen in den Frauenverlagen als auch die in den Frauenbuchläden mussten feststellen, dass ihre Euphorie alleine nicht ausreichte. Wie Ilona Bubeck festhält: »Viele Verlagsgründungen waren nur von kurzer Dauer. Verlagsarbeit konnte nicht nebenher erledigt werden und verlangte ein hohes Maß an Professionalität. Die Frauen investierten eine Menge an Kapital und verloren mindestens genauso viel.«[1]

Nicht für alle war jedoch eine Professionalisierung ihr Ziel, manchen ging es auch nur darum, ein bestimmtes Buch zu herauszugeben, weil es ihnen wichtig war, sie aber keinen Verlag dafür fanden. Heute würden sie es bei Books on Demand veröffentlichen, wie es beispielsweise Mira Sigel, Manuela Schon, Ariane Panther, Caroline Werner und Huschke Mau (Hg.) 2018 mit ihrem Buch *Störenfriedas. Feminismus radikal gedacht* getan haben. Die Veröffentlichungsmöglichkeiten sind weitaus vielfältiger geworden. Aber die Nachteile solcher Veröffentlichungen sind auch bekannt: Die Bücher liegen nicht in Buchhandlun-

1 Ilona Bubeck: Lesbisch-literarischer Spiegel, S. 228.

gen aus, sie werden höchstens privat beworben und erreichen so nur einen kleinen Kreis von LeserInnen.

Aber auch steigende Mietkosten konnten und können zu Schließungen führen, wie Jane Cholmeley, eine der Gründerinnen des legendären Frauenbuchladens *Silver Moon*, in ihrem empfehlenswerten Buch über die Geschichte der Buchhandlung deutlich macht.

Die ganze Situation in der Buchbranche hat sich natürlich in den letzten Jahrzehnten verändert. So konstatierte Antje Kunstmann bereits 1998: »Vor zwanzig Jahren hatte man es nicht mit einer solch gewaltigen Produktion insgesamt zu tun, es war alles viel langsamer, man hat nicht ununterbrochen von Umschlagsgeschwindigkeit gesprochen und die Bücher zurückgeschickt, wenn sie sich in einer Saison nicht verkauft haben. Da hat man noch mit einer aktiven Backlist rechnen können und Auflagen nach dem Vorverkauf durch die Vertreter kalkulieren können.«[2] Und das hat sich in der Zeit danach eher noch verstärkt.

Zudem ist Deutschland ein Land mit einer sehr ausgeprägten Indie-Buchszene, wie kaum irgendwo anders gibt es unzählige unabhängige Buchhandlungen und Verlage, von denen viele zwar ein paar Jahre oder Jahrzehnte existieren, aber eben auch nicht auf die Ewigkeit. Ob also nun im Vergleich zur gesamten Buchbranche mehr Frauenbuchläden und -verlage geschlossen wurden, ist noch die Frage.

Es werden nach wie vor feministische Bücher veröffentlicht – aber in sehr unterschiedlichen Verlagen, meist in kleineren unabhängigen Verlagen, auch wenn es in den Konzernverlagen, die sich teure Übersetzungen eher leisten können, manchmal zu Überraschungen kommt. Trotzdem werden sie nicht genügend wahrgenommen. Denn welche Buchhandlungen verkaufen sie? Welche Buchhändlerin, gar welcher Buchhändler kennt sich so gut aus, dass sie oder er darauf hinweisen,

2 Antje Kunstmann: Gezielter Zufall, S. 135.

sie gar empfehlen kann? Sowohl den einen (Verlagen) als auch den anderen (Buchhandlungen) fehlt meist genau das, was die Frauenbuchläden sowie Frauen- und Lesbenverlage ausmachen: der Bezug zur Frauenbewegung.

Frauenbuchläden hingegen haben es mit anderen Problemen zu tun: »Nichtsdestotrotz versuchen wir weiterhin ein unverwechselbares Spezialsortiment anzubieten, auch wenn sich manchmal eine Mogelpackung einschleicht; denn: immer öfter ist nicht überall Feminismus drin, wo ›Frau‹ draufsteht.«[3]

Dieses Wissen fehlt in den meisten Buchhandlungen und auch die entsprechenden Bücher fehlen dort. Daher sind Spezialbuchhandlungen dringend nötig, in denen die Buchhändlerinnen um die Bücher wissen und entsprechend beraten können – und wo die Bücher einfach auch ausliegen.

Genau das sind Frauenbuchläden: Spezialbuchhandlungen. Sie bieten ein spezielles Angebot und das nötige Wissen, um ihre Kundschaft darüber zu beraten. Wie es Andrea Gollbach in einem Interview festhält: »Es ist ein Stück Frauenkultur, was hier gezeigt wird. Was Sie in keiner Buchhandlung so finden. Das unterscheidet uns ganz klar von allen Buchhandlungen. Und nur so können wir überleben und weiterleben: Indem wir dieses Sortiment genau so pflegen und stringent halten.«[4]

Der Buchladen Thalestris, der bis heute existiert, wird von drei Frauen geführt, die auch zu den Gründerinnen gehören: Hanne Haeusler, Nicola Poppe und Kornelia Wagenblast. Alle drei arbeiten dort nach wie vor unbezahlt. Für sie ist der Frauenbuchladen ihre »feministisch-politische Wahlfamilie«[5]. Auch wenn sich im Laufe der Jahre

3 Laura – Frauen- und Kinderbuchladen, Göttingen. In: *Virginia Frauenbuchkritik*, Heft 15 vom Oktober 1993, S. 38.

4 https://blog.buecherfrauen.de/fachbuchhaendlerinnen-fuer-frauenliteratur-lillemors-frauenbuchladen-in-muenchen/

5 Pia Grund-Ludwig: »Der Frauenbuchladen ist unsere feministisch-politische Wahlfamilie«.

viel verändert hat, so gelten sie »nicht mehr so sehr als Laden für feministische Frauen, sondern als Buchhandlung, die ein interessantes Sortiment nicht nur für engagierte Frauen hat«[6], aber Hanne Haeusler betont auch: »Wir sind aber immer noch ein Team mit einer politischen Botschaft.«[7]

Andrea Gollbach vom Frauenbuchladen Lillemor's prophezeite 2014: »In fünf Jahren werden die Frauen wieder furchtbar auf den Putz hauen. Die Frauen werden merken, dass nichts passiert, was man nicht selbst tut. Aus diesem Grund ist die Frauenbewegung 1975 entstanden: Wir haben gemerkt, dass wir es selber tun müssen.«[8] Leider scheint es etwas länger zu dauern, aber Ansätze gibt es seit einiger Zeit. Dass Literatur von Autorinnen in den letzten Jahren weit mehr Aufmerksamkeit erhält als vor der Frauenbewegung, ist offensichtlich. Dass trotzdem noch viel zu tun ist, zeigen Studien wie *Frauen zählen*[9].

Was fehlt, sind Frauenverlage, die nicht nur Literatur verlegen, sondern sich sowohl mit der Lebenssituation von Frauen in Deutschland als auch weltweit beschäftigen und die einen feministischen politischen Blick haben. Ein schwieriges Unterfangen in Zeiten, in denen einige meinen, erst einmal diskutieren zu müssen, was eine Frau überhaupt ist, während andere der Ansicht sind, dass auch andere Minderheitsgruppen mit berücksichtigt werden müssen, wenn nicht gar deren Interessen an erster Stelle zu stehen haben[10] – wobei ich an dieser Stelle ausdrücklich darauf hinweisen möchte, dass Frauen keine Minderheit

6 Ebd.
7 Ebd.
8 https://blog.buecherfrauen.de/fachbuchhaendlerinnen-fuer-frauenliteratur-lillemors-frauenbuchladen-in-muenchen/
9 http://frauenzählen.de/
10 Das ist der Grund, warum es in diesem Buch nur um feministische Projekte geht, also nicht um queere. Zur Kritik an der Queer-Bewegung und deren Rückschrittlichkeit, was z. B. das Aufbrechen von Rollenklischees betrifft, s. vor allem Chantalle El Helou: *Vom Queersexismus zur Emanzipation. Ein Lagebericht mit Auswegen,* sowie Caroline Fourest: *Generation Beleidigt. Von der Sprachpolizei zur Gedankenpolizei. Über den wachsenden Einfluss linker Identitärer. Eine Kritik.*

sind (auch wenn sie leider oft so behandelt werden), sondern über die Hälfte der Weltbevölkerung ausmachen. Und dass es wichtig ist, Frauen als solche zu benennen, denn sonst können auch die Probleme nicht benannt werden, mit denen sie zu tun haben, wie Gewalt gegen Frauen, geringere Bezahlung, geringere Renten etc.

Von den bereits genannten Aktionen und Studien der letzten Jahre abgesehen, gab und gibt es in der letzten Zeit auch wieder (geplante) Neugründungen von Frauenbuchläden. Denn noch immer gilt, was Eva Gläser nach der feministischen Buchmesse in Melbourne schrieb: »Wir brauchen nicht nur Bücher sondern auch Orte.«[11] Es reicht schließlich nicht aus, die Bücher allein im stillen Kämmerlein zu lesen, sondern es braucht Orte, an denen sie ausliegen und an denen sie zu finden sind, wo sie angeguckt und angelesen werden können, wo es Beratung dazu gibt und an denen wir andere treffen, um über das Vorhandene und das Gelesene zu diskutieren und darüber, wie wir neue Ideen letztendlich umsetzen können.

Buchhandlungen, die von Frauen geführt werden und in denen auch ausschließlich Frauen arbeiten, in denen Büchern von Frauen deutlich mehr Aufmerksamkeit geschenkt wird, haben sich weiter verbreitet, als das früher der Fall war. So erfreulich dies natürlich ist, diese sind keine Frauenbuchläden und keine Spezialbuchhandlungen, möchten auch gar keine sein.[12]

Es gibt Grund zu vorsichtigem Optimismus. So titelte das britische Magazin *Stylist 2019*: *The triumphant return of the feminist bookshop,*[13] kündigte also die triumphale Rückkehr der feministischen Buchläden an. Anzeichen dafür gibt es dafür sicherlich. In den USA gibt es

11 Eva Gläser: Wir brauchen nicht nur Bücher sondern auch Orte, S. 20 f.
12 Simone Leinkauf: Berlin: Frauenliteratur: Frauenbuchladen? Fehlanzeige.
13 https://www.stylist.co.uk/books/feminist-bookshops-uk-london-second-shelf-history/255823

inzwischen wieder neu entstehende feministische Buchhandlungen[14] (beispielsweise in Birmingham, Alabama).[15]

Bereits 2012 eröffnete *Reading Lasses*, eine Buchhandlung, spezialisiert auf Bücher von und über Frauen, mit Café im schottischen Bücherdorf Wigtown.

In Paris war 2019 ein neuer englischsprachiger Frauenbuchladen namens Coven geplant – zu dem aber keine neueren Informationen gefunden werden können. Vermutlich ist dies eins der Projekte, die die Covid-Pandemie nicht überlebt haben. In London gibt es bereits seit 2018 *Second Shelf*, ein Antiquariat[16], das auf Bücher von Frauen spezialisiert ist und über das selbst im *Spiegel* berichtet wurde.[17] Inzwischen gibt es dort auch neue Bücher von Autorinnen. Der Feminist Bookshop in Brighton eröffnete 2019, musste allerdings im Juni 2024 aufgrund zu hoher Kosten den Laden bereits wieder schließen. Wieviel von dem Optimismus von 2019 an Corona gescheitert ist, lässt sich nicht wirklich sagen, aber die Pandemie wird eine Rolle gespielt haben.

Jeanette Winterson, deren Debüt *Oranges are not the Only Fruit* in der Pandora Press erschien, zeigt in ihrem Nachruf auf ihre erste Lektorin Philippa Brewster die Erfolgsgeschichte der Frauenverlage auf. Zur Anfangszeit von Pandora schreibt sie: »Damals war das Verlagswesen eine männlich dominierte Industrie. Lektoren waren Männer, Autoren waren Männer, Rezensenten waren Männer. Das war normal. Der Feminismus hat angefangen, das Normale zu verändern.«[18] Und

14 https://www.autostraddle.com/resurgence-of-feminist-bookstores-in-the-south-a-moment-or-a-movement/

15 Eine Liste der feministischen Buchhandlungen weltweit findet sich unter https://www.charisbooksandmore.com/list-feminist-bookstores

16 Als langjährige Antiquarin weiß ich, wie wenig Ahnung Antiquare in der Regel von Büchern von Frauen haben. Diese Neueröffnung hat mich daher besonders gefreut!

17 https://www.spiegel.de/kultur/literatur/pop-up-store-fuer-autorinnen-raus-aus-den-unteren-buecherregalen-a-1293105.html

18 Jeanette Winterson: »She gave me the chance that became my life.

sie machte darauf aufmerksam, dass alle Frauenverlage sich für diese Veränderung einsetzten, die sie sehen wollten. »Eine junge Frau im heutigen Verlagswesen ist von anderen Frauen umgeben, es werden Schriftsteller veröffentlicht, die Frauen sind und es ist normal. Das ist eine Erfolgsgeschichte.«[19]

Anders als in Deutschland wurden in Großbritannien einige Frauenverlage von Konzernverlagen übernommen. Ob und welche inhaltlichen Folgen dies für die jeweiligen Verlage hat, kann ich nicht beurteilen. Es gibt sicher Gründe, die dafür sprechen, aber eben auch Gründe, die klar dagegen sprechen, wie das Aufgeben der Autonomie.

Was sich aber auch innerhalb der Frauenverlage geändert hat, ist, dass für diese inzwischen auch Männer Bücher übersetzen und herausgeben – was zu Anfangszeiten völlig undenkbar gewesen wäre, denn es ging um die Zusammenarbeit mit und die Einschätzungen von Frauen. Genauso wie heute keine Rede mehr ist von feministischer Kultur bzw. Frauenkultur.

Die Zeiten haben sich geändert und mit ihnen auch die Lebensumstände von Frauen. Die Frauenbewegung gilt nicht umsonst als die erfolgreichste soziale Bewegung des 20. Jahrhunderts. Vieles, das sie thematisiert hat, ist inzwischen bekannter geworden, wie die Ausbeutung von Frauen in Prostitution und Mietmutterschaft, wie Gewalt gegen Frauen und Mädchen, Femizide, Pornografie – aber weniger geworden ist das alles deswegen leider nicht. Wir kennen die Zahlen, inzwischen wird fast jeden Tag eine Frau von ihrem (Ex-)Partner ermordet, bis vor kurzem hieß es noch, jeden dritten Tag. Der BKA-Vizepräsident Michael Kretschmer sagte noch in einer Pressemitteilung vom 18. November 2024 dazu, dass »Hass und Gewalt gegen Frauen ein zunehmendes gesellschaftliches Problem sind. In allen Bereichen[20]

19 Ebd.

20 Und zu diesen Bereichen gehört auch die queere Szene. S. hierzu Johanna Frey: Lesbenfeindlichkeit aus der »queeren Szene«, sowie Angela Wild: Was ist die »cotton ceiling«?

der geschlechtsspezifisch gegen Frauen begangenen Straftaten sehen wir einen Anstieg. Zudem müssen wir davon ausgehen, dass es weiterhin ein großes Dunkelfeld in diesem Phänomenbereich gibt und die tatsächlichen Zahlen, insbesondere in den Bereichen Häusliche und Digitale Gewalt, noch wesentlich höher sind.«[21] Wichtig wäre ein veränderter Blick auf die Täter, denn wie Gisèle Pelicot bei dem Vergewaltigungsprozess um sie völlig richtig sagte: »Die Scham muss die Seite wechseln«[22]. Und wer geglaubt hat, dass dies ein Einzelfall sei, hat sich gewaltig geirrt: Es gibt Dutzende Gruppen, in denen sich Männer darüber austauschen, wie sie Frauen betäuben und missbrauchen können.[23]

Doch das Wissen um die Zahlen alleine bewirkt keine Veränderung. Meines Erachtens hat es eher zu einer Abstumpfung geführt. Dass diese Gewalt jedoch Auswirkungen auf ALLE Frauen hat, macht Dee L.R. Graham in ihrem Buch *Loving to Survive*[24] – endlich auf Deutsch erschienen im Ulrike Helmer Verlag – deutlich.

An den Universitäten ist es nach wie vor so, dass deutlich weniger Bücher von Frauen gelesen werden, durchschnittlich sind es 13 % auf den Leselisten. Aber nur bei vier Unis ist der Anteil im zweistelligen Bereich, d. h. genau gesagt, dass an allen anderen weniger als 10 % der auf Leselisten aufgeführten Bücher von Frauen geschrieben wurden – mit der Freien Universität Berlin mit nur 2,37 % in der Germanistik als trauriges Schlusslicht.[25] Die Zahlen sind übrigens vom August 2024 – nicht aus den 1960er Jahren! Die Themen bleiben mehr oder weniger

21 https://www.bmi.bund.de/SharedDocs/pressemitteilungen/DE/2024/11/lagebild-geschlechtsspezifische-gewalt.html

22 https://www.deutschlandfunkkultur.de/vergewaltigung-prozess-frankreich-gisele-pelicot-100.html

23 https://www.tagesschau.de/investigativ/ndr/telegram-ko-tropfen-vergewaltigung-netzwerk-100.html

24 Dee L. R. Graham: *Loving to Survive. Auswirkungen sexueller Unterdrückung und männlicher Gewalt auf das Leben aller Frauen.*

25 https://www.boersenblatt.net/news/so-viel-muessen-germanistik-studierende-fuer-ihre-lektuere-ausgeben-342405

seit Jahrzehnten die gleichen. »Trotz des sich immer weiter ausbreitenden Online-Handels betonen die Neckar-Amazonen ausdrücklich die Bedeutsamkeit ihres Buchladens. Sie beobachten immer wieder, dass Themen, mit denen sich die Frauen-/Lesbenbewegungen schon vor fünfzig, vierzig, dreißig Jahren auseinandergesetzt haben, wiederkehren, im Grund genommen immer da sind: Körper und Menstruation beispielsweise, Sexualität, soziale Ungleichheit qua Geschlecht, Coming out.«[26]

In Zeiten wie diesen, wo die Kosten (von Papier bis Porto) für Verlage ins Unermessliche, lies: Unbezahlbare, steigen, ist es eine Frage, welche Bücher noch erscheinen können. Aber es ist auch die Frage danach: Was wollen wir lesen? Die Bücher, die in großen Stapeln in Buchhandelsketten ausliegen und mal eben schnell im Vorbeigehen mitgenommen werden können? Oder möchten wir Bücher lesen, die uns anregen nachzudenken? Was ja durchaus auch unterhaltsam sein kann.

Was damals ein »heroischer Akt gegen die herrschenden Meinungsmacher und Verleger«[27] war, scheint es heute nicht mehr zu sein. Längst haben auch andere Verlage gemerkt, dass Frauenleben durchaus interessant sind. Aber die Herangehensweise ist nach wie vor eine andere, deutlich sichtbar an den neuerdings in großer Zahl erscheinenden Romanbiografien berühmter Frauen, das Cover in Pastellfarben gehalten mit einer Frau, die in die Ferne blickt. Und immer wird im Klappentext die Liebe zu einem (oft berühmten) Mann erwähnt: *xx und die Suche nach Liebe und Wahrheit*, *Eine Liebe in der Bohème*. Eine ganze Reihe heißt gar *Mutige Frauen zwischen Kunst und Liebe*. Wer könnte sich eine Reihe vorstellen, die *Mutige Männer zwischen Kunst und Liebe* heißt? Offensichtlich werden die Leistungen einer Frau

26 Traude Bührmann: *wahlverwandt & unermüdlich*, S. 117.
27 Ilona Bubeck: Lesbisch-literarischer Spiegel, S. 226.

alleine als nicht ausreichend erachtet, da muss mindestens noch erwähnt werden, dass auch ein Mann eine wichtige Rolle spielt.

Der Bedarf nach einem Frauenbuchladen – einer feministischen Fachbuchhandlung – ist nach wie vor vorhanden. So schreibt Monica Tschanz, die Inhaberin der 2024 in Berlin-Schöneberg neu gegründeten FrauenLesbenBuchhandlung auf Facebook: »Bereits nach den ersten paar Tagen kann ich sagen, der Bedarf für eine FrauenLesbenBuchhandlung ist da – immer wieder kommen welche rein mit den Worten: ›Endlich haben wir wieder einen Frauenbuchladen!‹«

Diese Bemerkung bestätigt meinen eigenen Eindruck, denn immer wieder habe ich von Frauen gehört, wie sehr ihnen die Frauenbuchläden fehlen. Aber es sind nicht nur ältere Frauen, die Frauenbuchläden in zahlreichen Städten miterlebt haben, sondern auch jüngere Frauen, eigentlich Frauen jeden Alters, die die Buchhandlung für sich entdecken. Sowieso entdecken gerade Jüngere derzeit ihre Freude an Buchläden, in denen sie Bücher in die Hand nehmen, angucken und reinlesen können – zumindest in Großbritannien[28], hoffen wir also, dass es hier auch so wird. Ein spezifisches Angebot gibt es mit den Young Adult Büchern, die Jugendliche und junge Erwachsene eher ansprechen und offensichtlich auch wieder zum Lesen bringen. Und jüngere Frauen lesen wieder häufiger die Theorie-Klassikerinnen der Zweiten Frauenbewegung, in denen es um feministische Gesellschaftsanalysen geht, die heute kaum noch veröffentlicht werden.

Seit einigen Jahren komme ich immer wieder mit Frauen ins Gespräch, die ebenfalls mit dem Gedanken spielten, einen Frauenbuchladen oder einen Frauenverlag zu gründen. Mir scheint, dass Frauen sich heute vor einer Gründung konkreter mit Fragen der Finanzierung und Umsetzung auseinandersetzen und dass meist wirtschaftliche Aspekte

28 Sarah Manavis: »I love the whole atmosphere and can spend hours browsing«: how did bookshops suddenly become cool?

über die Realisierung solcher Projekte entscheiden. Selbstständigkeit ist immer ein Wagnis, ein Sich-Einlassen auf Ungewissheiten, wie sich beispielsweise an der Umsetzung von Plänen zeigt, die vor der Corona-Pandemie geschmiedet wurden.

Es sind zunehmend auch wieder junge Frauen, die Frauenbuchläden aufsuchen. So erzählt Hanne Haeusler: »Für junge Frauen/Lesben habe das Thema Feminismus an Bedeutung gewonnen. ›Manche bleiben mit Begeisterung vor diesen Regalen stehen und empfehlen sich gegenseitig Bücher. Das macht uns Hoffnung, dass unsere Vision bestehen bleibt, von der Organisation sicher anders, als wie es gemacht haben, unbezahlt und das Geld nebenher verdienen. Da finden sich sicher andere Organisationsformen, die den jungen Frauen/Lesben heute entsprechen. Es sollte ein Ort bleiben, der Frauen stärken kann, ein Platz für Utopien und andere Gesellschaftsentwürfe ist‹, meint Hanne Haeusler.«[29] Ähnlich erlebt es auch Monica Tschanz in ihrer neuen FrauenLesbenBuchhandlung in Berlin.

Die Frauen sind da, alte wie junge, und offenbar ist es an der Zeit, neue Bündnisse, neue Netzwerke zu schaffen.

Mit dem alten Motto des Bielefelder Frauenbuchladens, »Es ist Zeit, sich zu sammeln«, möchte ich schließen. Catrin Weber erinnerte mich daran und auch ich finde, »das passt heute besser denn je.«[30]

29 Traude Bührmann: wahlverwandt & unermüdlich, S. 118.
30 Erinnerungen von Catrin Weber.

2nd INTERNATIONAL
FEMINIST
BOOK FAIR
OSLO/NORWAY 21-27 JUNE 1986
ntroduction to a world of women's books,
piled by the Feminist Book Fair Group.

AUSTRALIAN
FEMINIST
BOOK
FORTNIGHT
1-17 September 1989

FRAUENLITERATUR ANKE SCHAEFER
6th International Feminist Book Fair Programme
Royal Exhibition Building, Melbourne, Australia
Indigenous, Asian & Pacific Writing and Publishing
27–31 July 1994
Angus & Robertson Bookworld

Virginia
Frauenbuchkritik
Verkaufspreis: DM 1,50
Nr. 1
Oktober 1986
»Feminismus ist ein politisches Selbstverständnis«
Aus dem Inhalt
Gerda Weiler über: Mary Daly ‚Reine Lust'
Renate Stendhal schreibt an Margaret Mitchell
Lesbische Nonnen brechen das Schweigen
Verena Stefan über: ‚Die Frau im Brunnen'
Margot Schroeder über: Gedichte von Hannelies Taschau

IV International Feminist Bookfair
Barcelona, 19th-23rd June 1990 at Drassanes
IV Fira Internacional del Llibre Feminista
Barcelona. Drassanes, 19-23 juny 1990
IV Foire Internationale du Livre Feministe
Barcelona. Drassanes, 19-23 juin 1990
IV Feria Internacional del Libro Feminista
Barcelona. Drassanes, 19-23 junio 1990

Projekteliste

International

1969: **The Women's Press Collective,** Oakland, USA, lesbisch-feministischer Verlag bis 1977

1969: **Shameless Hussy,** Oakland, der erste Verlag in den USA, der sich ausdrücklich feministisch nannte, bis 1989

1970: **Feminist Press** in Baltimore, MD, USA – bis heute als **The Feminist Press at the University of New York**

1970: **Amazon Bookstore Cooperative** in Minneapolis, Minnesota: der erste feministische Buchladen in den USA – bis 2012

1970: **A Woman's Place** (vollständiger Name: ICI, Information Center Incorporate: A Woman's Place): einer der beiden ersten feministischen Buchläden in den USA – bis 1989

1970: **Diana Press,** später Zusammenschluss mit dem Women's Press Collective – bis 1979

1970: **Rivolta Femminile** in Mailand, der erste feministische Verlag in Italien und der erste europäische Frauenverlag

1972: **Éditons des femmes** in Paris, gegründet von Antoinette Fouque – bis heute

1972: **Spare Rib,** monatliche feministische Zeitschrift, gegründet in London – bis 1993

1972: **Opzij, Radicaal-Feministisch maandblad,** monatliche feministische Zeitschrift, erscheint bis heute, inzwischen allerdings mit dem Untertitel »voor vrouwen die vooruit willen«, für Frauen, die weiterkommen wollen, seit 2024 erscheint Opzij als »bookazine« viermal jährlich – bis heute

1973: **Toronto Women's Bookstore,** größter feministischer Buchladen in Kanada – bis 2012

1973: **Virago Press** von Carmen Callil in London gegründet, nach der Zusammenarbeit mit verschiedenen Verlagen heute ein Imprint von Hachette Livre

1973: **Naiad Press,** Tallahassee, Florida. Bei ihrer Schließung 2003 waren sie der älteste lesbische/feministische Verlag in der ganzen Welt. Nachfolge: **Bella Books** ab 2003, die zahlreiche Autorinnen übernahmen

1973: **Daughters, Inc.** in Plainfield bzw. New York, USA, gegründet von June Arnolds mit ihrer Partnerin Parke Bowman – bis 1978

1973: **The Feminist Bookshop** in Sydney, erster Frauenbuchladen in Australien – bis 2011

1974: **Onlywomen,** Lesbenverlag in Großbritannien – bis 2010

1974: **De Bonte Was,** radikalfeministischer Frauenverlag in Amsterdam – bis 1985

1974: 30. Mai: Eröffnung des **Librairie des femmes** in Paris, der erste Frauenbuchladen in Europa mit einer Kunstgalerie (die **Galerie des femmes** bis 1999) – bis heute

1974: **Libreria delle donne de Milano,** Frauenbuchladen in Mailand – bis heute

1975: **Spiral Collective(s)** in Christchurch, Neuseeland – bis heute

1975: **De Heksenkelder,** der erste Frauenbuchladen in den Niederlanden, in Utrecht, später umbenannt in Savannah Bay, seit 1997 kein Frauenbuchladen mehr

1975: Vrouwenboekhandel **Xantippe,** Frauenbuchladen in Amsterdam, existiert bis heute, seit 1997 unter dem Namen Xantippe Unlimited und seither auch kein Frauenbuchladen mehr, sondern ein allgemeiner literarischer Buchladen

1975: **Brood en rozen,** Frauenbuchladen in Dordrecht (NL), anfangs mit einem Bücherbus

1976: **Seal Press** in Seattle, feministischer Verlag, seit 2018 Imprint von Basic Books, die inzwischen ein Imprint der Hachette Group sind

1976: Frauenbuchladen in Marseille, Frankreich (inzwischen geschlossen)

1977: **Feministische uitgeverij Sara,** Frauenverlag, gegründet von einem Kollektiv von 13 Frauen in Amsterdam, nach Konkurs 1987 Übernahme als Imprint vom Verlag Van Gennep, existiert inzwischen nicht mehr

1977: Frauenbuchladen in Lyon, Frankreich (inzwischen geschlossen)

1977: vrouwenboekhandel **De Feeks,** von einem Kollektiv von sechs Frauen in Nijmegen gegründet, bis 1992 Frauenbuchladen, danach für ein breiteres Publikum geöffnet – »frauen-homo-nicht-westlich« – 2007 wurde der Buchladen von einem Männerpaar übernommen und existierte noch bis 2018

1978: **The Women's Press** in Großbritannien – bis 2021

1978: **Spinsters Ink.** in Upstate New York, lesbisch-feministischer Verlag, gegründet von Maureen Brady und Judith McDaniel – 2001 an Colorado Publisher verkauft, bis 2005

1978: **Sisterwrite:** erster feministischer Buchladen in Großbritannien, gegründet von Lynn Alderson, Mary Coghill and Kay Stirling in London mit einem Café **Sisterbite** – bis 1993

1978: vrouwenboekwinkel **GAIA** in Leiden, hat ca. zehn Jahre existiert

1979: vrouwenboekhandel **De Dikke Trui** in Groningen, 1999 übergegangen in De Wijde Wereld, allerdings nicht mehr als Frauenbuchladen – inzwischen geschlossen, weil die Kundschaft nach dem Corona-Lockdown nicht mehr zurückkam

1980: **Sheba Feminist Press,** britischer Frauenverlag, der vornehmlich Lesben und Women of Colour veröffentlichte, Autorinnen waren beispielsweise Audre Lorde und Suniti Namjoshi – bis 1994

1980: **Kitchen Table:** Women of Color Press, New York City, nicht nur ein Verlag, sondern ein Netzwerk von Women of Color weltweit, ihr wohl wichtigstes Buch war Cherríe Moraga and Gloria Anzaldúas This *Bridge Called My Back: Writings by Radical Women of Color* (1984) – bis 1989

1980: feministischer Buchladen **Artemys** in Brüssel, Belgien, von Marian Lens – bis 2002

1981: **Antiquariaat Lorelei** in Amsterdam von Nicoline Meiners – bis 1999

1982: **Aunt Lute Books,** San Francisco, multikultureller feministischer Verlag, Zusammenschluss mit dem feministischen Verlag **Spinsters Ink.** 1986, sie veröffentlichten einige Jahre unter dem Namen **Spinsters/Aunt Lute,** seit 1990 wieder als Aunt Lute – bis heute

1983: **Pandora Press** in Großbritannien, gegründet von Phillippa Brewster, Verlegerin war Dale Spender, wichtig war vor allem die Reprint-Reihe *Mothers of the Novel* mit Titeln von Autorinnen aus dem 18. und 19. Jahrhundert (nach verschiedenen Stationen 1998 von der River Oram Press übernommen)

1983: **Black Womentalk,** Großbritannien, Kollektiv Schwarzer Frauen, zu denen u. a. Bernardine Evaristo gehörte

1984: **Antiquariaat Vrouwenindruk** in Amsterdam, gegründet von Marianne Verhallen, wurde 1996 von Doris Hermanns übernommen, 2006 nach Utrecht umgezogen – bis 2015

1984: **Silver Moon:** feministischer Buchladen in London an der berühmten Charing Cross Road, später mit eigenem Verlag **Silver Moon Books** (von 1990 bis 2021) und Newsletter **Silver Moon Quaterly,** mit **The Silver Moon Café** (18 Monate) – bis 2001

1984: 7.–15. Juni: **1st International Feminist Book Fair** in London, Großbritannien

1984: **Kali for Women,** gegründet von Urvashi Butalia und Ritu Menon – bis 2003

1986: **Honno,** walisischer Frauenverlag aus Aberystwyth, der nur Bücher von Frauen aus Wales veröffentlicht – bis heute

1986: **2nd International Feminist Book Fair** in Oslo, Norwegen

1988: **3rd International Feminist Book Fair** in Montreal, Kanada

1988: Gründung des Schweizer **eFeF Verlags**, literarische Texte und Sachbücher vor allem von Autorinnen aus der Schweiz – bis heute

1989: **Women's Bookshop** in Auckland, Aotearoa/Neuseeland – bis heute

1990: **4th International Feminist Book Fair** in Barcelona, Spanien

1991: **Spinifex Press,** Melbourne, Australien, gegründet von Susan Hawthorne und Renate Klein – bis heute

1992: **5th International Feminist Book Fair** in Amsterdam, Niederlande

1992: **Scarlet Press,** britischer Sachbuchverlag zu Frauenfragen, bis 1999

1993: **Coming Out Verlag** in Zürich: *Lesben und Coming Out* – 1993

1994: **6th International Feminist Book Fair** in Melbourne, Australien

1994: **Fembooks,** Frauenbuchladen in Taipeh, Taiwan, erster feministischer Buchladen im chinesischen Sprachraum, ab 1996 ein eigener Verlag, auch Veranstaltungsort mit Café – bis heute

1995: **La Libreria de Mujeres** in Buenos Aires, Argentinien, Frauenbuchladen, seit 2009 mit eigenem Verlag – bis heute

1999: **Persephone,** gegründet von Nicola Beauman, früher mit Laden in London, heute in Bath, Somerset. Größtenteils Reprints von Autorinnen des späten 19. und 20. Jahrhunderts, einige wenige Bücher von Männern – bis heute

2001: **Bella Books,** Tahllahassee, USA, Lesbenverlag, 2003 Übernahme der Bücher der Naiad Press – bis heute

2003: **Sibylline Press,** Kalifornien, Autorinnen über 50 – bis heute

2004: **Zubaan Books,** gegründet von Urvashi Butalia in Nachfolge von **Kali for Women,** unabhängiger feminstischer Verlag – bis heute
2005: **Linen Press,** unabhängiger feministischer Verlag in Edinburgh, gegründet von Lynn Michell – bis heute
2007: **Tuba** Frauenbuchhandlung und Bar in Rom, ein Ort für Feministinnen und Lesben – bis heute
2007: **Modjadji Books** in Kapstadt, Südafrika, gegründet von Colleen Higgs: Making rain for southern African women writers and readers – bis heute
2012: **Reading Lasses** im schottischen Bücherdorf Wigtown, Buchhandlung mit Café – bis heute
2018: **The Second Shelf** in London, gegründet von A. N. Devers, ursprünglich für seltene antiquarische Bücher von Frauen, inzwischen auch für neue Bücher
2018: **U-Tópicas** in Coyoacán, Mexiko, feministische Buchhandlung – bis heute
2018: **Anonyma Librería,** Online-Buchhandlung, Lima/Peru – bis heute
2018: **Éditions Better Call Julia,** feministischer Verlag, Paris – bis heute
2019: **Feminist Bookshop** in Brighton, Großbritannien – bis 2024
2021: **Gato Sem Rabo** in São Paulo, Brasilien, Buchladen, der größtenteils Werke von Autorinnen des globalen Südens anbietet – bis heute
2022: **Greta Livraria Feminista,** Frauenbuchhandlung in Lissabon, Portugal – bis heute

Frauenbuchläden in Deutschland

Aachen: 1978: **Frauenbuchladen**
Aachen: 1995: **Her's** Fach- und Versandbuchhandlung für Frauen
Augsburg: 1978: **Elisara**

Berlin: 1975: **Labrys,** der erste Frauenbuchladen in West-Berlin (öffnete zwei Wochen nach Lillemor's) bis ca. 1994

Berlin: 1976: **Lilith,** der zweite Frauenbuchladen in West-Berlin

Berlin: 1978: **Miranda,** der dritte Frauenbuchladen in West-Berlin

Berlin: 2013: **Fembooks,** Internetbuchhandlung, feministische, emanzipatorische und lesbisch_queere Bücher und Medien – bis 2023

Berlin: 2024: **FrauenLesbenBuchhandlung** Berlin, gegründet von Monica Tschanz

Bielefeld: 1979: **Frauenbuchladen Bielefeld,** später umbenannt in **Frauenbuchladen Bambule,** bis 1996

Bochum: 1978: **Frauenbuchladen im Frauenzentrum** in Bochum, seit 1988 **Amazonas Frauenbuchladen.** Der Frauenbuchladen im Ruhrgebiet – bis 2006

Bonn: 1977: **NORA**-Frauenbuchladen in Bonn

Braunschweig: 1980: **Frauenbuchladen**

Bremen: 1977: **Bremer Frauenbuch- und Wolladen**

Bremen: 1980: **Frauenbuchladen,** seit 1983 **Hagazussa**

Darmstadt: 1990: **Artemis**

Dortmund: 1982: **Zimpzicke**

Dresden: 1993: **Pusteblume** für Frauen und Kinder – bis heute

Düren: 1981: **Baba Jaga**

Düsseldorf: 1979: **Frauen-Bücher-Zimmer,** ab 1993: Frauenbuchladen Düsseldorf, ab Ende 2003: **Buch am Dreieck.de–FrauenBuch-Laden,** 2012: Schließung des Ladens, bis Mitte 2017 noch weiter als Versandbuchhandlung

Frankfurt am Main: 1976: **Frauenbuchladen,** seit 1992: **Donna lit. Frauenbuchladen**

Freiburg: 1981: **Frauenbuchladen**

Gießen: 1993: **Buchladen Kleine Freiheit**

Göttingen: 1977: **Laura** Frauen- und Kinderbuchladen in Göttingen – bis heute

Hamburg: 1977: **von heute an,** seit 1986: **Frauenbuchladen & Café**
Hannover: 1976: **Annabee,** seit 1988 ein linker Buchladen mit erweitertem Sortiment, dabei viel Raum für frauenspezifischer Literatur
Heidelberg: 1978: **Frauenbuchladen Heidelberg**
Karlsruhe: 1980: **Johanna mit dem Teepott,** später **Primadonna,** seit 1993: **Kassiopaia,** auch **Luzia**
Kassel: 1979: **Aradia**
Kempten: 1983: **Lesezeichen,** später **Funkenhex**
Köln: 1977: **Rhiannon**
Leipzig: 1990: **Tian-Frauenbuchladen,** in Leipzig, der erste Frauenbuchladen in Ostdeutschland
Lindau: 1981: **Kleine Hexe**
Lüneburg: 1981: **Hexenhaus**
Mannheim: 1978: Frauenbuchladen **Xanthippe** in Mannheim, gegründet von Regine Elsässer und Brigitte von Seckendorff – bis heute
Marburg: 1979: **Frauenbuchladen Marburg** – bis 1986
Minden: 1980: **Frauenbuchladen**
München: 1975: **Lillemor's Frauenbuchladen,** der erste Frauenbuchladen in Deutschland – bis 2023
Münster: 1978: **Chrysalis**
Nürnberg: 1979: **Frauenbuchladen Nürnberg**
Oldenburg: 1980: anfangs **die zunehmende mond,** bis 1981. Ab 1990: **Violetta – eine buchhandlung für frauen,** ab 2004 **Calendula und Violetta** – bis 2008
Osnabrück: (vor 1986) **Mother Jones**
Stade: 1982: **Die Weide**
Stuttgart: 1979: **Lavender,** der zweite von 1987 bis Ende 1996/ Anfang 1997, der dritte ab 1995: **Goudou**
Tübingen: 1979: Frauenbuchladen **Thalestris** in Tübingen – bis heute

Wiesbaden: 1976: **Frauenbuchladen, Frauenbuchversand,** 1978: **Frauenliteraturvertrieb,** der Frauenbuchladen hieß eine Zeitlang **Sappho** – bis 2001

Wilhelmshaven: **Lesen und Schreiben**

Wuppertal: 1983: **Dröppel(fe)mina,** ab 1993: **Femina,** später **Abigail**

Frauenbuchläden in Österreich

Wien: **Frauenzimmer** (November 1977 bis Juni 2007) und **Chick Lit** (seit Januar 2012 bis heute)

Graz: **Berta Bücher und Produkte** (2007 bis ca. 2012)

Frauenbuchläden in der Schweiz

Basel: 1974 bis 2019

Bern: ca. 2002 bis 2010

Zürich: 1976 bis 2001

Verlage in Deutschland

1974: Gründung des Verlags **Frauenoffensive** als Reihe im Trikont Verlag, 1975: Frauenoffensive Verlags GmbH, mehr S. 37 ff.

1974: **Berliner Frauenselbstverlag,** 1982 bis 1985 umbenannt in **sub rosa Verlag,** ab 1986 **Orlanda Frauenverlag** bis 2018, mehr S. 44 ff.

1975: Coming Out Verlag, Berlin, Arbeitsgruppe des Lesbischen Aktionszentrums (LAZ) (Hg. und Übersetzung): *Frauenliebe. Texte aus der amerikanischen Lesbierinnenbewegung,* mindestens vier Auflagen, auch Ann K. Hartwin: *Sandra* (1978) und Raubdrucke des 1. Bands der Trilogie *Der Skorpion* von Anna E. Weirauch und *Der wilde Garten* von Grete von Urbanitzky, diese im **Lesbenselbstverlag,** später neu aufgelegt im **Feministischen Buchverlag** von Anke Schäfer

1975: **Frauen-Verlag** in Koblenz (Caroline Muhr, Gisela Meussling und Inge Latz (Hg.): *Protest- und Spottlieder für die neue Frauenbewegung zum Haaresträuben*)

1976: **Courage** Berliner Frauenzeitung, ab 1978 aktuelle Frauenzeitung bis 1984, ab 1984 Courage Frauenverlags GmbH (u. a. *Brüste* von Daphna Ayalah und Isaac J. Weinstock und Ilse Frapan: *Wir Frauen haben kein Vaterland*)

1976: **Frauen-Clit Verlag** in Berlin (Käthe Schirmacher: *Die Suffragettes*)

1976: **verlag frauenpolitik** in Münster bis 1980, mehr S. 60.

1976: **Amazonen Frauenverlag** (anfangs: Amazonen Frauenverlag Gabriele Meixner), s. S. 83 ff.

1977: **Courage Verlag** bzw. **Courage Frauenverlag,** neben der Zeitschrift *Courage* auch Bücher und Sonderhefte (bis 1984)

1977: **Emma Frauenverlag,** neben der Zeitschrift *EMMA* – bis heute – auch mehrere Bücher sowie den Frauenkalender

1977: **Tomyris – Frauenselbstverlag** in Berlin, *CLIT-Papiere 1: Rufe alle Lesben – bitte kommen! Diskussionspapiere einer lesbischen Gruppe* (CLIT, New York 1974)

1977: **Sudelbuchverlag,** Eigeninitiative von Marlene Stenten nach Ablehnung in anderen Verlagen, außer ihr noch Sonja Lasserre, mehr S. 88 f.

1978: **1. Internationale feministische Verlagskonferenz,** initiiert von der Frauenoffensive, mehr S. 150.

1978: Oktober: Frankfurter Buchmesse: **1. Internationale Pressekonferenz mit mehreren Frauenbuchverlagen,** bei der es eine gemeinsame Präsentation der Bücher gab

1978: **Come out-Lesbenverlag** in Düsseldorf, Berlin, mehrere Bücher, nachzuweisen bis 1980, Zeitschrift und Bücher

1979: **Feministischer Buchverlag** von Marion Hagemann in Naumburg/Elbenberg gegründet, später von Gundula Pause weitergeführt und 1990 von Anke Schäfer übernommen, die ihn in einen Verlag für historische Lesbenromane umwandelte

1979: **Verlag Gudula Lorez,** erotische Literatur von Frauen, bis 1986, bekannt wurde vor allem ihre Anthologie *Wo die Nacht den Tag umarmt* (1979). Außerdem erste Veröffentlichung einer afrodeutschen Autorin: Guy St. Luis: *Gedichte einer schönen Frau* (1983)

1978–1986: **Edition Die Maus** in Bonn, u. a. Liederbücher von Gisela Meussling und Inge Latz, Judith Jannberg: *Ich bin eine Hexe*

1980: **Frauenbuchverlag Monika E. Cronberger** in Frankfurt am Main, Marockh Lautenschlag: *Der Wald. Erzählungen*

1980: Schreiben-Frauenliteraturverlag in Bremen bis 1983, in Nachfolge: **Zeichen + Spuren Frauenliteraturverlag** bis 1993, vor allem Bücher über Künstlerinnen und Biografien, Literatur (z. B. Margot Schroeder) aber auch Sachbücher, Zeitschrift *Schreiben. Frauen – Literatur – Forum*

1980: **Lesbenstich-Presse-Verlag** anfangs in Düsseldorf, später in Berlin, Zeitschrift und mehrere Bücher, u. a. von Annette Dröge

1981–1984: **Medea Frauenverlag** in Frankfurt, hauptsächlich Science Fiction und Utopien, beispielsweise von Marockh Lautenschlag und Joanna Russ

1981–1999: **Kore Verlag** in Freiburg, gegründet von Traute Hensch, größtenteils Frauen, aber nicht nur. Schwerpunkte: Psychoanalyse, (Auto-)Biografien, Historisches und Aktuelles, Exil-Autorinnen, Kinder-Reihe: Göre bei Kore

1981: **Lilith Frauenbuchladen und Verlag** GmbH in Berlin bis 1984, Literatur von Clarice Lispector, Marina Zwetajewa (Cvetaeva), Unica Zürn. Mehr S. 62.

1982: **Neumond Verlag** in München, vermutlich nur ein Buch: Renate Grohé und Beate Kramer (Hg.): *Nach dem Brennen zu singen. Gewalt an/von Frauen*

1983: **Zephir-Frauenverlag** in Berlin, nur ein Buch nachgewiesen: Matilde Finocchi, Rosetta Froncillo und Alice Valentini: *Ihre Mutter war übrigens Malerin. Gespräche mit italienischen Lesben.* Übersetzung: Stefanie Hetze und Lilia Bevilacqua

1984: **Daphne Verlag,** Göttingen, gegründet von Susanne Amrain, Lesbenliteratur und Bücher zu Lesbengeschichte, Comics von Alison Bechdel. Ein Großteil der Bücher wurde nach dem Tod von Susanne Amrain 2008 vom **Verlag Krug & Schadenberg** übernommen. S. S. 89 ff.

1984: **Sophia Verlag** von Erika Wisselinck in Straßlach-Dingharting, Dort erschien ihr Buch *Frauen denken anders* sowie 1987 *Mit Mut und Phantasie. Frauen suchen ihre verlorene Geschichte* von Helma Mirus und Erika Wisselinck

1984: **Nora Frauenverlag** in Bonn, vermutlich aus dem Umfeld des gleichnamigen Frauenbuchladens, bis 1986, hauptsächlich Bücher zu Frauenforschung, aber auch der Krimi *Leiche beim Layout. Mord im Frauenprojektezentrum* von Brigitta Lange

1985: **Inanah Verlag** in Hütlingen-Sulzdorf bis 1987, Bücher zur Astrologie aus weiblicher Sicht sowie Märchen, außerdem die Zeitschrift *Frauenzeiten*

1985: **Venus Falling** in Bremen von Sabine Huppert, bis 1991, hauptsächlich Bücher zu Astrologie

1985–2005: **Verlag Gisela Meussling** in Bonn, Bücher zu Runen, Ritualen, Symbolik, Göttinnen und Hexen, sechsbändiges Werk *Nommologische Semester-Reihe* von Gisela von Frankenberg

1986: **Furore Verlag** in Kassel, gegründet von der Betriebswirtin Renate Matthei – bis heute. Mehr S. 63.

1986: **Donna Vita** in Berlin, später in Köln, inzwischen verlag mebes & noack

1986: **Tarantel Frauenverlag** in Bielefeld bis 1990, benannt nach der dortigen Frauenzeitung, es gab nur zwei sozialwissenschaftliche Bücher von Verena Fiegl und Sabine Marx

1986: **Lysistrata Verlag** von Lisbeth Hartmann in Berlin bis 1999, von ihr verfasste Bücher zu Frauen und Frieden

1987: **Ulrike Helmer Verlag,** gegründet von Ulrike Helmer in Frankfurt am Main, 2022 wurde der Verlag von Sina Hauer übernommen, Motto: »Bücher sind Klamotten fürs Hirn«. Mehr S. 53 ff.

1987: **Morgana Frauenbuchverlag** in Münster bis 1997, viel zu feministischer Theologie, aber auch Literatur

1987: **ANKA-Verlag** in Köln von Anne Küsters, Lesbenliteratur, nachweisbar nur drei Titel bis 1990

1988: **Ätna Verlag,** anfangs in Berlin, dann Hohenfels, zuletzt St. Augustin, Lesbenliteratur, bis 1991, übernommen 1995 von Sabine H. Küster und Marina Fehrmann, noch zwei Jahre als LesbenLiteraturSalon weitergeführt. S. S. 92 ff.

1989: **edition hagia** von Heide Göttner-Abendroth

1990: **Feministischer Buchverlag,** Anke Schäfer übernahm ihn von Gundula Pause und verlegte seither historische Romane zur Frauenliebe. Mehr S. 61 f.

1990: **edition ebersbach** in Dortmund, Tochergesellschaft des eFeF Verlags von Brigitte Ebersbach bis 1995, ab 2000 Sitz in Berlin, 2015 übernahm Sascha Nicoletta Simon die operative Leitung des Verlags, der in ebersbach & simon umbenannt wurde, Verlagssitz ist seit 2024 Köln. Motto: »frauen.erlesen.« Mehr S. 64 f.

1990: **Aleanor Verlag** in Nürnberg (später Lauter) von Eleonore Ploil, bis 1998, erst ein Handbuch der Rhetorik für Frauen, danach Bücher über Hebammen und Gebären

1991: **edition nebenan,** gegründet von Martina Schäfer in Bad Münstereifel, Frauenliederbücher, Bücher zu Matriarchaten, vor allem *Findegöttinnen. Frauenverwandelte Mythen und Märchen* von Angela Lorent, vermutlich bis 1993

1992: **Hopla Nana Verlag** von Upia Hoffmann in Hopsten, nur zwei Bücher der Verlegerin, eins zu Ganzheit und eins zu matriarchalem Wissen

1993: **Krug & Schadenberg,** von Andrea Krug und Dagmar Schadenberg in Berlin gegründet, Lesbenliteratur und -sachbücher, bis 2023, s. S. 94 ff.

1994: **Spinnen? Spinnen? SPINNEN!-Verlag,** Reckershausen: Gruppe LesbenLeben (Hg.): *LesbenLeben. Lesbisches Leben im Spiegel deutschsprachiger Veröffentlichungen. Katalog zur Lesbenliteraturausstellung*

1994: **Die Bohne Frauenverlag,** gegründet von Andrea Keller und Eveline Ratzel

1995: **Christel Göttert Verlag** in Rüsselsheim der gleichnamigen Verlegerin. Vom Herbst 2001 bis Frühjahr 2011 erschien die *Virginia Frauenbuchkritik* im Verlag. S. S. 61 f.

1995: **Hoho Verlag** in Berlin (später: Kirchlinteln), hier erschienen bis 2005 u. a. Bücher über die Zusammenarbeit in der Ost- und Westfrauenbewegung, zur Stadt-, Verkehrs- und Wohnplanung aus Frauensicht, zu Lesben und Kino, Lebensgeschichten von Lesben in der DDR, aber auch Lyrik und Prosa von Til Brugman

1997: **AvivA Verlag** in Berlin, gegründet von der Literaturwissenschaftlerin und Kunsthistorikerin Britta Jürgs. Seit 2011 erscheint hier die *Virginia Frauenbuchkritik,* seit 2021 *Frauen und Film.* Motto: »Nur keine Musen!« Mehr S. 66 ff.

1997: **édition el!es** von Ruth Gogoll, anfangs ein Imprint im Konkursbuchverlag Claudia Gehrke, seit 2004 ein eigenständiger Verlag für lesbische Liebesromane. »Romantisch, spannend und garantiert mit Happy End«

2010: **edition fünf** in Gräfelfing von Silke Weniger gegründet, mit fünf Büchern im Jahr, mehr S. 68 f.

2012: **Ylva Verlag** in Kriftel von Astrid Ohlitz gegründet, Lesbenliteratur, Motto: »Sappho würde Lesbian Romance lesen«, s. S. 96 ff.

2021: **Magas Verlag** in Bonn gegründet von Gerit Sonntag, »Bücher, die Frauen stärken«, Bücher zu weiblicher Körperlichkeit, also um Menstruation, Schwangerschaft, Geburt, Menopause und weiblichen Sex. Und natürlich um die gesamtgesellschaftlichen und politischen Zusammenhänge dieser Themen. S. S. 70 f.

Feministische Buchveranstaltungen in Deutschland

1985: 24. bis 30. November: **Frauenliteraturwoche** im FraZe in Bielefeld organisiert von den Frauen aus dem Frauenbuchladen Bambule und einigen anderen

1988: Februar: **Frauenliteraturwoche** in Kassel

1988: 18. Oktober bis 19. November: **Lesben – Literatur – Monat** in Bremen, organisiert vom dortigen Frauenbuchladen Hagazussa

2023: 6. bis 14. Mai: **1. Feministische Buchwoche** deutschlandweit, organisiert von einer AG des BücherFrauen e. V.

2024: 4. bis 12. Mai: **2. Feministische Buchwoche** deutschlandweit, organisiert von einer AG des BücherFrauen e. V.

Geplant: 2025: 3. bis 11. Mai: **3. Feministische Buchwoche** deutschlandweit, organisiert von einer AG des BücherFrauen e. V.

Literaturverzeichnis

Alderson, Lynn: Lesbian History Group – *Sisterwrite Bookshop.* https://lesbianhistorygroup.files.wordpress.com/2016/12/lhg-sisterwrite-20161.pdf

Amrain, Susanne: Daphne Verlag Göttingen. In: *Virginia Frauenbuchkritik,* Heft 22 vom März 1997

Amrain, Susanne: BücherFrau 1998: Anke Schäfer. Wie man keine Laudatio hält. In: Andrea Krug (Red.): *Das blaue Buch – Das Who's who der BücherFrauen 1999.* Berlin, BücherFrauen, 1999, S. 15–21

Andriessen, Marjo: Vrouwendrukkerij De Doordrukster. https://www.bhic.nl/ontdekken/verhalen/rebellerende-vrouwen/vrouwendrukkerij-de-doordrukster

Aradia e. V. Verein zur Förderung von Frauenliteratur und Kunst, Frauenbuchladen Kassel (Hg.): *Dokumentation der Frauenliteraturwoche Februar 1988 in Kassel.* Kassel, Selbstverlag, 1989

Ariadne Forum. Bausteine für eine feministische Kultur. Hefte 1–5. Hamburg, Argument, 1992/93 bis 1997/98

Ayim, May, Katharina Oguntoye, Dagmar Schultz (Hg.): *Farbe bekennen. Afro-deutsche Frauen auf den Spuren ihrer Geschichte.* Berlin, Orlanda Verlag, 2020, 2. Auflage

Baier, Anja: Antje Kunstmann, BücherFrau des Jahres 2013 im Gespräch mit Anja Baier. In: Vera Seehausen und Annette Sandberg (Red.): *Das blaue Buch – Das Who's who der BücherFrauen 2014*. Berlin, BücherFrauen 2014, S. 25–29

Balke, Florian: Nicht fragen, was man machen darf. In: *FAZ* vom 2. August 2024. Rhein-Main-Teil, S. 12

Baumhöver, Claudia: Antje Kunstmann. BücherFrau des Jahres 2013. Laudatio. In: Vera Seehausen und Annette Sandberg (Red.): *Das blaue Buch – Das Who's who der BücherFrauen 2014.* Berlin, BücherFrauen 2014, S. 21–24

Bubeck, Ilona: Lesbisch-literarischer Spiegel. Frauenbuchläden, Verlage und Vertriebe, in: Gabriele Dennert, Christiane Leidinger, Franziska Rauchut (Hg.): *In Bewegung bleiben. 100 Jahre Politik, Kultur und Geschichte von Lesben.* Berlin, Querverlag, 2007

Buchladenfrauen, Die: Frauenbuchladen Bielefeld. Auf bessere Zeiten. In: *Tarantel. Frauenzeitung aus Bielefeld* Nr. 26, Mai/Juni 1988, S. 17

Bührmann, Traude: Lesbenpräsenz auf der 3. Internationalen Feministischen Buchmesse vom 14.–19. Juni in Montréal – Québec. In: Frauenbuchladen Hagazussa e. V. (Hg.): *die Welt neu erfinden.* A. a. O., S. 94–99

Bührmann, Traude: Women's words, women's worlds. Das Motto der feministischen Buchmesse. In: *Virginia Frauenbuchkritik,* Heft 13 vom Oktober 1992, S. 16 f.

Bührmann, Traude: *wahlverwandt & unermüdlich. 16 lesbische Orte im Porträt.* Tübingen, Konkursbuch Verlag Claudia Gehrke, 2002

Beck, Pascal: Im Zweifel für den Zweifel. Interview mit Ilona Bubeck. In: *Jungle World* vom 22.2.2024

Buchladenfrauen, die: Ladenbeschmutzer. In: *Tarantel. Frauenzeitung aus Bielefeld* 1/84, S. 12

Carelesse, Eleanor: Feminist Book Fortnight: A Short History. https://feministbookfortnight.wordpress.com/a-short-history/

Ciabattari, Jane: The 100 greatest British novels. In: BBC, 7.12.2015 https://www.bbc.com/culture/article/20151204-the-100-greatest-british-novels

Cholmeley, Jane: *A Bookshop of One's Own: How a Group of Women Set Out to Change the World.* Harper Collins, 2024

Chronologie der Frauenbewegung in der BRD in den siebziger Jahren. In: Kristine von Soden (Hg.): *Der große Unterschied.* A. a. O., S. 88–90

Das Gastmahl. Zehn Geschichten zum zehnjährigen Bestehen des eFeF-Verlags. Bern, eFeF-Verlag, 1998

Debats. Debates. Dibattiti. Panel Discussions. Besprechungen. IV fira internacional del llibre feminista. Barcelona 19.–23. De juny de 1990. Ajuntament de Barcelona, 1991

Dörrich, Sabine: Anke Schäfer, Verlegerin und Buchhändlerin: »Ein Leben für die Frauen(-literatur)«, in: Gabriele Kalmbach (Hg.): *Frauen machen Bücher.* A. a. O., S. 251–254

Drolshagen, Ebba D.: Regine Elsässer. BücherFrau des Jahres 2014. Laudatio. In: Vera Seehausen und Annette Sandberg (Red.): *Das blaue Buch – Das Who's who der BücherFrauen 2015.* Berlin, BücherFrauen 2015, S. 19–24

El Helou, Chantalle: Vom Queersexismus zur Emanzipation. Ein Lagebericht mit Auswegen. Berlin, Querverlag, 2023. In*sight/out*write 12

Elsässer, Regine: Ein aufregendes Jahr, dieses 2014. In: Vera Seehausen und Annette Sandberg (Red.): *Das blaue Buch – Das Who's who der BücherFrauen 2015.* Berlin, BücherFrauen 2015, S. 25 f.

Endert, Sabine: Der Frauenbuchverlag Orlanda hat sich neu aufgestellt. In: *Börsenblatt* vom 22. April 2021. https://www.boersenblatt.net/news/verlage-news/der-frauenbuchverlag-orlanda-hat-sich-neu-aufgestellt-173923

Feminist Book Fair Group (ed.): *The Second International Feminist Book Fair, Oslo/Norway, 21.–27. June 1986. An Introduction to a world of women's books.* Oslo, 1986

Flamm, Monika, Vera Fritz, Anne Thiemann, Sigrid Voigt: »Das Reizvolle ist die Vielfalt.« Gespräch mit sechs Mitarbeiterinnen aus Berliner Frauenprojekten. In: *Projektgruppe Frauen(t)räume: Frauenstadtbuch Berlin.* A. a. O., S. 11–25

Fleming, Lee (ed.): *To Sappho, My Sister. Lesbian Sisters Write About Their Lives.* North Melbourne, Spinifex, 1995

Foster, Gwendolyn A.: *Women Film Directors: An International Bio-Critical Dictionary.* Westport, Greenwood, 1995

Fourest, Caroline: Generation beleidigt. Von der Sprachpolizei zur Gedankenpolizei. Über den wachsenden Einfluss linker Identitäten. Eine Kritik. Übersetzung: Alexander Carstine, Mark Feldon und Christoph Hesse. Berlin, Edition Tiamat, 2020

Frauenbuchladen Aradia: Es geht nicht um die Bücher. In: *Courage: aktuelle Frauenzeitung / Sonderheft.* – 5 (1983), Heft 8, S. 10–12

Frauenbuchladen Hagazussa e. V.: *die Welt neu erfinden. Über das Schreiben und Lesen von Lesbenliteratur.* Bremen, Frauenbuchladen Hagazussa, 1989

Frauenoffensive: Presseerklärung vom 9.10.1975. https://frauenmediaturm.de/neue-frauenbewegung/frauenoffensive-presseinformation-frauenverlag-1975/

Frauenoffensive (Hg.): *Daß wir es bis hierher schaffen würden, hättest du das gedacht? Zum fünfundzwanzigjährigen Bestehen des Verlags Frauenoffensive.* München, Frauenoffensive 1999

Fuhrmann, Susanne: Im Frauenbuchladen, in: Bärbel Wegner (Hg.): *Die Freundinnen der Bücher: Buchhändlerinnen.* A. a. O., S. 187 f.

Frey, Johanna: Lesbenfeindlichkeit aus der »queeren Szene«. In: Barbara Guth und Susanne Bischoff (Hg.): *OutSisters – InSisters – Lesben. Lesbisch-feministisches Begehren um Autonomie.* A. a. O., S. 182–190

Galli, Rita u. a. (Hg.): *Ausgerechnet Bücher. Einunddreißig verlegerische Selbstportraits.* Berlin, Ch. Links, 1998

Gläser, Eva: Wir brauchen nicht nur Bücher sondern auch Orte. In: *Virginia Frauenbuchkritik*, Heft 17 vom Oktober 1994, S. 20 f.

Goodings, Lennie: *A Bite of the Apple: A Life with Books, Writers and Virago.* Oxford, Oxford University Press, 2020

Göttert, Christel: Ein Frauenbuchverlag müsste es sein! In: Rita Galli u. a. (Hg.): *Ausgerechnet Bücher*, a. a. O., S. 184–189

Graham, Dee L. R. mit Edna I. Rawlings und Roberta K. Rigsby: *Loving to Survive. Auswirkungen sexueller Unterdrückung und männlicher Gewalt auf das Leben aller Frauen.* Übersetzung: Anne Ehrlich. Sulzbach, Ulrike Helmer Verlag, 2024

Grund-Ludwig, Pia: »Der Frauenbuchladen ist unsere feministisch-politische Wahlfamilie«. Pia Grund-Ludwig über den Frauenbuchladen Thalestris in Tübingen. In: *Virginia Frauenbuchkritik,* Heft 46 vom Oktober 2009, S. 9.

Guth, Barbara und Susanne Bischoff (Hg.): *OutSisters – InSisters – Lesben. Lesbisch-feministisches Begehren um Autonomie.* Reader zum Lesbenfrühlingstreffen 2021 Bremen: »Lesbenfrühling – rising to the roots«. Hamburg, tredition, 2022

Hartmann, Dora: Mit Niveau und nur für Frauen. Der Frauenbuchladen Bambule. In: Anke Budde, Birgit Ebel, Birgit Kampmann, Christa Kuhnt, Monika Lenniger (Hg.): *.../innen-Ansichten. 25 Jahre Universität Bielefeld. Ein Frauenlesebuch zum Jubiläum 1994*. Bielefeld, 1994. S. 211 f.

Havemann, Anna: *Gertrude Sandmann. Künstlerin und Frauenrechtlerin.* Berlin, Hentrich & Hentrich, 2011 (Jüdische Miniaturen, Band 106)

Hawthorne, Susan: The forgotten women's writing festivals. In: *Australian Women Writers Challenge*: The early years. 6. Mai 2013 https://australianwomenwriters.com/2013/05/the-forgotten-womens-writing-festivals-by-susan-hawthorne/

Hawthorne, Susan: *Bibliodiversität. Manifest für unabhängiges Publizieren.* Übersetzung: Doris Hermanns. Berlin, Verbrecher Verlag, 2017

Heimberg, Anke (Hg.): *»...das erste und einzige feministische Archiv in Marburg«: 15 Jahre Feministisches Archiv Marburg. Ein Projekt der Studentinnen- und Frauenbewegung.* Hg. von Anke Heimberg unter Mitwirkung von Steffi Achilles, Grit Meier, Christine Pfeifer und Ada-Charlotte Regelmann im Auftrag des Feministischen Archivs Marburg im AStA der Philipps-Universität Marburg. Marburg, BdWi-Verlag, 2006. Reihe Hochschule; Bd. 5

Helmer, Ulrike u. M. v. Inga Pulkert: *Bücher sind Klamotten fürs Hirn. Einblicke ins Buchhändlerische.* Sulzbach am Taunus, Ulrike Helmer Verlag, 2012

Helmer, Ulrike: Frauenbuchläden ... in Frankfurt und anderswo. In: Kristine von Soden: *Der große Unterschied.* A. a. O., S. 153–156

Helmer, Ulrike: Klassikerinnen – Versuch einer Annäherung. In: *BücherFrauen – Women in Publishing.* Hamburg, BücherFrauen – Women in Publishing 1995, S. 43–46

Hemker, Mirjam en Linda Huijsmans (red.): *Lesbo-encyclopedie.* Amsterdam, Ambo, 2009

Hermanns, Doris: Bücherleidenschaft und Entdeckungslust. In: Claudia Gehrke und Florian Rogge (Hg.): *Konkursbuch 55: Bücher.* Tübingen, Konkursbuchverlag Claudia Gehrke, 2019, 3. erweiterte Auflage, S. 181–184

Hermanns, Doris: »Gibt es ein Leben nach dem Frauenbuchladen?« In: Stephanie Kuhnen (Hg.): *Lesben raus! Für mehr lesbische Sichtbarkeit.* Berlin, Querverlag, 2017, S. 230–244

Hermanns, Doris: Nachgefragt – der Magas Verlag. https://morehotlist.com/2022/07/07/nachgefragt-der-magas-verlag/

Hermanns, Doris: Nachgefragt – der Ulrike Helmer Verlag. https://morehotlist.com/2022/10/13/nachgefragt-der-ulrike-helmer-verlag/

Hermanns, Doris: *»Und alles ist hier fremd.« Deutschsprachige Schriftstellerinnen im britischen Exil.* Berlin, AvivA, 2022

Hermanns, Doris: Verlegerinnen unabhängiger Verlage: Britta Jürgs https://blog.buecherfrauen.de/verlegerinnen-unabhaengiger-verlage-britta-juergs/

Hermanns, Doris: Verlegerinnen unabhängiger Verlage: Renate Klein und Susan Hawthorne. https://blog.buecherfrauen.de/verlegerinnen-unabhaengiger-verlage-renate-klein-und-susan-hawthorne/

Hermanns, Doris: Virginia – Zeitschrift für Frauenbuchkritik, Berlin. In: Barbara Guth und Susanne Bischoff (Hg.): *OutSisters – InSisters – Lesben. Lesbisch-feministisches Begehren um Autonomie.* A. a. O., S. 258 f.

Hermanns, Doris: Von bezahlter Arbeit und beruflichen Unsicherheiten. In: Laura Méritt (Hg.): *Mein lesbisches Auge 22: Arbeit.* Tübingen, Konkursbuchverlag Claudia Gehrke, 2023, S. 181–188

Hermanns, Doris: »Von heute an gibt's mein Programm!« Zur Geschichte der Frauenbuchläden und Frauen- und Lesbenverlage. In: Björn Biester und Carsten Wurm (Red.): *Archiv für Geschichte des Buchwesens, Band 75.* Herausgegeben von der Historischen Kommission des Börsenvereins des Deutschen Buchhandels e. V. Berlin, de Gruyter, 2020, S. 167–202

Hermanns, Doris: Von Wagnissen und Veränderungen. In: Susan Hawthorne: *Bibliodiversität.* A. a. O., S. 107–118

Hogan, Kristen: *The Feminist Bookstore Movement: Lesbian Antiracism and Feminist Accountability.* Durham, Duke University Press, 2016

Howe, Florence: Lost and Found – and What Happened Next: Some Reflections on the Search for Women Writers Begun by The Feminist Press in 1970. In: *Contemporary Women's Writing,* Volume 8, Issue 2, July 2014, Pages 136–153, https://doi.org/10.1093/cww/vpt022

Huisman, Marijke e. a.: *Savannah Bay: Geschiedenis van een bijzondere boekhandel, 1975–2019.* Utrecht, Savannah Bay, 2019

Johnston, Jill: *Lesbian Nation: The Feminist Solution.* New York, Simon and Schuster, 1973

Johnston, Jill: *Nationalität lesbisch – die feministische Lösung*. Übersetzt von Irmtraud Rüber. Berlin, Amazonen Frauenverlag, 1976

Johnston, Jill: *Lesben-Nation – die feministische Lösung.* Übersetzt von Irmtraud Rüber. 2. Auflage Berlin, Amazonen Frauenverlag, 1977

Jürgs, Britta: Frauenoffensive. In: *Es geht um das Buch. Der Katalog der unabhängigen Verlage 2021/22*. Leipzig, Kurt Wolff Stiftung, S. 5

Kätzel, Ute: *Die 68erinnen. Porträt einer rebellischen Frauengeneration.* Berlin, Rowohlt Berlin, 2002

Kalmbach, Gabriele (Hg.): *Frauen machen Bücher.* Königstein/Taunus, Ulrike Helmer Verlag, 2000

Kelly, Catherine: The Women's Press Collective 1969–1977. https://www.chicagoreview.org/the-womens-press-collective-1969-1977/

Köster, Barbara: Feministischer Alltag. In: Kristine von Soden (Hg.): *Der große Unterschied*. A. a. O., S. 6–9

Krones, Susanne: Fachbuchhändlerinnen für Frauenliteratur: Lillemor's Frauenbuchladen in München. https://blog.buecherfrauen.de/fachbuchhaendlerinnen-fuer-frauenliteratur-lillemors-frauenbuchladen-in-muenchen/

Kumpmann, Ruth: Anita Djafari. BücherFrau des Jahres 2016. Laudatio. In: *BücherFrauen e. V.: Das Blaue Buch – Das Who's Who der BücherFrauen 2017*. Weingarten, 2017, S. 21–26

Kunstmann, Antje: Gezielter Zufall. In: Rita Galli u. a. (Hg.): *Ausgerechnet Bücher. Einunddreißig verlegerische Selbstportraits.* Berlin, Ch. Links 1998, S. 130–135

Labrys: Selbstdarstellung. In: Projektgruppe Frauen(t)räume: *Frauenstadtbuch Berlin.* A. a. O., S. 81–83

Lange, Susanne: »Von heute an gibt's mein Programm.« Verlag Frauenoffensive – BücherFrauen des Jahres 2003. Eine Laudatio. In: Andrea Krug (Red.): *Das blaue Buch – Das Who's who der BücherFrauen 2004/2005.* Berlin, BücherFrauen, 2004, S. 13–20

Laudan, Else: Heißer Winter im Juli: »Femibook« 1994. In: *Ariadne Forum,* Heft 3. A. a. O., S. 38 f.

Leinkauf, Simone: Berlin: Frauenliteratur: Frauenbuchladen? Fehlanzeige. In: *Tagesspiegel* vom 23. Juni 2001. https://www.tagesspiegel.de/berlin/frauenliteratur-frauenbuchladen-fehlanzeige-804868.html#:~:text=Es%20gibt%20kaum%20noch%20Frauenbuchl%C3%A4den,schon%20vor%20l%C3%A4ngerer%20Zeit%20geschlossen.&text=Es%20gibt%20kaum%20noch%20Frauenbuchl%C3%A4den%20in%20Berlin.,-Die%20Charlottenburger%20Buchhandlung

Libreria delle donne di Milano: *Wie weibliche Freiheit entsteht. Eine neue politische Praxis.* Übersetzung: Traudel Sattler. Berlin, Orlanda Frauenverlag, 1988

Licher, Veronika: Xanthippe: Generationenwechsel im Frauenbuchladen. https://blog.buecherfrauen.de/xanthippe-generationenwechsel-im-frauenbuchladen/

Lilith: Selbstdarstellung. In: Projektgruppe Frauen(t)räume: *Frauenstadtbuch Berlin*. A. a. O., S. 83–85

Lilith: Die Klage der Weiber von Lilith: nachdrückliche Bemerkungen zur Situation der Frauenbuchläden in Berlin und anderswo. In: *Courage. Berliner Frauenzeitung.* Heft 4 von 1983), S. 59

Manavis, Sarah: »I love the whole atmosphere and can spend hours browsing«: how did bookshops suddenly become cool? In: *The Guardian* vom 11. Oktober 2024 https://www.theguardian.com/books/2024/oct/11/i-love-the-whole-atmosphere-and-can-spend-hours-browsing-how-did-bookshops-suddenly-become-cool

Marti, Madeleine: *Hinterlegte Botschaften. Die Darstellung lesbischer Frauen in der deutschsprachigen Literatur seit 1945.* Stuttgart, M und P Verlag für Wissenschaft und Forschung, 1991

Marti, Madeleine: »Fast nur Männer und nix Frauen.« Zur Ausgrenzung lesbischer Frauen aus dem Literaturbetrieb und zur Schaffung von Öffentlichkeit durch die Frauenbewegung. In: Madeleine Marti u. a.: *Querfeldein. Beiträge zur Lesbenforschung. Zweites Symposium deutschsprachiger Lesbenforschung,* veranstaltet von SAPPHO, Verein zur Förderung von Frauenforschungsprojekten, 16. bis 18. April 1993 in Blodern bei Zürich. Bern/Zürich/Dortmund, eFeF 1994 (Schriftenreihe des Vereins Feministische Wissenschaft Schweiz), S. 136–148

Meixner, Gabriele: Monique Wittig oder die Utopie der Freiheit. In: Traude Bührmann (Hg.): *In Memoriam Monique Wittig. Dokumentation der Gedenkfeier IN MEMORIAM Monique Wittig am 15./16. Februar 2003 in der Inselgalerie.* Berlin, 2003

Meixner, Gabriele: *»Wir dachten alles neu«. Die Feministin Erika Wisselinck und ihre Zeit.* Rüsselsheim, Christel Göttert Verlag, 2010

Middelthon, Elisabeth W. and Elisabeth Bjelland: How it all happened: an introduction to The Second Feminist Book Fair – Oslo 1986. In: Feminist Book Fair Group (ed.): *The Second International Feminist Book Fair, Oslo/Norway, 21.–27. June 1986*. Oslo, 1986, S. 5

Morrien, Lea: Lesbenliteratur mit verschärftem Blick. In: Frauenbuchladen Hagazussa e. V.: *die Welt neu erfinden. Über das Schreiben und Lesen von Lesbenliteratur.* A. a. O., S. 88–90

Morris, Bonnie J.: *The Disappearing L: Erasure of Lesbian Spaces and Culture.* Albany, State University of New York Press, 2016

Münßinger, Marlene: Wir sind oft an unsere Grenzen gestoßen. In: *Börsenblatt* vom 17. Juli 2024. https://www.boersenblatt.net/news/wir-sind-oft-unsere-grenzen-gestossen-337901

N. N.: Der Blick der Frau auf die Welt. Zwölf Jahre Christel Göttert Verlag. In: Andrea Krug (Red.): *Das blaue Buch. Das Who's who der BücherFrauen* 2004/2005. Berlin, BücherFrauen, 2004, S. 33–36

N. N.: Frauenliteraturvertrieb hat das Lager ausgeräumt. In: *Börsenblatt des deutschen Buchhandels* vom 26. Juli 1994, S. 10

Neuwirth, Barbara (Hg.): *»… sah aus, als wüßte sie die Welt …« Ein literarischer Almanach. Jubiläumsalmanach 10 Jahre Wiener Frauenverlag.* Wien, Wiener Frauenverlag, 1990

Nölle-Fischer, Karen und Lydia Willkop (Hg.): *Eigenmächtig. Entwürfe gegen den Zeitgeist.* München, Frauenoffensive, 1990

Nölle-Fischer, Karen: Frauen als Schöpferinnen, Vermittlerinnen und Konsumentinnen. Karen Nölle-Fischer über die IV. Internationale Feministische Buchmesse Barcelona, 19.–23. Juni 1990. In: *Virginia Frauenbuchkritik,* Heft 9 vom Oktober 1990, S. 30 f.

Nölle-Fischer, Karen: »Lustvoll ist so ein Leben!« Ingeborg Kaestner – BücherFrau des Jahres 2001. Eine Laudatio. In: BücherFrauen e. V.: *Das Blaue Buch – Das Who's Who der BücherFrauen 2002/2003*. Köln, 2002, S. 13–19

Orlanda: Selbstdarstellung. In: Projektgruppe Frauen(t)räume: *Frauenstadtbuch Berlin*. A. a. O., S. 80 f.

Die Palette 10. Themenheft: Literatur von Lesben. Berlin, Frühjahr 1989.

Die Palette: Interview mit Chris Paul. In: *Die Palette* 10. A. a. O., S. 78–80

Paul, Chris: Vom Feuerspucken – Zwei Jahre Ätna oder: »Das Paradoxon eines lesbisch-feministischen Verlages«. In: Frauenbuchladen Hagazussa e. V. (Hg.): die Welt neu erfinden. Über das Schreiben und Lesen von Lesbenliteratur. Bremen: Hagazussa 1989.

Plogstedt, Sibylle: *Frauenbetriebe. Vom Kollektiv zur Einzelunternehmerin.* Königstein/Taunus, Ulrike Helmer Verlag, 2006

Projektgruppe Frauen(t)räume: *Frauenstadtbuch Berlin*. O. O., Rotation, 1989

Rheinsberg, Anna: Die Ohrfeige. In: *taz* vom 3.12.1981

Riley, Catherine: *The Virago Story: Assessing the Impact of a Feminist Publishing Phenomenon.* New York, Berghahn Books, 2018

Roepman, Ansje: De vrouwenboekhandel ›Les Amies des Livres‹. In: Red.: *Vrouwenboekenweek 1985*. Amsterdam, 1985

Sander, Martina: Feministische Vielfalt in Amsterdam. In: *Ariadne Forum,* Heft 2. A. a. O., S. 47 f.

Schäfer, Anke: Autonomie – aber wie? Das Abenteuer Frauenprojekt. In: Karen Nölle-Fischer/Lydia Willkop (Hg.): *Eigenmächtig*. A. a. O., S. 150–163

Schäfer, Anke: Im Frauenbuchladen, in: Helmer, Ulrike u. M. v. Inga Pulkert: *Bücher sind Klamotten fürs Hirn. Einblicke ins Buchhändlerische.* A. a. O., S. 99

Schäfer, Anke: Nachruf auf Susanne Amrain. In: *Virginia Frauenbuchkritik,* Heft 44, S. 3

Schäfer, Bettina: Ein Frauenverlag stellt sich vor. Orlanda Frauenverlag Berlin, in: Aradia e. V. (Hg.): *Dokumentation der Frauenliteraturwoche, Februar 1988 in Kassel.* Kassel, Aradia, Verein zur Förderung von Frauenliteratur und Kunst, Frauenbuchladen Kassel, 1989, S. 102–110

Schallner, Berit: mamas pfirsiche – frauen und literatur. In: Digitales Deutsches Frauenarchiv. 2024. https://www.digitales-deutsches-frauenarchiv.de/themen/mamas-pfirsiche-frauen-und-literatur

Schlaeger, Hilke: Erinnerung – Macht – Strategie. Über die Dritte Internationale Feministische Buchmesse Montreal, 14.–19. Juni 1988. In: *Virginia Frauenbuchkritik,* Heft 5 vom Oktober 1988, S. 15

Schlaeger, Hilke: Mit Gewinn und Genuß. In: *Virginia Frauenbuchkritik,* Heft 4 vom März 1988, S. 10

Schlaeger, Hilke: Von der Peripherie ins Zentrum oder: Was Erfolg ist, definieren wir selber. In: Sozialwissenschaftliche Forschung & Praxis für Frauen e. V. (Hg.): *beiträge zur feministischen theorie und praxis 30/31: Feministische Öffentlichkeit – patriarchale Medienwelt*. Köln, Eigenverlag des Verlags Beiträge zur feministischen Theorie und Praxis e. V., 1991

Schmidt, Anne-Sophie: Das ganze Jahr Frühling. 20 Jahre AvivA Verlag. In: *Tagesspiegel* vom 19. Oktober 2017. https://www.tagesspiegel.de/kultur/das-ganze-jahr-fruhling-3880900.html

Schmidt, Regine: Dinosaurier auf dem Sprung: Sybille Brüggemann, Frauenbuchladen Goudou, in: Bärbel Wegner (Hg.): *Die Freundinnen der Bücher: Buchhändlerinnen.* A. a. O., S. 191–206

Schultz, Dagmar: Vortrag BücherFrauen vom 9. Mai 1918

Sloane, Jane: A Cause to Celebrate. A leap into feminist literary heaven. In: *Lesbian Network*, Winter Solstice, June 1994. S. 23–25

Soden, Kristine von (Hg.): *Der große Unterschied. Die neue Frauenbewegung und die siebziger Jahre.* Berlin, Elefantenpress,1988

Seifert, Nicole: *»einige Herren sagten etwas dazu.« Die Autorinnen der Gruppe 47.* Köln, Kiepenheuer & Witsch, 2024

Seifert, Sabine: »Eine Perspektive, die für Frauen wichtig ist.« Dreißig Jahre Orlanda Frauenbuchverlag. In: Andrea Krug (Red.): *Das blaue Buch – Das Who's who der BücherFrauen 2004/2005.* Berlin, BücherFrauen, 2004, S. 41–46

Stefan, Verena: Zur Stunde des Aufbruchs. Ein Rückblick von Verena Stefan. In: *Virginia Frauenbuchkritik,* Heft 10 vom März 1991, S. 16

Strobl, Ingrid: Zwischen Kürbisbrüsten und Entmannung. Bücher von Frauen für Frauen. In: Kristine von Soden (Hg.): *Der große Unterschied.* A. a. O., S. 134–140

Strobl, Ingrid: *Frausein allein ist kein Programm.* Freiburg im Breisgau, Kore, 1989

Vedder, Ulrike und Kathrin Reulecke: Von der Apfel-Blitz-Diät zu Mamas Pfirsichen. Frauenzeitschriften der siebziger Jahre. In: Kristine von Soden (Hg.): *Der große Unterschied.* A. a. O., S. 141–147

Veenstra, Jochum: *Feminisme in Nederlandse uitgeverijen. Uitgeverijen Sara (1977–1987), Orlando (2010–) en Chaos (2018–) vergeleken vanuit poststructuralistisch feministisch perspectief.* Masterscriptie. https://scripties.uba.uva.nl/download?fid=c8143398

Velte, Laura: Lillemors Frauenbuchladen. In: Literaturportal Bayern. Institutionen. https://www.literaturportal-bayern.de/institutionenlexikon?task=lpbinstitution.default&gkd=lillemors&highlight=WyJsaWxsZW1vcnMiXQ==

A Virago Keepsake to Celebrate Twenty Years of Publishing. London, Virago, 1993

Virginia Frauenbuchkritik, Hefte 1–74 (1986–2024)

Virginia Woolf. Ein Lesebuch. Anläßlich des Erscheinens der von Klaus Reichert herausgegebenen Gesammelten Werke. Frankfurt am Main, S. Fischer, 1988

Vught, Inge Frank van: *Vlinders kom uit je kokon! Uitgeverij Atalanta in de vrouwenboekbeweging van de tweede feministische golf.* Amsterdam, Amorica, 2023

Waard, Elly de: *Sara. Vier vrouwen over tien jaar feministisch uitgeven.* Amsterdam, Sara/Van Gennep, 1987

Weber, Catrin: Erinnerungen von Catrin Weber, Bambule Bielefeld von 1991 bis 1996. Persönlicher Text für die Autorin vom 8. August 2024

Wegner, Bärbel (Hg.): *Die Freundinnen der Bücher: Buchhändlerinnen.* Königstein/Taunus, Ulrike Helmer Verlag, 2001

Wild, Angela: Was ist die »cotton ceiling«? In: Barbara Guth und Susanne Bischoff (Hg.): *OutSisters – InSisters – Lesben. Lesbisch-feministisches Begehren um Autonomie.* A. a. O., S. 239–250

Wilson, Barbara: Tatort Feministische Buchmesse. In: Barbara Wilson: *Belladonna. Neun Reisen mit Cassandra.* Übersetzung: Sigrid Sengpiel. Hamburg, Ariadne im Argument Verlag, 1997

Winkelmann, Ulrike: Normierungsdruck. In: *taz* vom 29.11.1999 https://taz.de/!1259923/

Winterson, Jeanette: »She gave me the chance that became my life«: Jeanette Winterson on her first editor, Philippa Brewster. In: *The Guardian* vom 16. November 2024. https://www.theguardian.com/books/2024/nov/16/she-gave-me-the-chance-that-became-my-life-jeanette-winterson-on-her-first-editor-philippa-brewster?

Withers, D-M: *Virago Reprints and Modern Classics: the Timely Business of Feminist Publishing.* Cambridge, Cambridge University Press, 2021

Ziegler, Edda: *Buchfrauen. Frauen in der Geschichte des deutschen Buchhandels.* Göttingen, Wallstein, 2014

Zirm, Marie-Theres: *Verlagswesen – eine Frage des Geschlechtes? 1973–2008: 35 Jahre Frauenverlage in Deutschland, Österreich und der Schweiz im Kontext der Frauenbewegung.* Wien, Diplomarbeit 2008

Zollner, Sabina: Feministische Irritationen. *taz* vom 2.10.2023. https://taz.de/Frauenbuchladen-Lillemors-in-Muenchen/!5959481/

Linkprüfung: 30. Dezember 2024

Benutzte Archive und Bibliotheken

DNB – Deutsche Nationalbibliothek

DDFA – Deutsches Digitales Frauenarchiv

Spinnboden – Lesbenarchiv und Bibliothek, Berlin

FFBIZ – Das Feministische Archiv, Berlin

KB – Koninklijke Bibliotheek, Den Haag, online

BL – British Library, London, online

Und vor allem meine eigenen Bücherregale!

Personenverzeichnis

A

Hilda Abbing 32
Fawziya Abu-Khalid 172
Maximiliane Ackers 94
Susanne Aeckerle 109
Ama Ata Aidoo 172
Farida Akther 172
Lynn Alderson 236
Sarah Aldridge 76, 79
Raia Alem 215
Angelika Aliti 43
Alta (Gerrey) 23
Lisa Alther 157
Susanne Amrain 5, 79, 89 f., 92, 98, 180, 192, 195, 245, 257
Lou Andreas-Salomé 62
Maya Angelou 196
Jane Anger 178
Susan B. Anthony 87
Wang An-yi 172
Gloria Anzaldúa 237
Hannah Arendt 65
Elizabeth von Arnim 69
June Arnold 80, 88, 235
Louise Aston 53
Ti-Grace Atkinson 84
Naim Attallah 26, 155
Margaret Atwood 196, 206
Anita-Augspurg 41
Daphna Ayalah 60, 243
May Ayim 48 f., 149

B

Bettina Bach 179
Ingeborg Bachmann 32
Jim Baker 21
Florian Balke 58
Ulla Balzer 130
Toni Cade Bambera 26
Ann Bannon 77, 79
Pat Barker 157
Djuna Barnes 82
Natalie Clifford Barney 33
Kathleen Barry 46
Ellen Bass 52
Laura Bates 69
Ulli Bauer 38
Nicola Beauman 27, 238
Simone de Beauvoir 18, 116
Alison Bechdel 91 f., 245
Franziska Becker 61
Kassandra Becker 216
Ahima Beerlage 95
Lisa Bellear 171
Salome Benidze 67
Veronika Bennholdt-Thomsen 43
Petra Bentz 183
Alice Berend 68
Yvonne Berger 92
Sibylle Berg 204
Kathleen Bernsdorf 68
Lilia Bevilacqua 245
Anna Bijns 213
Hildegard von Bingen 143
Magda Birkmann 152
Elisabeth Bjelland 158, 255
Nellie Bly 66
Merlinda Bobis 172
Susa Bobke 43
Sylvia Bodnár 32, 106
Elsa von Bonin 90
Anne Bonny 87
Renate Bookhagen 20
Carmen Boulosa 216
Muriel Box 24
Maureen Brady 236
Gert Brantenberg 11, 87
Carolina Brauckmann 131, 188
Claudia Breitsprecher 95
Linda Brent 30
Marianne Brentzel 64
Gisela Brinker-Gabler 211
Vera Brittain 25
Nicole Brossard 161
Susan Brownmiller 19

Rita Mae Brown 11, 23, 77, 79 f., 82, 86, 101, 146
Til Brugman 32, 247
Carla Brünott 144
Volker Bruns 84
Ilona Bubeck 21 f., 50 f., 132, 221, 229, 250, 268
Petra Budke 52, 211
Traude Bührmann 18, 41, 51, 90, 162, 163, 165, 169 f., 172, 229, 231
Charlotte Bunch 79, 86, 142
Roswitha Burgard 45, 47
Andrea C. Busch 192
Urvashi Butalia 33 f., 156 f., 161, 172, 238 f.

C

Michael Cacoyannis 86
Wendy Cadden 75
Carmen Callil 25, 156, 197, 235
Anne Cameron 163 f.
Irene Candinas 130
Angela Carter 167, 196
Wendy Chapkins 31
Phyllis Chesler 82
Gail Chester 178
Kate Chopin 23
Paula Christian 78
Doris Claus 12
Bente Clod 61, 176
Liza Cody 149
Mary Coghill 236
Colette 87
Rose Collins 91
Maryse Condé 190, 215
Róisín Conroy 28
Muriel Crawford 76, 78
Monika E. Cronberger 61, 244
Rosemary Curb 79
Marina Cvetaeva s. Marina Zwetajewa
Casey Czarnik 23

D

Mary Daly 39, 43
Gene Damon 79
Tsitsi Dangarembga 26, 172
Miriam Danter 193
Laura Davis 52
Rebecca Harding Davis 23
Destiny Deacon 171
Françoise d'Eaubonne 40
An Dekker 29, 31
Shelagh Delaney 66
Emily Dickinson 86
Anita Djafari 216, 254
Assia Djebar 24, 215
Alix Dobkin 131, 143
Hedwig Dohm 56, 73
Emma Donoghue 95
Mary Doran 28
Mary Dorcy 27
Stephanie Dowrick 26
Ingeborg Drewitz 192
Annette Dröge 89, 244
Helene von Druskowitz 62
Aimée Duc 84
Anne Duden 84
Maureen Duffy 87
Sarah Dunant 205
Cathie Dunsford 164, 172, 176
Marguerite Duras 108, 181
Andrea Dworkin 61
Elana Dykewomon 88, 167 f.

E

Brigitte Ebersbach 64 f., 72, 246
Barbara Ehrenreich 23
Anita Eichholz 39, 208
George Eliot 32, 207
Regina Elsässer 74
Deirdre English 23
Dona Catalina De Erauso 86
Bernardine Evaristo 237
Ingrid Ewald 50

F

Zoë Fairbairns 157
Marina Fehrmann 246
Leslie Feinberg 95
Verena Fiegl 246

Eva Figes 157
Matilde Finocchi 245
Shulamith Firestone 19, 104, 116
Barbara Fischer 182
Caroline Auguste Fischer 151
Erica Fischer 61
Maria Louisa Fischer 72
Marieluise Fleißer 15
Irene Fleiss 61
Beryl Fletcher 172
Bettina Flitner 61
Katherine V. Forrest 79, 90, 148
Jeannette Howard Foster 80
Marion Foster 51
Antoinette Fouque 24, 234
Luisa Francia 38 f., 42 f.
Anne Frank 109
Gisela von Frankenberg 59, 245
Ilse Frapan 243
Marilyn French 146
Lucy Fricke 215
Betty Friedan 18, 116
Barbara Frischmuth 205
Rosetta Froncillo 245
Roger Fry 67

G

Gabriele Meixner 83
Hanna Gagel 66
Erzsébet Galgóczi 192
Roswitha von Gandersheim 214
V. V. Ganeshananthan 213
Hertha von Gebhardt 202
Renate von Gebhardt 202
Claudia Gehrke 94, 247, 250, 253
Monika Geier 149
Ute Geissler 109
Renate Gerhardt 40, 208
Heidi Giesenbauer 117
Charlotte Perkins Gilman 23, 150
Eva Gläser 155, 172 f., 175, 225
Kirsten Gleinig 68
Ruth Gogoll 94, 247
Andrea Gollbach 111, 139, 206, 223 f.
Lennie Goodings 25 f., 154, 157, 195 f., 205
Nadine Gordimer 201
Christel Göttert 65 f., 106, 176, 191, 247, 255 f.
Heide Göttner-Abendroth 39, 246
Olympe de Gouges 53, 187, 198
Elizabeth Gould Davis 40
Patricia Grace 26, 172, 215
Françoise de Grafigny 53, 187
Dee L. R. Graham 228
Judy Grahn 27, 75 f., 80
Germaine Greer 18, 116
Barbara Grier 76, 79 f.
Susan Griffin 23
Hinrike Gronewold 186, 188
Alexandra von Grote 210
Sibyl Grundberg 26
Lili Grün 66, 68
Peggy Guggenheim 64
Karoline von Günderrode 192

H

Gabriele Haefs 188
Hanne Haeusler 223 f., 231, 268
Marion Hagemann 61, 243
Sandi Hall 87
Radclyffe Hall 25, 91
Glikl Hamel 30
Stephanie Hanel 191
Barbara Harford 40
Bertha Harris 80
Dora Hartmann 124, 133
Ann K. Hartwin 83, 242
Sina Hauer 55–58, 246
Margit Hauser 193
Marlen Haushofer 181
Susan Hawthorne 35, 104, 155, 167, 170 f., 175 f., 238, 253 f., 268
Anita Heiliger 43
Jutta Heinrich 149, 180, 205, 210
Heide Heinz 60
Eva Heller 149
Ulrike Helmer 53 ff., 57, 140, 198, 228, 246, 252 ff., 258, 268
Ria van Hengel 29, 31
Traute Hensch 61, 244
Fanny Hensel 143

Katharine Hepburn 86
Stefanie Hetze 245, 268
Lida Gustava Heymann 54
Patricia Highsmith 77
Julia Hoch 55, 57
Upia Hoffmann 247
Kristen Hogan 104
Hilde Holger 62
Sabine Holm 109
Inge Holzheimer 42
Sarah Hopkins 40
Mona Høvring 69
Florence Howe 23
Barbara Hoyer 117, 268
Therese Huber 151
Ika Hügel-Marshall 50, 52
Keri Hulme 172, 209
Sabine Huppert 245
Zora Neale Hurston 23

I

Luce Irigaray 62, 144

J

Judith Jannberg 59, 244
Tove Jansson 150
Ulrike Janz 132 f., 138, 268
Sheila Jeffrey 41
Elfriede Jelinek 29
Sonora Jha 69
Jennifer Johnston 61
Jill Johnston 82, 84 f.
Britta Jürgs 13, 24, 66 ff., 183, 191, 198, 247, 253, 268

K

Ingeborg Kaestner 215, 256
Cordula Kahlau 41
Susanne Kahn-Ackermann 38
Karin Kallmaker 79
Gabriele Kalmbach 55, 250
Alma M. Karlin 62, 66
Susanne Karr 193
Marie Luise Kaschnitz 215
Petra Kaster 59
Leni Kastl 129
Gina Kaus 69
Andrea Keller 247
Petra Kelly 167
Irmgard Keun 205
Willyce Kim 76
Johanna Kinkel 53
Mely Kiyak 216
Renate Klein 35, 155, 157, 176, 178, 238, 253, 268
Ruth Klüger 190
Birgit Knorr 29
Ingehelen Köberich 72
Anne Koedt 45
Sylvia Kohlstadt 38, 42, 44
Ilse Kokula 41
Annette Kolb 205
Helga Koletzky 61
Alexandra Kollontai 60
Gerlinde Kowitzke 38, 41 f., 44, 79, 109, 161, 175
Dorelies Kraakman 106
Hanna Krall 190
Mara Kraus 109
Peter Kripp 138
Renate Kroll 190, 192
Andrea Krug 88, 94, 167, 247, 249, 256, 258, 268
Käthe Kruse 64
Ina Kuckuc, s. Ilse Kokula
Inca Petra Künkel 59
Antje Kunstmann 21, 146 f., 222, 249
Sabine H. Küster 246
Anne Küsters 92, 246
Ellen Kuzwayos 31

L

Ursula Lacey 64
Ruth Landshoff-Yorck 66
Ros de Lanerolle 156
Brigitta Lange 245
Nadine Lange 96–99
Marie Langer 62
Susanne Lange 38, 41 f.
Sophie von La Roche 53, 198

Sonja Lasserre 89, 243
Inge Latz 59, 243 f.
Else Laudan 173 f., 268
Heidi Lauper 72
Marockh Lautenschlag 61, 208, 244
Christine Lehmann 149
Rosamond Lehmann 196
Doris Lessing 15, 150
June Levine 28
Fanny Lewald 53, 187, 198 f.
Ruth Liepman 190
Astrid Lindgren 190
Hera Lind 149
Hilda Lini 172
Olga Linz 90
Clarice Lispector 62, 115, 244
Anna Livia 27
Sigrid Löffler 200
Carla Lonzi 24
Audre Lorde 27, 31, 48 f., 157, 175, 236
Angela Lorent 94, 247

M

Monika Maaßen 63
Molly MacCarthy 67
Maria A. Macciocchi 29
Ella K. Maillart 72
Sara Maitland 160
Mechthild Malash 72
Nancy Manahan 79
Dominique Manotti 149
Dacia Maraini 69, 157
Anyda Marchant 76, 78
Marie Marcks 147
Sigrid Markmann 172
Madeleine Marti 39, 45, 47, 81, 88, 100
Sabine Marx 246
Renate Mathei 63
Astrid Matthiae 159
Huschke Mau 221
Cornelia Maul 128
Daphne du Maurier 25
Elisabeth Mavor 91
Donna McBride 76, 79
Robert McCrum 197
Carson McCullers 64
Judith McDaniel 236
Val McDermid 148, 209 f.
Claire McNab 79, 90
Marijane Meaker 77
Hanne Mede-Flock 61
Nicoline Meiners 108, 237
Gabriele Meixner 32, 83, 85 f., 143, 243
Ritu Menon 33 f., 156, 161, 238
Fatima Mernissi 167
Bärbel Messmer 89
Anja Meulenbelt 28, 30 f., 39, 175
Ingrid Meurs 32
Gisela Meussling 59, 159, 174, 243 f., 245
Malwida von Meysenbug 53, 198
Karin Michaëlis 62
Lynn Michell 27, 239
Louise Michel 60
Elisabeth W. Middlethon 158
Isabel Miller s. Alma Routsong
Kate Millett 19, 116
Denise Mina 149
Valerie Miner 61
Helma Mirus 245
Lilian Mohin 27
Toril Moi 63
Grace Mera Molisa 172 f.
Johanna Moosdorf 81
Cherríe Moraga 237
Claire Morgan 77
Irmtraud Morgner 69
Lea Morrien 92 f., 98 f., 187
Toni Morrison 146, 150, 206
Maria Anna Mozart 214
Ingeborg Mues 89, 149
Helene von Mühlau 94
Hermynia Zur Mühlen 205
Caroline Muhr 59, 243
Birgit Müller 91
Herta Müller 29, 191
Marlene Münßinger 69 f., 74
Luisa Muraro 106
Nancy Myron 86, 142

N

Elena Nachman 88
Suniti Namjoshi 27, 157, 172, 236
Ursula Neubauer 111
Marina B. Neubert 67
Monika Neuser 109
Elke zur Nieden 61
Karen Nölle-Fischer 27, 43, 155, 159, 164, 166 ff., 184, 215, 256 f.
Helga M. Novak 205

O

Katharina Oguntoye 48, 104, 249
Astrid Ohletz 96 ff.
Antje Olowaili 191
Susie Orbach 40, 157
Ova 131, 143

P

Susanne von Paczensky 150
Chailing Palacios 172
Gabrielle Palmer 70
Ariane Panther 221
Irene Papas 86
Bertha Pappenheim 62
Sara Paretsky 149
Pat Parker 23, 76
Chris Paul 75, 92 ff., 256
Gundula Pause 61, 94, 243, 246
Cristina Peri-Rossi 167
Ruthie Petrie 160
Gabrielle Pfaff 112, 268
Annemarie Pfister 130
Phoenix 89
Marge Piercy 149, 157
Christine de Pizan 30, 67, 175, 192, 216
Sibylle Plogstedt 20, 53, 55, 104, 135, 138, 189
Eleonore Ploil 246
Gemma Polders 32
Nicola Poppe 223, 268
Angela Praesent 149
Luise F. Pusch 190

R

Berta Rahm 73
Eveline Ratzel 247
Antje Rávic Strubel 206
Janice Raymond 41
Mary Read 87
Vanessa Redgrave 86
Ruth Rehmann 67
Marcel Reich-Ranicki 200
Coletta Reid 23, 80
Weia Reinboud 144 f.
Christa Reinig 15, 31, 39, 42 f., 181, 186, 192, 199, 201 ff., 206
Anna Rheinsberg 61, 181, 202 f.
Adrienne Rich 30, 32, 49, 157, 175
Ines Rieder 71
Eva Rieger 188
Alifa Rifat 172
Astrid Roemer 179, 215
Isabel Rohner 56, 73, 182
Marlies Rohrbach 208
Rokudenashiko 71
Annie Romein-Verschoor 213
Ninotchka Rosca 172
Slata Roschal 216
Iris von Roten 72
Alma Routsong 78 f.
Sigrid Rüger 17
Jane Rule 78 f., 87, 90, 95
Anita Runge 151
Klaudia Ruschkowski 152
Florence Rush 47
Joanna Russ 26, 31, 61, 244

S

Nawal el Saadawi 157, 167
Leïla Sebbar 61
Vita Sackville-West 32, 87
Diane Salvatore 41
Helke Sander 17 ff., 68, 147
Martina Sander 168 f.
May Sarton 87
Traudel Sattler 106, 255
Dagmar Schadenberg 94, 247

Anke Schäfer 5, 12 f., 19, 61, 73, 90, 94, 104, 119, 122, 136 f., 141 f., 162, 173 f., 186, 188–192, 194 f., 242, 244, 246, 249 f.
Bettina Schäfer 46 f., 89
Martina Schäfer 94, 246
Carolin Schairer 55 ff.
Judith Schalansky 206
Berit Schallner 60, 183
Christine Schaumberger 63
Ursula Scheu 20, 149
Gerlinde Schilcher 59
Käthe Schirmacher 243
Hilke Schlaeger 7, 20, 41 f., 44, 162 ff., 165 f., 188, 199, 207
Ruth Schlötterer 143
Sophie Scholl 64
Manuela Schon 221
Claudia Schoppmann 52
Margot Schroeder 62, 244
Antje Schrupp 54 f.
Margret Schubert 115 f.
Chris Schuknecht 89
Sarah Schulman 79
Dagmar Schultz 44 ff., 50 f., 219, 249, 268
Jutta Schulze 52, 211
Clara Schumann 143
Sarah Schumann 19, 207
Annemarie Schwarzenbach 64, 181
Alice Schwarzer 20, 29, 61
Renate Schweizers 59
Ilse Schwepcke 217
Rosie Scott 149
Nicole Seifert 152, 200 ff.
Shirley Seul 41, 43
Ntozake Shange 23
Martha Shelley 76
Carol Shields 213
Vandana Shiva 33, 167
Sheila Shulman 27
Mira Sigel 221
Sascha Nicoletta Simon 65, 246
Rochelle Singer 61
Amalie Skram 30
Agnes Smedley 23, 30
Ethel Smyth 64, 187
Gerit Sonntag 70 f., 248
Nancy Spain 25
Carol Spedding 156
Sabina Spielrein 62
Gayatri Spivak 160
Verena Stefan 15, 32, 38, 110 f., 147, 172, 175, 192, 210, 258
Ursula Steffens 68
Gertrude Stein 62, 87, 115
Marlene Stenten 81, 88 f., 192, 243
Thea Sternheim 62
Kay Stirling 236
Ursula Stocks 91
Harriet Straub 62
Gabriele Strecker 55
Marlene Streeruwitz 200
Gesine Strempel 60, 104
Ingrid Strobl 61, 149, 208
Lee Stuart 79
Liliane Studer 72
Doris Stump 73
Susann 89

T

Michelle Tea 24
Wulf Teichmann 40, 208
Silvia Tennenbaum 66
Gabriele Tergit 205
Margaret Thatchers 156
Duong Thu Huong 173
Christina Thürmer-Rohr 51
Sophie Tieck-Bernhardi 53
Anneloes Timmerije 69
Miriam Tlali 172
Alice B. Toklas 87
Elmar Tophoven 86
Tereska Torrès 77
Käthe Trettin 88
Senta Trömel-Plötz 40, 149
Monica Tschanz 128, 230
Adela Turin 30

U

Annette Uhlending 60
Marianne Ulmi 81
Friederike Helene Unger 151
Urtes 89
Else Ury 64

V

Mechthilde Vahsen 49, 192
Andree Valentin 38
Alice Valentini 245
Lena Vandrey 62
Rahel Varnhagen von Ense 68
Vibeke Vasbo 87
Marischka Verbeek 108
Marianne Verhallen 108, 170, 237
A. Verwegen 92
Renée Vivien 89
Andrea Vogelsang 54
Charline Vorherr 95 f., 100

W

Kornelia Wagenblast 123, 223, 268
Antje Wagner 55 f.
Alice Walker 26, 147, 150, 206
Renate Wall 62, 211
J. Monika Walter 60
Sarah Waters 91, 95
Maureen Watson 172
Susanne Webel 12, 191
Annemarie Weber 67
Catrin Weber 124 f., 131 f., 139, 169, 231, 258, 268
Isaac J. Weinstock 60, 243
Anna Elisabet Weirauch 77, 181
Peter Weismann 147
Fay Weldon 147
Silke Weniger 68, 248
Yvonne Wenzel 140
Caroline Werner 221
Joanna Werners 32
Martina Wernli 211
Marianne Wex 141
Antonia White 25, 196
Helga Widtmann 129, 268
Rymke Wiersma 144
Chris Williamson 131, 143
Barbara Wilson 148 f., 177, 259
Wilson, Marjorie 27
Ulrike Winkelmann 52 f.
Christa Winsloe 30, 66, 91, 202
Jeanette Winterson 226 f., 259
Erika Wisselinck 39, 43, 143, 245, 255
Monique Wittig 15, 83, 85 f., 88, 142, 175
Christa Wolf 192, 196
Charlotte Wolff 41, 117 f.
Victoria Wolff 66
Mary Wollstonecrafts 73
Victoria Woodhull 54
Virginia Woolf 15, 46, 67, 116, 186, 192, 199, 206 ff., 258
Yael van der Wouden 33

Z

Zamami Sisters 48
Juli Zeh 206
Renate Zeiss 64
Julia Zejn 182
Liesbet Zikkenheimer 144
Sarah Zöllner 57
Sabine Zurmühl 20
Unica Zürn 115, 244
Marina Zwetajewa 32, 62, 115, 206, 244

Bildnachweis

S. 102: Frauenbuchladen Lilith: © Gabrielle Pfaff
Frauenbuchladen Thalestris, 1989, und Plakat, 2019: Archiv Frauenbuchladen Thalestris
Lesezeichen Lillemor's Frauenbuchladen: Privatarchiv Doris Hermanns

S. 103: Doris Hermanns vor ihrem Antiquariat Vrouwenindruk, 2003: © Hannie van Herk
»Von heute an gibt's mein Programm«, Frauenoffensive 1974
Frauenbuchladen im Frauenzentrum, Bochum, ca. 1982: Frauenarchiv ausZeiten, Fotosammlung

S. 232: Stand Anke Schäfer auf der Feminist Book Fair Melbourne, 1994: Nachlass Anke Schäfer, Quelle: Spinnboden Lesbenarchiv & Bibliothek e.V. – Rechte vorbehalten
Katalog der Feminist Book Fairs Oslo, Barcelona und Melbourne: Privatarchiv Doris Hermanns

S. 233: Katalog der Feminist Book Fair London, 1984 (mit Anke Schäfer vorne rechts): Nachlass Anke Schäfer, Quelle: Spinnboden Lesbenarchiv & Bibliothek e. V. – Rechte vorbehalten
Australian Book Fortnight 1989 und Virginia Frauenbuchkritik Heft 1, 1986: Privatarchiv Doris Hermanns

Wir danken allen, die Abbildungen für diese Publikation zur Verfügung gestellt haben!

Dank

Über all die Themen, über die ich in diesem Buch geschrieben habe, habe ich seit Jahrzehnten mit zahlreichen Frauen gesprochen, manche habe ich interviewt, mit einigen habe ich Veranstaltungen zusammen gemacht. Insgesamt sind es zu viele, um sie alle zu nennen, aber besonders herzlichen Dank all denjenigen, die für dieses Buch ihre Erinnerungen mit mir geteilt haben.

Stellvertretend möchte ich mich vor allem bedanken bei Andrea Krug, Anke Heimberg, Barbara Hoyer, Barbara C. Mennel, Birgitt Morrien, Britta Jürgs, Catrin Weber, Dagmar Schultz, Dorothea Düsedau, Else Laudan, Friederike Votteler, Gabrielle Pfaff, Helga Widtmann, Ilona Bubeck, Jay M. Walther, Karen Nölle, Renate Klein, Rita Kronauer, Sina Hauer, Stefanie Hetze, Susan Hawthorne, Ulrike Helmer, Ulrike Janz, Vera Seehausen – und last but definitely not least den Frauen vom Frauenbuchladen Thalestris aus Tübingen: Hanne Haeusler, Nicola Poppe und Kornelia Wagenblast.

Weitere Bücher von Doris Hermanns bei AvivA

Doris Hermanns: Meerkatzen, Meißel und das Mädchen Manuela.
Die Schriftstellerin und Tierbildhauerin Christa Winsloe
Hardcover, 320 Seiten m. Abb.
ISBN 978-3-932338-53-3

Doris Hermanns: »Und alles ist hier fremd«.
Deutschsprachige Schriftstellerinnen im britischen Exil
Hardcover, 240 S., m. Abb.
ISBN 978-3-949302-08-3

Hertha von Gebhardt: Christian Voß und die Sterne
Herausgegeben und mit einem Nachwort von Doris Hermanns
Hardcover, 386 S.
ISBN 978-3-932338-96-0

Ruth Landshoff-Yorck: Sixty to Go.
Roman vom Widerstand an der Riviera
Übersetzt, herausgegeben und mit einem Nachwort von
Doris Hermanns
Hardcover, 256 S.
ISBN 978-3-932338-63-2

Christa Winsloe: Auto-Biographie und andere Feuilletons
Herausgegeben und mit einem Nachwort von Doris Hermanns
Hardcover, 272 S. m. Abb.
ISBN 978-3-932338-83-0

Zur Autorin

Doris Hermanns wurde 1961 in Bardenberg bei Aachen geboren. Sie studierte Pädagogik und Soziologie in Bielefeld, lebte 25 Jahre lang als Antiquarin und Autorin in Utrecht und ist seit 2015 als Autorin, Redakteurin und Übersetzerin in Berlin tätig. Im AvivA Verlag veröffentlichte sie die Biografie *Meerkatzen, Meißel und das Mädchen Manuela* über die Schriftstellerin und Tierbildhauerin Christa Winsloe, gab dort deren Feuilletonsammlung *Auto-Biographie und andere Feuilletons* heraus und ist Herausgeberin und Übersetzerin von *Sixty to Go. Roman vom Widerstand an der Riviera* von Ruth Landshoff-Yorck sowie Herausgeberin der Neuauflage des Romans *Christian Voß und die Sterne* von Hertha von Gebhardt. 2022 erschien ihr Buch *»Und alles ist hier fremd«* über deutschsprachige Schriftstellerinnen im britischen Exil. Neben verschiedenen Übersetzungen veröffentlichte sie zahlreiche Beiträge in diversen Sammelbänden wie auch Porträts für das Frauen-Biographieportal fembio.org.

2021 wurde sie als »BücherFrau des Jahres« ausgezeichnet.